国家社科基金
GUOJIA SHEKE JIJIN HOUQI ZIZHU XIANGMU
后期资助项目

人民调解的“福田模式”研究

Study on the Futian Mode of People's Mediation

汪世荣　等 著

北京大学出版社
PEKING UNIVERSITY PRESS

图书在版编目(CIP)数据

人民调解的"福田模式"研究/汪世荣等著.—北京:北京大学出版社,2017.1
(国家社科基金后期资助项目)
ISBN 978-7-301-27875-8

Ⅰ.①人… Ⅱ.①汪… Ⅲ.①调解(诉讼法)—研究—深圳 Ⅳ.①D925.114.4

中国版本图书馆 CIP 数据核字(2016)第 298471 号

书　　名	人民调解的"福田模式"研究 RENMIN TIAOJIE DE "FUTIAN MOSHI" YANJIU
著作责任者	汪世荣　等著
责 任 编 辑	毕苗苗
标 准 书 号	ISBN 978-7-301-27875-8
出 版 发 行	北京大学出版社
地　　址	北京市海淀区成府路 205 号　100871
网　　址	http://www.pup.cn
电 子 信 箱	law@pup.pku.edu.cn
新 浪 微 博	@北京大学出版社　@北大出版社法律图书
电　　话	邮购部 62752015　发行部 62750672　编辑部 62752027
印 刷 者	北京宏伟双华印刷有限公司
经 销 者	新华书店
	730 毫米×1020 毫米　16 开本　17.5 印张　305 千字
	2017 年 1 月第 1 版　2017 年 1 月第 1 次印刷
定　　价	48.00 元

国家社科基金后期资助项目
出版说明

后期资助项目是国家社科基金设立的一类重要项目，旨在鼓励广大社科研究者潜心治学，支持基础研究多出优秀成果。它是经过严格评审，从接近完成的科研成果中遴选立项的。为扩大后期资助项目的影响，更好地推动学术发展，促进成果转化，全国哲学社会科学规划办公室按照“统一设计、统一标识、统一版式、形成系列”的总体要求，组织出版国家社科基金后期资助项目成果。

全国哲学社会科学规划办公室

“人民调解福田模式”研究项目组成员

顾　　问：贾　宇　肖亚非　蒋溪林　高圣元
徐　鹏　孟　漫

主 持 人：汪世荣

成　　员：胡星宏　刘　平　罗　展　马晓歌
冯　江　易志坚　冯卫国　杨建军
侯学华　龚会莲　徐雅妮　谢鹏远
郑黎晟

学术秘书：郑黎晟

立足中国，关注实践（代序）

——关于繁荣中国哲学社会科学研究的思考

习近平总书记提出的协调推进“全面建成小康社会、全面深化改革、全面推进依法治国、全面从严治党”，既是对治国理政方略的顶层设计，也为中华民族的伟大复兴勾勒了战略路线图。“四个全面”的提出也启迪我们：只有立足中国改革开放和法治国家建设的宏伟实践，具有国际视野，并能够牢牢抓住社会发展主旋律，尊重学术自由，促进学术进步，学术研究才能够更好地发挥其认识世界、传承文明、创新理论、咨政育人、服务社会等多重社会功能。

哲学社会科学不同于自然科学，自然科学讲求绝对真理，哲学社会科学理论中既具有一些全球普适的原理和价值准则，同时还往往具有浓厚的民族特点、国家特征、地域特色和时代属性。因此，实现立足本国国情和国际视野相结合、理论阐释和面向实践相结合、弘扬主旋律和鼓励百花齐放、百家争鸣相结合，是我们在开展哲学社会科学研究中应当坚持的三项基本准则。具体而言：

第一，中国立场和国际视野相结合。改革开放以来，一方面，我国的哲学社会科学研究取得了巨大成就，成果丰硕。但另一方面，哲学社会科学研究中还存在一些问题。学术研究中存在的第一种不良现象突出表现在，容易套用和重复西方话语、照抄照搬或者不假思索地用西方的理论范式来对照或解释中国问题，甚至简单地用在西方社会中成长出来的某种理论来衡量或者批判中国的社会现实。这种不良的现象导致的严重后果是，理论研究失去了“中国”的主体地位，丧失了对中国社会现实问题的解释力、批判力、回应力、引导力，陷入了简单的概念推演，或者是纯粹的“自说自话”。要扭转这一现状，理论研究者就必须立足中国实际，关注中国问题，关注中国的经济发展、政治进步、社会安定、法治建设等中国民众在改革开放的宏伟实践中面临的全局性、战略性、前瞻性等具有中国特色和强烈时代特征的重大理论和现实问题。当然，在关注和研究中国问题的同时，还必须具有开阔的国际视野，关注和思考环境、生态、毒品等全球性问题。从民族国家竞争与发展的全球历史逻辑中，从不同文明的对话、交锋与合作中，从不同大国崛起及其沉浮兴衰中，从中华文明的历史辉煌和再度复兴中，从国际和国内两个视野中，思考中国的哲学和社会科学问题，方能够实现中国问题与全球理论的对话、对接、理解乃至认同。

第二，理论阐释和面向实践相结合。学术研究中存在的第二种不良现象表现在，纸上谈兵的多，夸夸其谈的多，为理论而理论的多，针对重大现实问题的真知灼见少。究其原因，就是因为我们不少理论研究者没有真正从现实出发，从生活实际出发，没有从广大民众的现实需求出发，没有从中国改革开放的伟大事业出发去选择研究主题，没有从时代的重大特征和发展趋势出发进行理论思考和研究。欲改变这一局面，就要求我们广大理论工作者，在研究方法上，必须从实际出发，密切关注中国改革开放和现代化建设中的重大理论和实践问题，积极探索和思考中国特色社会主义的经济、政治、文化、法治发展规律。理论研究只有源于人民、为了人民、属于人民，只有服务人民、贴近实际、贴近生活、贴近群众，才具有真正的价值和生命力。因此，理论研究者必须善于走出"象牙塔"，走向基层、走向民众、走向生活，从社会现实中寻找问题、发现问题、思考问题并解决问题，这样的研究才具有价值，才是符合时代特征和实践需求的学术研究。在大量实践调研基础上开展的实证分析和研究，其结论也才具有坚实的实践基础和持久的学术生命力。

第三，弘扬主旋律和鼓励百花齐放、百家争鸣相结合。哲学和社会科学研究，必须始终高举中国特色社会主义伟大旗帜，以马克思列宁主义、毛泽东思想、邓小平理论和"三个代表"重要思想为指导，深入贯彻落实科学发展观，紧紧把握中华民族伟大复兴进程中的时代脉搏，用坚定的政治立场、先进的哲学社会科学方法，影响社会和民众，引领发展方向。对法学研究者来说，就应当在社会主义法治理念和法治精神的指引下，通过扎实的研究成果，推进中国法治建设进程，促进社会公平正义。当然，学术研究者也必须充分意识到，只有具备民主和自由的研究氛围，才能够为学术研究带来真正的活力。为此，我们应当认真践行百花齐放、百家争鸣的"双百"方针，在学术研究中，继承和发扬学术民主，尊重不同观点和学派的充分讨论，大力弘扬民族优秀文化传统和"五四"新文化运动的成果，做到兼收并蓄、博采众长。正如司马迁所言："究天地之际，通古今之变，成一家之言"，实现学术繁荣。

多年来，西北政法大学秉持立足实践、关注中国问题的基本学术理念，对中国法治建设进程中一系列丰富经验和基层社会治理的实践，给予关注、研究、总结和提炼分析，取得了丰硕的研究成果。例如，汪世荣教授于 2008 年出版的《枫桥经验——基层社会治理的实践》，即是在这一研究思路指导下取得的成果。而这本近期完稿的《人民调解的"福田模式"研究》，则是持续关注中国基层法治经验的又一创新性研究成果。这些研究成果，不仅积极有效地关照和回应了法治实践中的有益做法,而且为学术研究探索出了较为成功的一种路径。2015 年初,中共中央办公厅、国务院办公厅印发的《关于加强中国特色新型智库建设的意见》鼓励学术机构与实际部门开展合作研究,提高研究工作的针对性、实效性,提出要"坚持求真务实,理论联系实际,强化问题意识"。中央提出的这些指导性意见,更加坚定了我们秉持科学精神、关注和研究中国法治实践的学术旨趣。为此,西北政法大学将进一步总结经验,加强贴近中国法治实践的学术研究,繁荣法学研究,推动学术进步,贡献应有的力量。

是为序。

西北政法大学校长 贾 宇

目　录

绪　论

一、学术综述

调解作为一种重要的纠纷解决途径，其产生和发展历史悠久。《史记·周本纪》就曾记载周文王调处诸侯之间争端之事，《周礼·地官司徒》也描述了当时设有“调人”一职，其职责是“掌司万民之难，而谐和之”。由此可见，注重民间调解，是中国传统社会的重要特点。到了中华民国时期，民国政府曾陆续颁布《区自治施行法》《乡镇自治施行法》《区乡镇坊调解委员会权限规程》等法律、法规，对乡、镇调解委员会的组织、权限、调解方法等作出了规定。

当代的人民调解制度萌芽于土地革命战争时期，在当时的农会组织和在一些地区建立的局部政权组织中均设有调解组织，调解农民之间的纠纷。在抗日战争时期，1943 年 6 月 12 日，陕甘宁边区政府制定并公布了《陕甘宁边区民刑事件调解条例》，人民调解制度得到进一步发展。新中国成立后，人民调解制度作为司法制度建设和社会主义基层民主政治制度建设的重要内容，得到了党和政府的重视。1954 年政务院颁布了《人民调解委员会暂行组织通则》，在全国范围内统一了人民调解组织的性质、名称、设置，规范了人民调解的任务、工作原则和活动方式，由此标志着人民调解制度在新中国正式确立。从人民调解制度的实践效果来看，其作为一项具有中国特色的社会主义法律制度，融合了几千年的中国传统文化、承继着纯朴性质的原始民主和人道精神，在维护社会稳定、实现群众自治、加强社会主义法治建设等方面做出了突出贡献，成为了现代社会多元化纠纷解决机制中的一项重要内容。

为了明确人民调解制度的法律地位，1982 年人民调解制度被正式载入《中华人民共和国宪法》。随后陆续实施的《民事诉讼法》《人民法院组织法》《人民调解委员会组织条例》、最高人民法院《关于审理涉及人民调解协议的民事案件的若干规定》以及《人民调解工作若干规定》等法律、法规、司法解释，进一步明确了人民调解的任务、工作原则、人民调解组织、调解协议及其履行等内容，对人民调解制度进行了科学的制度架构。但是，制度文本远远滞后于人民调解的发展实践，逐渐暴露出人民调解体制不健全、保障机制不完善、运行效果差等问题，影响了人民调解作用的有效发挥。学术界普遍认为，必须从明确人民调解协议的效力、建立和健全人民调解体系、增强人民调解的系统性和可操作性方面加以改进。在实务界的引领和学术界的推动下，2010年8月28日全国人大常委会审议通过了《人民调解法》，将这项具有中国特色的化解矛盾、消除纷争的纠纷解决机制纳入法制化、规范化轨道。

尽管《人民调解法》在一定程度上吸收了学术界的研究成果，但在相关理论和具体操作程序方面仍然存有纰漏和缺陷。《人民调解法》的通过，引发了学术界对人民调解制度研究的又一热潮，研究的范围与方向以及具体改进思路与《人民调解法》公布之前有所不同。本书以《人民调解法》公布之日为起点，对当前人民调解制度的研究现状进行梳理，勾勒出大体脉络，展示其中的重要研究内容和新颖观点，并梳理研究中存在的问题，提出解决这些问题的方法、思路。

（一）人民调解制度的研究现状

在"中国知网"设定2010年9月1日至2015年8月8日为检索期间，以"人民调解"为关键词进行模糊检索，本书共采集到相关文章12557篇。仅《人民调解法》公布后的次月(即2010年9月)至2010年底便产生了1431篇文章，2011年则达到了研究峰值3598篇。其后，2012年至2015年间的文章登载量呈现出逐年递减的趋势，2012年登载2312篇，2013年登载2048篇，2014年登载2212篇，2015年1月至8月共登载956篇。

从检索的论文内容来看，研究领域十分广泛，主要包括法治社会建设、少数民族地区纠纷解决、电视调解、《人民调解法》评析、大调解及能动司法、先行调解、人民调解协议司法确认、多元化纠纷解决、诉讼与非诉讼衔接、人民调解模式、人民调解体制改革、委托调解、专业化及行业化调解、域外调解、人民调解基本理论与制度完善、农村纠纷解决、社区建设及社区调解等内容。从研究领域可以看出，人民调解制度仍然是解决基层社会矛盾纠纷的重要手段，其辐射面上至国家治理体系建设，下至个案纠纷解决；既有农村纠纷调解，也包括城市社区纠纷调解；其方法也突破了曾经的"田间地头式"调解，上升到"电视、网络传媒"等调解方式；既有人民调解制度本土建设的完善，又有对域外经验的摄取；既包括各地人民调解模式的经验展示，也包括人民调解机制的未来走向；等等。研究范围的广泛性从一定程度上反映出当前人民调解实践的活跃度，是有效解决矛盾纠纷的手段之一，这与有些学者提出的人民调解日渐式微的说法似乎恰恰相左。

关于研究维度，学术界大致有两种取向：一是程序法学的维度；二是法社会学或政治社会学的维度。程序法学更加侧重人民调解的非诉讼属性，分析人民调解与诉讼制度之间的关系，关注人民调解法律体系自身建设，人民调解与诉讼、仲裁等程序的衔接问题。而法社会学或政治社会学的维度，将人民调解作为观察国家与社会关系的一个窗口，将人民调解作为考察国家与社会关系的一个有效变量，旨在寻找人民调解背后社会与国家关系发展和演变的动因和机制。总结起来，现有研究成果的主要内容包括九个方面。

1. 人民调解制度的性质定位

人民调解制度和法院调解、行政调解制度一样，都属于我国的法定制度，具有共同的特征。如都需要由中立的第三方主持，双方当事人的合意起着决定性的作用，均不得违反自愿和合法原则等。但人民调解属于民间调解，是一种化解矛盾、消除纷争的非诉讼纠纷解决方式，它与行政调解、司法调解在诸多方面有显著的区别。人民调解具有民间性、群众性、自治性的特征。《人民调解法》通过后，司法部有关负责人介绍该法的七大亮点之一便是“坚持和巩固了人民调解的群众性、民间性、自治性的性质和特征”[①]。范愉教授也评价《人民调解法》维持了《宪法》的既有框架，使其向民间性、群众性、自治性回归。[②] 由于人民调解协议司法确认制度得到了立法的肯定，越来越多的学者认为，人民调解具有准司法性或司法性，或称司法辅助性、群众司法性。[③]

随着我国不断推进和谐社会和法治国家建设，社会各领域改革不断深入，人民调解在实践中也逐渐出现一些新的情况，其组织形式、工作领域、工作机制等不断创新发展，各种专业性、行业性调解组织不断涌现。部分学者认为，在新的历史条件下，人民调解的群众性、民间性和自治性属性已受到了挑战。为了科学地进行制度建设，有必要寻找新的方法和视角对人民调解进行重新定位。有学者认为，自治属性是人民调解区别于其他纠纷解决机制最重要的标志之一，当务之急是调整、纠正实践中各种偏离人民调解自治属性的做法，使其自治性更加纯粹与真实。出于各种考虑，如维护稳定、推进法治进程，国家的权力触角有意无意地逐渐渗透进原属自治的人民调解领域，如何避免权力的同化，保持自治是人民调解制度面临的最大挑战。[④] 但是，有学者则从公共经济学的角度进行审视，认为不顾社会情景的变化，死守人民调解民间性、群众性、自治性的教条并不能科学定位人民调解的性质。在新的历史条件下，人民调解已是一项公共产品，应当按照公共产品的定位来配

① 范愉：《中华人民共和国人民调解法评析》，载《法学家》2011 年第 2 期。

② 范愉：《人民调解法：让人民调解回归民间》，载《中国法律发展评论》2010 年第 6 期。

③ 王恒勤：《人民调解理论与实务》，中国政法大学出版社 2011 年版，第 26 页；彭芙蓉、冯学智：《反思与重构——人民调解制度研究》，中国政法大学出版社 2013 年版，第 9 页。

④ 王俊娥：《论人民调解的自治性》，载《甘肃政法学院学报》2012 年第 5 期。

置人民调解的各项制度，开展各项建设活动。①

2. 人民调解制度的功能分析

长期以来，学者对人民调解功能的解读和归纳常略有出入，但都不否认人民调解具有多种功能。例如，人民调解对诉讼有竞争、替代、补充和弥补局限的功能，弘扬传统文化、道德和培养新的社会观念的功能，促进法律发展的功能，自治功能以及维护社会稳定与和谐功能等。② 有学者认为，改革开放以前，人民调解具有解决纠纷、动员群众支持党的政策、抑制纠纷和社会控制四种功能③；有学者认为，人民调解只有预防、化解和法制宣传教育三大功能④；有学者还将人民调解表述为“社会治理和政治功能”“传承文化、道德和社会组织功能”和“纠纷解决功能”⑤。此外，还有学者将当前人民调解制度的主要功能概括为解纷功能和政治功能。解纷功能是其基本功能，也是直接功能，而政治功能是只能通过解纷功能的实现而实现的间接功能。政治功能的强化实质上歪曲了人民调解制度的本质，导致人民调解制度功能的全面蜕变因而逐渐走向衰落。因此，必须将人民调解制度定位于一种社会自治的纠纷解决机制，而切忌将其政治化，切忌将其作为一种政府维护稳定或实现其他政治目的的手段。⑥

然而，有学者通过观察发现，虽然人民调解在维护社会稳定、促进社会和谐中发挥着独特而重要的作用，但随着社会的深刻变革，人民调解的社会功能呈现出相对弱化的趋势。其原因主要包括：化解社会矛盾纠纷机制多元化，在一定程度上淡化了人民调解的社会功能；企业缺少人民调解组织，导致人民调解覆盖的社会群体缩减；部分人民调解组织虚化，降低了人民调解的社会公信度；人民调解员队伍建设滞后，制约了人民调解社会功能的发挥；人民调解经费保障不足，在一定程度上限制了人民调解工作的开展；指导管理工作不到位，影响了人民调解组织建设和业务的开展。⑦ 还有学者认为，目前中国社会的自治程度较低，社会更期待通过确定的法律规则和具有强制力

① 何永军：《论人民调解的公共产品属性》，载《昆明理工大学学报》(社会科学版)2012 年第 4 期。

② 宋明：《人民调解纠纷解决机制的法社会学研究》，中国政法大学出版社 2013 年版，第 87—103 页。

③ 陆思礼：《毛泽东与调解：共产主义中国的政治和纠纷解决》，载强世功编：《调解、法制与现代性：中国调解制度研究》，中国法制出版社 2001 年版，第 179—192 页。

④ 熊先觉：《司法学》，法律出版社 2008 年版，第 446 页。

⑤ 范愉：《社会转型中的人民调解制度——以上海市长宁区人民调解组织改革的经验为视点》，载《中国司法》2004 年第 10 期。

⑥ 曾旻：《当前人民调解制度功能的科学定位》，载《法治论坛》2009 年第 2 期。

⑦ 张素莲：《人民调解社会功能相对弱化的原因及对策》，载《东岳论丛》2010 年第 2 期。

的国家规制进行社会调整，对公力救济的需求远远大于社会自治性调整。因此，在发生纠纷时，当事人更愿意向基层政府、行政机关和司法机关寻求救济，进而使得人民调解的解纷数量下降。① 另一种解释是，在法治话语的激荡下，公众权利意识日益勃兴，加之人民调解本身的制度缺陷与发展滞后，导致公众在面临纠纷时回避了对人民调解的选择。② 有学者则通过对人民调解之外的其他解纷机制的分流与定量分析结果进行推断，纠纷形态本身随着中国社会整体的转型而出现了相应的变动，适合人民调解解决的民间纠纷在减少，由此导致人民调解解纷数量的下降。③

3. 人民调解组织的多元化发展

人民调解组织是依法设立的调解民间纠纷的群众性组织。目前，各地在乡村、街道、社区、人民法院、派出所、企业等设立人民调解室和人民调解委员会，开展人民调解工作。然而，随着相关法律、法规的颁布和社会需求的变化，人民调解组织的性质出现了与原有定位的某种分化，行政化色彩日益加强。各地的司法所和司法助理员的调解，以及一些乡镇、街道或区县级的调解中心，均具有行政调解的特征，其定位存在混乱。行政或准行政调解如何与民间调解组织剥离，如何使行政调解制度化并为其正名，就成为一个亟需解决的问题。④ 有学者从现代社会管理视角研究人民调解委员会组织的生长轨迹，发现在近一个世纪的发展历程中，人民调解委员会的组织形式及功能，早已脱离其最初的制度设计。人民调解兴衰、作用程度，也总是同国家权力对其的支持力度保持同形的曲线，人民调解委员会完全"社会化"，是一条相当漫长的道路。⑤

市场经济条件下催生出诸多行业调解组织和面向社会服务的民间调解组织等，《人民调解法》对此给予了积极的肯定。对这类调解组织及其活动如何规范、如何管理、如何进行监督、如何确立主管机关、业务上是否还需要地方政府和人民法院的指导等问题都亟待解决。同时，必须按照市场经济的规律对现行体制进行改革和完善，建立政府部门监督管理、行业自律、面向市

---

① 范愉：《社会转型中的人民调解制度——以上海市长宁区人民调解组织改革的经验为视点》，载《中国司法》2004 年第 10 期。

② 于语和、刘志松：《我国人民调解制度及其重构——兼论民间调解对犯罪的预防》，载《浙江大学学报》（人文社会科学版）2007 年第 2 期。

③ 郭松：《人民调解解纷数量为何下降？——超越已有理路的新论说》，载《清华法学》2010 年第 3 期。

④ 范愉：《中华人民共和国人民调解法评析》，载《法学家》2011 年第 2 期。

⑤ 李婷婷：《交互视域：人民调解委员会组织生产与流变的逻辑》，载《社会主义研究》2011 年第 3 期。

场、面向社会提供服务的人民调解制度。[①] 为此，有学者建议，可参考仲裁的纠纷解决方式，参照律师等行业建立属于人民调解组织自己的协会，以人民调解员和各人民调解委员会为会员，通过人民调解协会对人民调解工作进行领导和监督管理，提高调解员解决纠纷的能力和水平，防止人民调解的行政化倾向。[②]

4. 人民调解协议的效力

人民调解协议是人民调解制度中的一项重要内容，人民调解协议的达成，融合了调解组织、调解员、矛盾纠纷当事人的多方努力，标志着矛盾纠纷得到初步解决。但矛盾纠纷能否得到彻底解决，还取决于人民调解协议的效力，即其具有同生效判决相同的终局性效力，还是仅具有民事合同的契约性效力。学者们对此进行了激烈的争论。2002 年出台的最高人民法院《关于审理涉及人民调解协议的民事案件的若干规定》明确规定由双方当事人签字或者盖章的调解协议，具有民事合同的性质。虽然这一规定基本解决了人民调解协议的效力问题，但是也引发了一些新的实践和理论争议。如有学者认为：“人民调解协议不具有强制执行力，可能造成重复起诉；当一方以不履约向法院起诉请求对方履行调解协议时，会产生案件诉讼标的难以界定的问题；人民调解协议不应与民事合同相同。”[③]还有学者认为，应当赋予人民调解协议与判决等同的效力。[④]

《人民调解法》第 31 条第 1 款规定：“经人民调解委员会调解达成的调解协议，具有法律约束力，当事人应当按照约定履行。”其中，不同学者对“法律约束力”产生了不同的理解，范愉认为：“人民调解协议本质上仍属于‘私法上的和解’，依靠诚信和自律履行，不能直接作为强制执行的依据。只有通过司法确认，调解协议才可转化为‘诉讼上的和解’，产生相当于生效判决的强制执行效力。当事人可以在调解协议中约定履行的义务、违约责任和放弃诉权。”[⑤]刘敏认为：“该法所说的‘法律约束力’，并不是指人民调解协议可以直接成为执行依据，实际上还是指的合同效力。”[⑥]而王亚新则认为：“人民调解协议的‘法律约束力’应当被理解为区别并高于、强于民事合同的法律效力，

---

① 王恒勤：《人民调解理论与实务》，中国政法大学出版社 2011 年版，第 59 页。

② 韦志兆、尹少成：《完善我国人民调解制度的若干思考——兼评人民调解法》，载《社会科学家》2010 年第 9 期。

③ 徐昕：《迈向社会和谐的纠纷解决》，中国检察出版社 2008 年版，第 112 页；江伟、廖永安：《简论人民调解协议的性质与效力》，载《法学杂志》2003 年第 2 期。

④ 卢少锋：《人民调解的知识谱系及反思》，载《福建论坛》（人文社会科学版）2010 年第 11 期。

⑤ 范愉：《中华人民共和国人民调解法评析》，载《法学家》2011 年第 2 期。

⑥ 刘敏：《人民调解制度的创新发展》，载《法学杂志》2012 年第 3 期。

同时仍未具备与法院的裁判或调解书以及仲裁裁决等同样的强制执行力。”①赵钢认为：“《人民调解法》既肯定了人民调解协议所具有的民事合同性质，赋予其确定力，但又不认为其仅仅具有合同那样的约束力，而是赋予其一定的程序法效力。”②

5. 人民调解协议司法确认的性质

《人民调解法》规定了人民调解协议的司法确认程序。此后，最高人民法院于2011年又颁布了《关于人民调解协议司法确认程序若干规定》，对司法确认的程序性事项进行了详细的设置。我国《民事诉讼法》和2015年最高人民法院《关于适用〈中华人民共和国民事诉讼法〉的解释》（以下简称《适用民诉法的解释》）在参考理论界与实务界的研究成果和实践经验的基础上，对之前颁布的司法解释和指导性文件进行了修改和补充，并将调解协议的司法确认程序规定于民事诉讼特别程序之中。

由于人民调解协议的司法确认制度属于“新生事物”，因此，自《人民调解法》公布以来，学术界和实务界对其展开了较为系统和深入的研究，出现了一大批论文和著作。代表性的文章如王亚新的《民事诉讼法修改与调解协议的司法审查》、廖仲洪的《民事司法确认程序若干问题研究》、潘剑锋的《论司法确认》、唐力的《非讼民事调解协议司法确认程序若干问题研究——兼论〈中华人民共和国民事诉讼法修正案（草案）〉第38、39条》、郝振江的《论人民调解协议司法确认裁判的效力》、周翠的《司法确认程序之探讨——对民诉法194、195条的解释》、常怡的《人民调解协议的效力变迁》③等。学者们主要围绕司法确认的性质、适用案件类型、审查范围、程序保障、救济程序和监督程序等问题进行了深入的研究。

随着我国《民事诉讼法》的修改和最高人民法院《关于适用〈中华人民共和国民事诉讼法〉的解释》的实施，学者们争议的问题得到了一定程度的解决，如调解协议司法确认程序的非诉讼属性的确定、适用案件类型限制性规

① 王亚新：《民事诉讼法修改与调解协议的司法审查》，载《清华法学》2011年第3期。相同的观点参见江伟、廖永安：《简论人民调解协议的性质与效力》，载《法学杂志》2003年第2期；张卫平：《我国替代性纠纷解决机制的重构》，载《法律适用》2005年第2期。

② 赵钢：《人民调解协议的效力辨析及程序保障》，载《法学》2011年第12期。

③ 廖仲洪：《民事司法确认程序若干问题研究》，载《西南政法大学学报》2011年第1期；潘剑锋：《论司法确认》，载《中国法学》2011年第3期；唐力：《非讼民事调解协议司法确认程序若干问题研究——兼论中华人民共和国民事诉讼法修正案（草案）第38、39条》，载《西南政法大学学报》2012年第3期；周翠：《司法确认程序之探讨——对民诉法194.195条的解释》，载《当代法学》2014年第2期；郝振江：《论人民调解协议司法确认裁判的效力》，载《法律科学》2013年第2期；常怡：《人民调解协议的效力变迁》，载《昆明理工大学学报》（社会科学版）2012年第5期。

定的完善、司法确认程序的规范化、作为民事诉讼特别程序的救济措施等。但是，司法确认裁定书的既判力问题、司法确认程序的法律监督等问题，仍然没有得到有效的解决，尚需法律和司法解释进一步明确规定。

6. 专业性、行业性调解组织的建设

近年来，人民调解的范围从传统的矛盾纠纷逐渐扩大到一些新类型的案件。“中华全国人民调解员协会网”的“经典案例”栏目将案件细化为以下 17 类：婚姻家庭纠纷、经济合同纠纷、土地承包纠纷、征地拆迁纠纷、村务管理纠纷、计划生育纠纷、消费者权益纠纷、劳动纠纷、施工扰民纠纷、交通赔偿纠纷、房屋宅基地纠纷、邻里纠纷、行政接边区域纠纷、赔偿纠纷、物业纠纷、医患纠纷以及其他纠纷。① 《人民调解法》实施后，一些新型调解组织不断出现，但推进行业性、专业性人民调解组织建设，却存在诸多困难，如设立主体合法性及履职能力问题、调解员年龄结构及其稳定性问题、经费缺乏保障和地方性立法的滞后问题等，困扰着专业性、行业性调解组织的顺利发展。②

针对各类专业性、行业性人民调解组织的学术研究，近年来也呈现出较为繁荣的景象。如雷红力、商忠强、孙波编著的《医患纠纷人民调解原理与实务》（上海交通大学出版社 2015 年版），对医患纠纷人民调解的基础理论、工作要求、基本技能、医疗纠纷人民调解委员会的中国特色进行了系统的阐述，并通过医疗纠纷人民调解案例解析，展示了当前我国医疗纠纷人民调解的发展进程。艾尔肯的《论我国医疗纠纷第三方调解制度》③、杨帆的《从“丰田案”看中国消费纠纷解决机制的建立与完善》④、李雄的《我国劳动争议调解制度的理性检讨与改革前瞻》⑤、唐茂林的《论人民调解解决旅游纠纷的优势

---

① 中华全国人民调解员协会网：http://www.rmtj.org.cn/index.php，访问日期：2015 年 8 月 1 日。

② 陈钟：《十八大视野下行业性专业性人民调解组织建设的思考》，载《中国司法》2013 年第 7 期。

③ 艾尔肯：《论我国医疗纠纷第三方调解制度》，载《西部法学评论》2015 年第 1 期。相关的论文还可参见刘晓梅：《论我国医疗纠纷解决机制的完善》，载《天津行政学院学报》2015 年第 5 期；曹昌伟、赵建国：《人民调解介入医患纠纷机制研究》，载《长春理工大学学报》（社会科学版）2010 年第 4 期；高尚、罗潇、孙建：《人民调解介入医疗纠纷处理的背景、现状与发展》，载《中国司法》2012 年第 5 期；古津贤、李博：《医疗纠纷第三方解决机制研究》，载《法学杂志》2011 年第 1 期；刘加良：《医疗纠纷人民调解的实践模式及其启示》，载《政治与法律》2012 年第 5 期。

④ 杨帆：《从“丰田案”看中国消费纠纷解决机制的建立与完善》，载《亚太经济》2010 年第 5 期。

⑤ 李雄：《我国劳动争议调解制度的理性检讨与改革前瞻》，载《中国法学》2013 年第 4 期；尹明生：《劳动争议之人民调解制度研究》，载《西南石油大学学报》（社会科学版）2012 年第 3 期。

与制度创新》[1]以及梁平、陈焘的《论我国知识产权纠纷解决机制的多元构建》[2]等论著,也从不同的角度说明人民调解在各类新类型纠纷解决中的重要作用,同时也提出一些具有建设性的建议。其中,比较集中的问题是这些新兴的民间调解组织如何与人民调解组织实现有效整合,因为民间调解机构与人民调解组织既存在共性和统一、整合的可能,又具有其特殊性。例如,与社区调解不同,消协、工会本身作为利益群体代表,不具有完全中立性;医疗、交通事故调解需要特殊的专业知识和经验;律师调解则具有法律评价性特点等,这些不同类型的专业化调解需要通过更适当的规则、制度、人员结构、程序加以体现。主管部门既要避免重复设立调解机构所产生的恶性竞争,克制急功近利发展高端调解机构的冲动,又要充分尊重各种调解的特殊性,通过具体制度设计和规则对新型调解组织加以规范;既要开放和激励,也应有必要的审查、监督、考核、惩戒、退出等机制。[3]

司法部《关于进一步加强行业性专业性人民调解工作的意见》[司发通(2014)109 号]指出:"开展行业性、专业性人民调解工作,是围绕中心、服务大局,充分发挥人民调解职能作用的重要举措,是新时期人民调解工作的创新、发展,是人民调解制度的丰富、完善。但由于行业性、专业性人民调解工作开展时间不长,还存在组织不健全、制度机制不完善、工作不规范、经费保障没有落实到位等问题,各地对此要高度重视,采取有效措施切实加以解决。"《人民调解法》实施以来,行业性、专业性的人民调解员有所增加,但其人数依然有限。根据 2011 年人民调解员的构成分析,交通事故调委会、医疗纠纷调委会、物业纠纷调委会等在调解员总数中分别占 0.35%、0.39%、0.26%,仍不能满足及时解决新型纠纷的需要。[4] 2014 年,全国共设立行业性、专业性人民调解组织 3.6 万个,化解行业性、专业性矛盾纠纷 110 多万件。[5] 如何建立专业性、行业性调解组织,并保证其运行效果,是今后一段时间内研究的重点。

7. 人民调解员专业化、职业化培养研究

人民调解员的工作能力、调解方式和业务素质一直是社会各界广泛关注

---

① 唐茂林:《论人民调解解决旅游纠纷的优势与制度创新》,载《广西民族大学学报》(哲学社会科学版)2013 年第 6 期。

② 梁平、陈焘:《论我国知识产权纠纷解决机制的多元构建》,载《知识产权》2013 年第 2 期。

③ 范愉:《中华人民共和国人民调解法评析》,载《法学家》2011 年第 2 期。

④ 李喜莲:《人民调解制度发展的瓶颈及对策——兼评中华人民共和国人民调解法》,载《湘潭大学学报》(哲学社会科学版)2014 年第 11 期。

⑤ 陈钟:《十八大视野下行业性专业性人民调解组织建设的思考》,载《中国司法》2013 年第 7 期。

的问题。不少学者认为，目前人民调解员的结构不合理、素质偏低、法律知识欠缺、队伍不稳定，是造成人民调解制度不能很好发挥作用的重要原因。但也有学者认为，《人民调解法》对人民调解员的条件不设定硬指标，为人民调解的开放性打下基础，也能从制度上保证人民调解的民间性和自治性。①

在人民调解员专业化路径的选择上，各地司法行政系统采取了多种多样的方式。例如，有的邀请领导、专家给人民调解员授课，组织学习调解业务知识和最新法律、法规，开展论坛交流、案例分析讨论、调解案卷评比等活动，以提高人民调解员的工作能力②；有的建立人民调解员“人才库”，面向社会招聘执业律师、基层法律工作者、民族宗教人士及退休法官和检察官等③；有的将人民调解员请进法院，通过观摩经验丰富的审判人员的“调解”过程，实现“以案代训”。④ 此外，有的在招聘人民调解员时，明令要求应聘人员具有大专以上的学历，并且优先考虑法律专业人士和有一定社会经验的人员⑤；有的对人民调解员实行岗前培训、要求持证上岗⑥，个别高校还开设了人民调解专业⑦。但对于人民调解的专业化，也有学者表示担忧，担心这样会使人民调解失去“草根性”，脱离群众，使其群众性和民间性进一步遭受损害。⑧

然而，有学者认为，目前人民调解员的业务培训，偏重对政策和法律、法规的解释，缺乏对调解技能的培训和成功经验的分享，通俗易懂、深入浅出、实用性强的培训不够；而且，培训时间短促，培训次数少，培训效果难以检测。因此，建议将培训业务有针对性地外包给市场化、社会化的培训机构，采取现场分享、材料报道等因地制宜的方式。⑨ 近年来，针对人民调解员的培训课程形式日益多样，与人民调解员培训有关的教科书、著作等资料纷纷出版，但其科学性与有效性还有待于进一步提升。

---

① 洪冬英：《论大调解格局下的人民调解制度定位》，载《河南财经政法大学学报》2013 年第 4 期。

② 周斌：《司法行政系统深入学习贯彻人民调解法亮点纷呈》，载《法制日报》2010 年 11 月 27 日。

③ 台建林：《陕西调解精锐“A 团”一线扬威》，载《法制日报》2010 年 7 月 13 日。

④ 陈东升、马岳君：《化解矛盾纠纷都认“朱学军”》，载《法制日报》2010 年 11 月 7 日。

⑤ 李喜莲：《人民调解制度发展的瓶颈及对策——兼评中华人民共和国人民调解法》，载《湘潭大学学报》(哲学社会科学版)2014 年第 11 期。

⑥ 王恒勤主编：《人民调解理论与实务》，中国政法大学出版社 2011 年版，第 138 页。

⑦ 参见上海政法学院招生信息网：http://zs.shupl.edu.cn/info_Content.asp? TinforID=107，访问日期：2015 年 8 月 5 日。

⑧ 何永军：《论人民调解的公共产品属性》，载《昆明理工大学学报》(社会科学版)2012 年第 4 期。

⑨ 刘加良：《论人民调解制度的实效化》，载《法商研究》2013 年第 4 期。

8. 人民调解制度与其他纠纷解决机制之间的衔接

随着现代社会各种矛盾纠纷多元化、复杂化程度的加剧，多元化纠纷解决机制受到了学术界和实务界空前的重视。人民调解制度与其他纠纷解决机制之间的衔接，主要包括人民调解与诉讼之间的衔接和人民调解与行政调解、司法调解等制度之间的衔接；前者通常被称为“诉调对接”，后者通常被称为“三调联动”。

对“诉调对接”理论和实践研究的最新论著是赵旭东主编的《诉调对接的理论探索——以丹凤模式的考察为基础》(法律出版社 2015 年版)，该论著以陕西省商洛市丹凤县人民法院“诉调对接”模式为研究样本，对“诉调对接”的相关理论、实践形态、制度构建、丹凤诉调对接模式、国外诉调对接经验等进行了深入的探讨。目前，对于诉调对接的概念间存在不同观点，如“诉调对接是诉讼调解与人民调解相衔接”①，“是法院委托调解和诉讼调解的衔接”②，“是诉讼调解与‘社会矛盾纠纷大调解机制’的衔接”③，“诉调对接是诉讼与调解这两种纠纷解决途径和方法之间的沟通、衔接与互动，是一种以法院为主导的，多元主体参加构建的诉讼与调解互相作用、司法调解和综合性的社会大调解有机衔接的机制”④，“诉调对接仅指法院诉讼与人民调解制度的有机结合”等。⑤ 对诉调对接概念的不同理解导致了各地司法实践的形态各异，催生出了不同的经验做法。

《人民调解法》《民事诉讼法》等法律对“诉调对接”实践的认可，形成了由“对调解协议纠纷的争讼型司法审查”“对人民调解协议的非讼型司法确认”和“多元化司法(附设)调解”三者为核心路径的“诉调对接”机制体系。现行的三大“诉调对接”路径虽然基本实现了初步的规范化和体系化，但仍然存在着制度定位不明晰、功能承载相冲突、作用场域相混同、实施细则不完善等问题。⑥ 有学者认为，现行“诉调对接”的多种运行模式存在着诸多待解之难题。如人民调解是否应该坚持其民间组织的特性？有党政机关领导人或者法院工作人员参加的调解是否还能够称为人民调解？诉前调解是否可以有

---

① 姬文清、任玉峰：《“诉调对接”实务问题分析与规制》，载《法律适用》2009 年第 8 期。

② 包蕾、张嫣：《“诉调对接”的新路径——解读上海浦东新区法院诉前调解机制》，载《中国审判》2009 年第 10 期。

③ 沈明磊、王淳：《诉调对接之路的理论与实践——江苏法院构建多元化纠纷解决机制的总结与思考》，载《人民司法》2006 年第 11 期。

④ 江闽松：《诉调对接机制的实证分析——以广州市诉前联调工作实践为范例》，载《法治论坛》2013 年第 1 期。

⑤ 李年终：《论人民调解制度的完善——以“诉调对接”为视角》，载《时代法学》2007 年第 6 期。

⑥ 潘剑锋：《民诉法修订背景下对“诉调对接”机制的思考》，载《当代法学》2013 年第 3 期。

法院的参与？委托调解的性质是人民调解还是诉讼调解？诉调如何衔接？如何进行司法确认？有法院参与的诉前调解是否需要司法确认？如果需要，与对人民调解的确认是否相同？经过诉前调解的案件，是否有必要再进行诉讼调解？如果再进行诉讼调解，是否是重复劳动，导致解纷效率低下？[①] 对于这些问题，需要理顺实体与程序权利和义务的关系，正确认识协议纠纷之请求权基础、审理对象以及原纠纷与调解协议之间的关系，防止司法确认程序被滥用，坚持纠纷解决路径与纠纷类型相适应及自愿合法原则，矫正重复调解、变相强迫调解、盲目追求调解结案率或调撤率等非理性做法。[②]

中共中央《关于构建社会主义和谐社会若干重大问题的决定》规定，应当完善矛盾纠纷排查调处工作制度，有机结合人民调解、行政调解和司法调解，更多采用调解方法，综合运用法律、政策、经济、行政等手段和教育、协商、疏导等方法，把矛盾纠纷化解在基层，解决在萌芽状态。这是“三调联动”机制的重要政策依据。“三调联动”机制对社会管理的创新体现在强调社会自治、促进纠纷主体之间以及社会群体之间的对话、整合解纷资源和调整利益三方面。[③] “三调联动”作为大调解运动中的一种工作模式，在实践中取得了明显的成效，但“三调联动”工作机制仍面临着一些现实制约，理论研究也明显滞后。

9. 人民调解制度的纠纷解决模式

为了发挥人民调解解决矛盾纠纷的功能，从源头预防、化解矛盾纠纷，各地在探索以人民调解为基础的多元化矛盾纠纷解决机制方面进行了多种有益的尝试，取得了一定的成果。目前，人民调解纠纷解决模式主要包括以下模式：

（1）“大调解”模式。这是指在当地党委、政府的统一领导下，由政法综治部门牵头协调、司法行政部门业务指导、调解委员会具体运作、职能部门共同参与的纠纷化解模式。[④] 典型的如山东“陵县模式”、浙江诸暨“枫桥经验模式”、江苏南通“大调解模式”、上海“长宁模式”、福建莆田“调解衔接机制”、陕西丹凤“诉调对接模式”、河北石家庄“三位一体”大调解模式、北京怀柔区“三调对接模式”、北京“朝阳模式”、深圳南山区“桃园模式”等。它们的共同特点是将人民调解制度与司法调解、行政调解资源相整合，在党委、政府的统

---

① 郭小冬：《民事诉调结合新模式的探索》，载《清华法学》2011年第3期。

② 潘剑锋：《民诉法修订背景下对“诉调对接”机制的思考》，载《当代法学》2013年第3期。

③ 李德恩：《社会管理创新视野下的“三调联动”》，载《社会科学家》2014年第1期。

④ 彭芙蓉、冯学智：《反思与重构——人民调解制度研究》，中国政法大学出版社2013年版，第202页。

一协调下,共同参与矛盾纠纷的化解。

(2)“社会化”工作模式。这是指利用社会组织、社会机构、社会力量化解矛盾纠纷,政府作为行政管理部门,采取经济、行政等各种手段,积极扶持、资助人民调解工作,进而形成良好、规范、有序的社会自律机制。① 如上海的“李琴工作室”和“杨伯寿人民调解工作室”、深圳的“福田模式”等。他们的共同特点是政府不通过财政拨款,而是通过出资“购买”,在不改变人民调解组织原有性质和运作方式的前提下,由政府资助、扶持、鼓励人民调解在保留其自身民间性、自治性的同时,为当事人提供便捷、高效的纠纷解决途径。

(3)“专门性”人民调解模式。这是指针对某类纠纷成立专门的人民调解委员会加以解决的人民调解模式。例如,专门为外来务工人员提供服务的北京“小小鸟”人民调解委员会,专门解决物业纠纷的北京朝阳区“社区物业纠纷调解委员会”,等等。

上述各种人民调解模式,是我国实践中较具代表性的类型,是各地实践经验的总结,是对原有人民调解制度进行的改革、完善,总体上呈现出对人民调解制度在解决民间纠纷方面优势的传承,但又超越了原有人民调解机制内涵的特点。但是,目前各种创新模式明目繁多、形式各异,体现出很强的地域性,为统一立法造成较大困难,也对人民调解的性质、定位提出了新的挑战。由此可见,人民调解的理论研究亟需深入。

在《人民调解法》立法过程中,学者主要从立法建议的角度对人民调解的性质、功能、价值、调解组织的设立、调解协议的效力、人民调解的立法模式等方面展开研究和探讨。随着《人民调解法》的通过,学界对上述基础理论问题的研究逐渐淡化,研究的趋势转向为如何应对新形势下矛盾纠纷解决的现实问题,构建科学的人民调解体系。从研究效果看,更加注重对具体措施、具体方法的科学性、有效性、可操作性方面的研究,如调解组织的去行政化问题、调解协议的司法确认程序问题和人民调解员的培训问题等。在研究方法上,更注重理论与实践的结合,理论研究更加契合实践的需求。其中,很多研究本身就是对某一实践问题的分析与反思,有些研究成果即是实务部门实践经验的总结。从研究范围上看,与人民调解制度的自身完善相比,更注重人民调解与其他程序的衔接,共同发挥功效。从社会效果来看,当前的人民调解制度研究逐渐脱离了“纸上谈兵”“应景”“向领导汇报业绩”等形式主义束缚,逐渐向“发现问题”“解决问题”的现实主义贴近,起到了交流先进经验,宣传人民调解,促进纠纷解决的实际作用。

---

① 陆春萍:《转型期人民调解机制社会化运作》,中国社会科学出版社 2010 年版,第 217 页。

然而，由于近年来人民调解的“复兴”和“大调解”运动的开展，使得全国各地爆发式地涌现出多种多样的人民调解“经验”和“模式”。理论的研究一直跟在这些“经验”和“模式”的后面走，并没有形成普遍适用的原则和规律，使得人民调解制度研究缺乏体系性，制度建设的各种建议也呈现出“万箭齐发而无的放矢”的尴尬局面。在人民调解组织建设、人民调解协议的司法确认程序方面还存在着“鸿沟”需要逾越；在专业性、行业性人民调解制度的研究方面还存在着诸多的研究空白；在人民调解员的培养方面也没有一套值得广泛推广的具有相当说服力的经验模式。所有这些问题的出现，都与人民调解的理论深入不够有直接的关系，如人民调解的性质如何定位？人民调解的困局如何破解？多元化解纠纷的机制如何建立？只有对这些问题予以清晰的回答，才能为人民调解制度的发展奠定坚实的基础。

（二）人民调解“福田模式”的研究现状

有关人民调解的“福田模式”，诸多媒体、政府网站给予了关注和报道。[①]但关于人民调解“福田模式”的研究著作，仅有深圳市福田区司法局编写的《深圳市福田区人民调解典型案例评析》《道路交通事故损害赔偿纠纷人民调解工作规范指南》《驻派出所人民调解室工作规范指南》等书。[②]

《深圳市福田区人民调解典型案例评析》汇总了深圳市福田区人民调解员办理的合同、侵权、婚姻家庭继承、劳动争议、物业、治安行政、治安刑事案件以及群体性事件等九大类纠纷的调解案例，很多案例较为详尽地介绍了调解的案例类型、基本案情、争议焦点、调解经过、事实调查与事实认定、调解员对双方当事人所做的具体调解工作及最终达成的协议内容。在此基础上，没有就事论事，而是引用相关法律规定，展示了调解员的法律推理依据，以及面对事实和法律争点时采取的和法官不完全一样的工作方式，如面对缺乏确凿证据的案件，经过调解员的劝解，最终达成了调解协议。从调解过程中可以发现调解和诉讼办案的重大区别，即诉讼重点是讲证据，而调解重点是讲道

---

① 麻根生：《司法实践中的“福田模式”——深圳市福田区创新司法行政工作模式纪实》，载《法律与生活》2010 年第 5 期；陶然：《政府购买法律服务体现“保民生”深意》，载《南方日报》2009 年 10 月 16 日；张小玲：《人民调解“福田模式”成功建立便捷高效的矛盾纠纷解决机制》，载《南方都市报》2011 年 3 月 31 日；游春亮：《深圳人民调解“福田模式”调查》，http://www.legaldaily.com.cn/zfzz/content/2009-11/04/content_1176740.htm? node=8053，访问日期：2015 年 8 月 5 日。

② 深圳市福田区司法局：《深圳市福田区人民调解典型案例评析》，深圳报业集团出版社 2010 年版；深圳市福田区司法局：《道路交通事故损害赔偿纠纷人民调解工作规范指南》，深圳报业集团出版社 2011 年版；深圳市福田区司法局：《驻派出所人民调解室工作规范指南》，深圳报业集团出版社 2012 年版。

理，或者说，诉讼更加注重程序公正，而调解则更为偏重实体公正——在双方当事人心知肚明的背景下，通过达成合意的方式，实现了化解矛盾纠纷的效果。《道路交通事故损害赔偿纠纷人民调解工作规范指南》和《驻派出所人民调解室工作规范指南》分别系统地汇总了驻交警队人民调解室和驻派出所人民调解室调解案件的办案操作程序、操作要点、规范文书、规章制度、常用的法律、法规、规章、司法解释以及规范性文件选编等内容，分别为道路交通事故损害赔偿纠纷的调解、社区纠纷调解走向规范化提供了工作指引、程序指导。

从内容上看，上述关于人民调解“福田模式”的著述，主要属于对具体工作规范和规章制度的梳理，以及对典型案例的汇编。“福田模式”环境与条件的研究、运作原理的讨论、工作机制的思考，是尚待开拓的领域。而且，对“福田模式”进行宏观的理论分析和系统梳理，是当务之急。

因此，对人民调解“福田模式”运作过程的客观呈现和描述，是进一步总结和分析人民调解制度运行情况的基础。作为一项由基层政府探索出的人民调解经验，其所蕴含的基层社会治理价值和意义，需要通过多学科的视角予以揭示。“福田模式”对人民调解制度的发展、基层社会治理的启示，有待进行深入、细致的总结和提炼。

（三）研究人民调解“福田模式”的意义

从基层社会治理的角度出发，从公共服务供给机制、社会资本优化配置、人民调解制度的发展等方面对人民调解“福田模式”进行分析和讨论，有利于揭示“福田模式”的理论与实践启示，深化人民调解制度的研究，并为“福田模式”的发展、完善提出可资借鉴的意见和建议。

将理论研究与人民调解的中国实践结合起来，对人民调解的“福田模式”进行研究的意义主要在于：

1. 学术研究主动关注现实社会提出的问题

走向基层、走向民众、走向生活，从社会现实中寻找问题、发现问题、思考问题，从社会现实出发、从广大民众的现实需求出发，从具有显著时代特征的问题出发进行理论思考和研究，有助于展示人民调解制度的最新成就。只有将理论阐释和面向实践紧密结合，法学理论研究与中国的法治实践紧密结合，才可能更准确地发现和思考中国法治建设中的真问题，更好地回应中国法治实践。人民调解的“福田模式”产生于基层社会，是契合深圳城市社会矛盾纠纷化解的有效实践，是符合法治发展规律、契合社会需求的实践。在此进程中，“福田模式”实现了很多制度上的创新，值得理论界予以深度关注。

2. 基层社会治理的经验需要理论总结与提升

基层社会创造性的人民调解实践，亟需在理论上给予重视、研究、评判和回应，因为在人民调解领域，避免高成本低效率的、治标不治本的甚至是反法治的做法十分必要。在众多的基层探索实践中，发现、甄别有益经验并对之加以总结、提升，对人民调解的良性发展、中国法治的推进大有裨益。人民调解“福田模式”关于政府采购、律师或者法律专业人士全天候提供调解服务及规范化调解矛盾纠纷的做法，不仅契合了政法职能转型的社会趋势和公共服务理论的原理，而且契合了社会转型过程中矛盾纠纷剧增和民众权利意识增强等现实。“福田模式”继承并创新了传统的人民调解，实现了传统上简单依靠情、理、道德、民间规范的调解与现代法治的结合，实现了调解主体由村主任、村支书等社会精英人物为主体向包括法律专业人员多元化的转型。在调解的运作机理上，实现了由主要依靠政府力量调解的传统“综合治理”模式，向主要依靠社会力量、专业化力量调解的现代法治模式的转型，实现了人民调解向民间自治的真正回归。

3. 研究成果能够服务和指导社会实践

总结人民调解“福田模式”的基本做法和管理规范，有助于呈现人民调解制度的曲折发展道路，为人民调解的改革和完善提供更多的实证经验，为人民调解的未来发展、现代转型提供更多的智力支撑和知识启迪。深圳是我国改革开放的排头兵，是中国特色社会主义现代化建设的试验田。① 改革开放以来，中国大陆向外商出租或出让土地使用权、基建工程搞承包、奖金不封顶、取消肉蛋、食油等副食品票证和粮票、商品价格主要由市场调节、公开拍卖土地、股票发行实验、首批证券交易所的设立等中国改革开放中的多个“首次”，都和深圳紧密联系在一起。② 在经济发展取得了不小成就的背景下，深圳市在基层社会治理领域进行的一些探索，同样值得高度关注。

人民调解的“福田模式”，虽然创立时间不长，但其迸发出了巨大的生命力。其所首创的人民调解公共服务模式，成为了新时期人民调解制度的强大动力和源泉，让具有“东方经验”的人民调解重新回到中国社会治理的中心，并发挥积极、有效的作用；这既是人民调解实践的需要，也是理论研究的自觉。

---

① 吴松营：《邓小平南方谈话真情实录——记录人的记述》，人民出版社 2012 年版，第 21 页。

② 同上书，第 11、45 页。

二、研究方法与思路

对人民调解"福田模式"的研究，要坚持问题导向，正面回答如何定位人民调解的性质、破解人民调解的困局以及如何构建多元纠纷解决机制等三个方面的问题。而且，通过对个案的研究、统计分析、多学科交叉研究等方法，一方面关注和思考个案的局限及其解决方案，另一方面试图通过个案的剖析，为人民调解制度的创新和完善提供建设性的意见和建议。

（一）问题意识

有关人民调解制度的研究，尽管成果丰硕，但针对如何准确定位人民调解的性质、如何破解人民调解发展所面临的困局、如何构建多元纠纷解决机制等问题，仍需要予以澄清，从而为人民调解制度的发展创造条件。

1. 如何准确定位人民调解的性质

人民调解性质是什么？已有的研究成果对此给出了多样化的回答，包括群众性、民间性、自治性以及公共产品属性等。人民调解性质的定位，首先表现为对人民调解委员会性质的定位，其次才表现为对人民调解性质的定位。

有关人民调解性质的研究，离不开对国家有关立法和政策的解析。人民调解性质的定位，并非一成不变，而是经过了两个不同的发展阶段：

（1）人民调解是一项群众自治组织与自治活动。1989 年 5 月 5 日国务院公布的《人民调解委员会组织条例》第 2 条规定："人民调解委员会是村民委员会和居民委员会下设的调解民间纠纷的群众性组织，在基层人民政府和基层人民法院指导下进行工作。基层人民政府及其派出机关指导人民调解委员会的日常工作由司法助理员负责。"正是由于人民调解作为群众性组织的性质，决定了人民调解员的产生必须坚持选举的方式。该《条例》第 3 条规定："人民调解委员会由委员三至九人组成，设主任一人，必要时可以设副主任。人民调解委员会委员由村民委员会成员或居民委员会成员兼任的以外由群众选举产生，每三年改选一次，可以连选连任。"这一时期的人民调解就是实现群众自治的表现形式。

（2）人民调解是以群众自治组织为基础调解民间纠纷的活动。2002 年 9 月 11 日司法部公布的《人民调解工作若干规定》，对人民调解进行了重新定位。《人民调解工作若干规定》第 2 条规定："人民调解委员会是调解民间纠纷的群众性组织。人民调解员是经群众选举或者接受聘任，在人民调解委员会领导下，从事人民调解工作的人员。人民调解委员会委员、调解员，统称人民调解员。”由此可见，人民调解员不再仅仅通过选举产生，而是可以通过聘任产生，专职调解员引入了人民调解领域，形成了人民调解的全新格局。而且，人民调解委员会的设立多元化，人民调解员的来源多元化，成为《人民调解工作若干规定》的亮点。其中，《人民调解工作若干规定》第10条规定：“人民调解委员会可以采用下列形式设立：(一) 农村村民委员会、城市(社区)居民委员会设立的人民调解位会员；(二) 乡镇、街道设立的人民委员会；(三) 企业事业单位根据需要设立的人民调解委员会；(四) 根据需要设立的区域性、行业性的人民调解委员会。”第13条规定：“乡镇、街道人民调解委员会委员由下列人员担任：(一) 本乡镇、街道辖区内设立的村民委员会、居民委员会、企事业单位的人民调解委员会主任；(二) 本乡镇、街道的司法助理；(三) 在本乡镇、街道辖区内居住的懂法律、有专长、热心人民调解工作的社会志愿者。”

这一时期的人民调解突破了群众自治组织的性质以及自治活动的属性，将重点放在了纠纷的解决上，表现为一方面引入了“聘用”人员，突破了人民调解员选举产生的渠道，另一方面，将“司法助理员”这一政府工作人员纳入了调解员范围，将“社会志愿人员”也纳入了人民调解员范围。

人民调解性质的变化，主要是考虑到大量的需要化解的纠纷数量的客观需求，增强人民调解化解纠纷的功能，而非自治活动的功能，成为客观的社会需要。自治功能让位于解决纠纷的功能，是矛盾纠纷突发、集中等客观形势在人民调解领域的反映。2010年8月28日，第十一届全国人民代表大会常务委员会第十六次会议通过的《中华人民共和国人民调解法》规定，人民调解是人民调解委员会“解决民间纠纷的活动”，同时将人民调解员的选举方式改为“推选”和“聘任”两种，进一步扩大了人民调解委员会的范围。《人民调解法》第34条规定：“乡镇、街道以及社会团体或者其他组织根据需要可以参照本法有关规定设立人民调解委员会，调解民间纠纷。”

由此可见，人民调解是以群众组织为基础的通过多种形式调解解决纠纷的活动，本质上体现的是基层群众自治制度，是实现基层自我管理的一种形式。但是，人民调解解决纠纷功能的实现程度直接影响司法的运行状况，即如果人民调解不能有效发挥作用，纠纷将必然集中到司法领域，人民法院将不堪重负，为此，人民调解就不能仅仅是基层群众自治组织实现自治的形式，而应当成为满足公共服务的一种重要方式和途径。人民调解是以基层群众组织为基础的、多元主体共同参与的纠纷调解形式，是宣传法治的重要方式，是国家治理的重要形式,目的是满足公共法律服务。

综上所述,随着社会的变迁,必须对人民调解重新予以定位,并通过修改《人民调解法》来明确人民调解的属性,通过立法完善的途径,更好实现其功能。

2. 如何破解人民调解发展的困局

目前,各地基于矛盾纠纷的压力,不同程度地进行着人民调解模式的探索、改革与创新。那么,人民调解制度改革和发展遇到的主要问题有哪些?如何破解发展的困局?

首先,人民调解制度发展的主要瓶颈是资源不足,如经费没有保障、调解员待遇偏低等。一方面,这影响了调解员的积极性,导致调解纠纷的数量和质量没有保证;另一方面,也影响了调解在社会中的地位,导致调解员职业的吸引力不足,优秀人才无法进入调解员队伍,调解员队伍的不稳定,反过来制约了人民调解的长期稳定发展,造成人民调解资源匮乏、举步维艰的主要原因是制度设计的局限。1989 年 5 月 5 日国务院公布的《人民调解委员会组织条例》对人民调解经费采取了回避态度。《人民调解委员会组织条例》第 14 条规定:“对人民调解委员会委员,根据情况可以给予适当补贴。人民调解委员会的工作经费和调解委员的补贴经费,由村民委员会或者居民委员会解决。”村民委员会和居民委员会均为基层群众自治组织,本身并无经费,让其解决人民调解经费,无异于回避了人民调解经费保障问题。2002 年 9 月 11 日司法部公布的《人民调解工作若干规定》对于人民调解经费采取的同样是回避态度。《人民调解工作若干规定》第 42 条规定:“各级司法行政机关应当积极争取同级人民政府的支持,保障人民调解工作的指导和表彰经费;协同和督促村民委员会和居民委员会和企事业单位,落实人民调解委员会的工作经费和人民调解员的补贴经费。”司法行政机关争取同级政府支持的“指导和表彰经费”,均非直接运用于调解工作的经费,而直接运用于调解工作的“工作经费和调解员补贴经费”,则通过司法行政机关督促“村民委员会”“居民委员会”等缺乏经费来源的群众自治组织解决,无疑成为一纸具文。那么,人民调解是否需要工作经费?对人民调解员是否需要支付报酬?在没有经费保障的情况下,人民调解能否正常完成化解矛盾纠纷的任务?对这些问题,2010 年 8 月 28 日通过的《中华人民共和国人民调解法》都予以了明确规定。其中,《人民调解法》第 6 条规定:“国家鼓励和支持人民调解工作。县级以上地方人民政府对人民调解工作所需经费应当给予必要的支持和保障,对有突出贡献的人民调解委员会和人民调解员按照国家规定给予表彰奖励。”

该规定是一次不小的进步。在我国社会主义公有制占主导的经济体制下，政府控制着主要资源，只有争取政府的“支持和保障”，才是解决人民调解经费的重点选择。但是，地方政府的资源控制能力远远低于中央政府，《人民调解法》为何排除了中央政府的职责和作用，尤其是中央政府在财政转移支付中的作用？实际上，《人民调解法》业已明确了“国家”的责任，其第 5 条第 1 款就明确规定：“国务院司法行政部门负责指导全国的人民调解工作，县级以上地方人民政府司法行政部门负责指导本行政区域的人民调解工作。”除了“指导”之外，各级政府无一例外应当肩负起组织实施的责任。组织实施的主要方式，是通过购买人民调解服务的形式，为人民调解提供经费保障。

其次，人民调解作为独立的纠纷解决方式，未能得到现行法律、法规充分的肯定，人民调解协议的效力缺乏理论基础，权威性不够。

最后，人民调解与其他纠纷解决方式之间的协调缺乏有效的制度安排。

3. 如何构建纠纷多元解决机制

具体而言，矛盾纠纷多元解决机制的指导思想是什么？如何理解“矛盾纠纷”“多元”“机制”等概念？构建多元纠纷解决机制的难点何在？

“多元”是概括性的概念还是数量概念，是首先需要予以回答的问题；只有明确回答了“多元”中的具体内容，才有望对各种纠纷解决方式予以列举，说明其内容，描述其特征，明确其作用。换言之，只有对各种纠纷解决方式予以细致的研究和梳理，才能对相互的关系进行界定，建立“机制”才有可能。而且，作为一种机制，应当具有明确的内容，不同纠纷解决方式之间各有其作用与特点，只有相互之间形成了支持和制约的关系，共同指向矛盾纠纷的化解，才能够发挥合力作用。

就人民调解制度而言，只有将人民调解置于纠纷多元解决机制之中，才能准确定位其性质，界定其功能，理解其作用和意义。制度建设的顶层设计作用，只有通过制度创新和完善才能得到解决。从这个意义上讲，人民调解制度的完善，必须尊重各地的实践，遵循立法主导的途径和方式。

（二）研究方法

本书关于人民调解“福田模式”的研究，主要采取个案的实证分析方法，通过对“福田模式”具体做法的呈现、驻景田派出所人民调解室特定期间调解案件的统计分析、典型案件的分析等，对人民调解制度的性质、特点以及发展提出意见和建议。

1. 个案分析方法

这是指立足于准确、全方位地对人民调解“福田模式”的描述，通过个案的实证剖析，揭示人民调解“福田模式”的专业化特征及其对基层社会管理创新的具体实践，从而展示其主要环节和相关细节。通过对“福田模式”运行细节的呈现，为客观认识、细致剖析人民调解制度提供素材。目前，各地人民调解制度的具体做法各种多样，通过详细呈现其操作的过程和细节，对其不同效果予以客观了解。例如，调解组织的建立、调解员的选任、调解程序及调解案件的效果如何？这些细节如果不能予以呈现，人民调解制度的研究就只能停留在宏观层面而无法予以深入。

2. 统计分析方法

具体而言，本书使用的统计分析方法包括蹲点体验、访谈当事人及调解员、观摩调解实务、查阅调解档案等。有效地收集资料并进行数据的统计分析和定量考察，辅之以图表等手段，有助于评估其效果，指出其局限，总结其经验。通过纠纷的性质、种类和有效的解决渠道，分析人民调解制度的功能如何实现。纠纷的独特性决定了纠纷解决渠道的对应性，而对当代社会矛盾纠纷的客观描述和呈现，成为研究人民调解独特优势的前置条件。人民调解的“福田模式”根植于福田区发达的经济社会发展环境，城市生活的节奏与特点体现了矛盾纠纷解决的法治化发展方向，在全面依法治国背景下意义深远。

3. 多学科交叉分析方法

这是指运用法学、社会学、政治学和管理学等学科知识，对人民调解“福田模式”进行学术梳理，多维度、全方位地从理论层面探讨其对人民调解的发展及其与基层社会治理、创新之间的内在联系和学术价值。对人民调解“福田模式”的分析和研究，是呈现人民调解制度优势的有效途径。多学科交叉分析方法有助于从多元视角对“福田模式”进行全方位的观察和思考。

4. 比较分析方法

这是指通过人民调解制度历史发展变化的比较、各地创新人民调解不同做法的比较、国内外政府购买公共服务创新社会管理模式的比较，揭示人民调解“福田模式”的独特性、创造性和普适性，揭示其对基层社会治理所蕴含的价值和意义。

(三) 研究思路

本书关于人民调解“福田模式”的研究，采取总体介绍、专题讨论、细节呈现的研究思路，先描述和呈现“福田模式”具体的做法，然后分析其对人民调解制度、基层社会治理、公共服务供给、社会资本优化配置等方面的创造性推动与贡献，最后呈现调解方法与技巧。

1. 宏观描述

通过对人民调解“福田模式”的发展演变、基本做法等宏观层面的介绍，为读者从总体上了解人民调解的“福田模式”创造了条件。

2. 综合分析

人民调解“福田模式”对基层社会治理方式改革、公共服务供给、人民调解的新发展与专业化等，都有自己的创造和贡献。从制度创新的角度对人民调解“福田模式”进行综合分析，为人民调解的独特价值、人民调解作为独立纠纷解决方式的意义以及人民调解在纠纷多元解决机制中的定位，提供了有益的视角。

3. 细节呈现

纠纷多元解决机制的产生是由现代社会矛盾纠纷复杂化状况所决定的。对此，需要从理论和实践两个方面予以认真讨论。对人民调解制度进行顶层设计，最大限度地满足当代社会的需要固然重要；从具体方法和技巧层面，揭示其运行过程，强调其独特的作用，同样不可缺少。

三、篇章结构

全书由绪论和正文八章内容共九个部分组成。其中，绪论梳理了人民调解制度及“福田模式”研究的现状，明确了本书研究的主要问题，并阐释了研究的意义。正文从“福田模式”的基本做法出发，全景式地进行宏观分析。然后，从“福田模式”对基层社会管理创新、公共服务供给、人民调解的新发展与专业化特征等方面，综合分析，深化主题。最后，介绍调解方法与技巧的运用，展示“福田模式”运行的细节。各章的主要内容如下：

第一章的标题为“福田模式”的形成与发展，分别从核心内涵、形成、发展演变的过程、与传统调解的异同、主要特点及机制创新等方面，描述了“福田模式”产生、发展的过程及运行的基本状况。

第二章的标题为“福田模式”的基本做法，分别从运作程序、管理机制以及具体的人民调解室的设置等描述其特征。其中，派驻人民调解室主要分为五类，即驻派出所人民调解室、驻医院人民调解室、驻法院人民调解室、驻交警队人民调解室和驻劳动局人民调解室。调解员在人民调解室实行 24 小时值班，以便捷、高效地调解纠纷。派驻人民调解室是社区、街道人民调解室的补充，是对传统人民调解的有效拓展。

第三章的标题为“福田模式”对基层社会治理方式的改革，分别从中国基层社会治理的历史经验、当代基层社会治理方式改革的必要性、“福田模式”对基层社会治理方式改革的宏观探索与微观实践等方面，研究其专业化的社会矛盾解决机制。福田区政府部门通过政府采购、律师事务所投标，建立了一支以律师为主体的专业化调解服务团队，由此可以发挥法律专业知识的更大作用，对社会纠纷的应对也更具有针对性。而全天候的服务，使得纠纷可以及时地进入到调解程序。法律专业人员对矛盾纠纷的处理，大部分能够做到当场受理、当场解决、当场履行、当场结案，从而分流了大量可能进入到人民法院的案件；及时、有效的矛盾纠纷调处，实现了人民调解和行政、司法调解的无缝对接。过去“设机构、养人、办事”的社会管理模式，被“以事养人”的方式和透明化、规范化的管理所取代。

第四章的标题为“福田模式”对公共服务供给机制的创新，分别从政府购买公共服务的理论框架、中国政府购买公共服务的实践和“福田模式”的公共服务供给分析等方面，论述“福田模式”对我国公共服务供给机制创新的尝试。在致力于提高公共行政效能、改善公共服务质量、强化政府对民众和社会回应性的公共行政改革中，福田区利用自身资源优势，推行低成本购买、高质量供给人民调解服务的“福田模式”，为我国目前地方政府购买服务机制创新提供了可资借鉴的模板，同时对我国地方政府在公共管理理念和技术上的创新进行了有意义的探索。

第五章的标题为“福田模式”对社会资本优化配置的促动，分别从社会资本的概念与界定、“福田模式”对社会资本的运用和优化等方面，展示了“福田模式”对社会资本的优化配置及其效果。社会资本优化配置是现代社会治理的重要方面，“福田模式”成功运用社会资本，充分调动和创造法律资源，通过制度化和规范化的措施重建和获取信任；而且，通过建立持续的社会网络，调动社区民间组织的力量，以提升社会资本存量。“福田模式”对现行的法律制度具有稳定实施和持续宣传的作用，调动了社会工作者积极、有效地参与，人民调解的权威性得到了重视和加强。

第六章的标题为“福田模式”对人民调解制度的完善，分别从人民调解制度的历史演变、转型社会中人民调解制度面临的挑战与机遇、各地推行人民调解制度的实践和经验、“福田模式”强化人民调解功能和作用的措施、借鉴价值等方面展开论述。政府采购专业化的调解服务，不再是调解纠纷的直接主体，转而成为了调解规范的制定者、调解工作的考核监督者、调解经验的汇总者，使人民调解适度去行政化，实现社会化和自治化。政府采购、律师事务所投标、律师或者具有法律专业知识的工作人员提供专业化的调解服务，这样一种新型调解模式具有规范化操作、流水线运行和标准化管理的特征，能够适应社会转型期矛盾纠纷的多样化、复杂化情况及社会公众权利意识、规则意识不断加强等客观需要。建立纠纷多元解决机制，坚持调解协议的即时履行，通过财政预算制度及经费分级保障机制的实施，才能从根本上完善人民调解制度。

第七章的标题为“福田模式”对人民调解专业化的拓展，分别从基层社会对纠纷调解专业化的需求、专业化调解中的调解技巧、对人民调解专业化的推动等方面，论述了其专业化特征。经过专门训练的调解员不仅能够有效识别纠纷的性质，而且能够采取及时的措施预防纠纷的激化，并通过调解活动使纠纷得到解决。基层社会需要建立有效的纠纷解决渠道，节约当事人的经济成本，便利当事人参与，节约当事人的时间和精力，恢复当事人之间的和睦关系。专业化的调解队伍，能更好地承担调解民间纠纷的作用，而调解职能的实现，有赖于调解员对专业技巧的掌握与运用。调解员应当具备专业的调解技巧，把握纠纷现状，预见纠纷趋势，采取预防措施。

第八章的标题为“福田模式”的调解方法与技巧，分别从总结和提炼调解方法与技巧的重要性、常用调解方法与技巧实录、多角度诠释和界定调解成效等方面，论述了调解方法和技巧的重要性。对调解中常用的方法和技巧如隔离分离、控制场面、善于聆听、调解员不能太主动等，进行了归纳、总结和梳理。调解方法和技巧的创新与运用表明，“福田模式”从操作层面对传统的人民调解进行了丰富和完善。

第一章 “福田模式”的形成与发展

在经历了20世纪80、90年代的沉寂后，调解这一古老的纠纷解决方式，在21世纪的中国再度兴起。近年来，随着矛盾纠纷数量的急剧增长和社会冲突的加剧，人们开始思索在诉讼之外如何更快速、便捷、有效地解决矛盾纠纷。在这一背景下，学术界关于调解的理论研究成果不断涌现，域外的最新调解理论也不断被引进；而政府部门也逐步大力倡导对多元化纠纷解决方式的运用和对民间解决纠纷力量的调动，以减轻案件不断涌向法院带来的巨大压力。在理论推动、现实需求和政策导引下，许多基层组织开始探索符合当地实际的人民调解方式。人民调解的“福田模式”，就是从改革开放的前沿阵地——深圳市福田区形成的人民调解新模式。

一、人民调解“福田模式”的核心内涵

人民调解作为基层群众自我解决民间纠纷的一项制度，受到了我国相关部门的高度重视。人民调解在解决纠纷的范围、手段等方面，形成了独特的风格。深圳市福田区推行的人民调解，之所以能够成为一种新型的纠纷解决模式，主要是其将人民调解作为一项公共服务提供，创新了人民调解制度。

（一）首创政府购买人民调解公共服务模式

所谓人民调解“福田模式”，是对人民调解制度在深圳市福田区试点改革而形成的运行模式的简称。自2007年起，深圳市福田区委、区政府就提出，人民调解是平安、和谐、宜居城区建设的重要抓手，大调解体系建设由此被列入福田区委、区政府的工作重点。2008年3月，福田区委下发了《构建社会矛盾纠纷大调解体系实施方案》，确定了组织架构、工作制度、运行机制和保障体系，决定成立区调解工作指导委员会及办公室，推动人民调解、行政调解和司法调解有机衔接。随后，福田区批准成立区社会矛盾纠纷调解工作办公室，各街道成立社会矛盾调解中心，并落实了专项经费。

（二）在纠纷集散地设立人民调解室开展人民调解工作

在13个派出所设立了人民调解室的基础上，驻福田交警大队调解室也挂牌运作。另外，梅林农产品批发市场、华强北商业街等行业调解委员会，梅林成丰电子厂、和记黄埔物业管理公司等企业调解委员会也相继成立，积极化解企业、行业、商业街的矛盾纠纷。驻法院、口岸交警大队调解室也陆续挂牌成立。截至2013年10月，建立进驻的人民调解工作室共28个，专职调解员共127人。

2014年以来，福田区继续扩大人民调解“福田模式”工作领域和服务覆盖面。一是作为独立第三方介入医患纠纷调解工作。具体而言，成立区医疗纠纷人民调解委员会，建立专职与兼职相结合的调解员队伍。专职队伍由购买服务方式引进的5名具有法律专业的人民调解员组成，兼职队伍由医学专家、物业管理专家、法律专家和爱心调解员组成，将医患纠纷人民调解工作由福田辖区的三甲医院向全部区属医院、街道医院和社区康乐中心延伸，覆盖辖区所有的医疗机构，依法独立受理和调解福田辖区内医院调解室调解不成的医患纠纷，实现医患纠纷人民调解工作全覆盖。二是开展物业纠纷专业人民调解工作。具体而言，成立福田区物业纠纷人民调解委员会，依法独立受理和调解福田辖区内街道办事处调解不成功的、通过物业管理联席会议未能协调解决的重大物业纠纷。三是增设公交、地铁两个派驻人民调解室。组织专业力量化解辖区公交、地铁线路与站点区域发生的矛盾纠纷。

福田区政府通过招投标方式，向律师事务所购买法律服务，中标律师事务所派遣律师或者法律专业人员，进驻派出所、交警大队等人民调解工作室，从事24小时调解服务。人民调解室设立地点的选择，充分考虑了纠纷集中的现实状况以及当事人需要在第一时间解决的需求。高效化解矛盾纠纷、节约社会资源，成为“福田模式”的目标追求。

（三）提供专职与兼职相结合的网络化、全天候人民调解服务

福田区将人民调解作为公共服务，通过政府采购和专业组织提供，创新了人民调解制度。与此同时，福田区保持了传统的社区调解，并对其予以政府经费的支持。人民调解构建了专职与兼职相结合的网络化组织体系，形成了全天候提供人民调解服务的纠纷化解模式。

政府购买法律服务，引进专业力量开展人民调解服务，促成了人民调解“福田模式”。但是，其局限性在于，专业化的调解服务难以完全延伸到社区，群众受益面不够广泛。因此，福田区政府于2012年提出，创建130个爱心调

解站点，并列入2013年度民生实事之一，让专业化调解服务完全延伸到社区，实现专业化调解全覆盖，扩大基层法律服务领域，切实服务群众。

爱心调解站点是在福田区现有的街道、社区调解组织和派驻人民调解室基础上创建的，主要分布在辖区10个街道办事处、94个社区工作站以及28个派驻人民调解室。在创建中，政府组织全区10个街道司法所与38家律师事务所结对开展服务，确保每个社区有一个律师所挂点服务，共有400多名律师加入义工组织，为爱心调解站提供专业服务；服务律师与调解义工队伍（包括但不限于社区热心党员、心理咨询师、退休法官、检察官、律师等）、辖区志愿者队伍和福田区青年律师志愿服务团等组织，密切配合，形成合力；依法成立福田维德法律服务中心（广东省首家民办非企业法律服务公益组织），招募了200余名志愿律师，以爱心调解站为平台，开展基层公益法律服务。2014年，爱心调解站点共受理调解各类矛盾纠纷14033宗，成功调解了13667件，调解成功率为97.4%，排查纠纷354件，预防纠纷1565件。

（四）形成了专职与兼职相结合的调解员队伍和完善的社区调解服务体系

“以专带兼、专兼结合”的调解员队伍网络化建设，完善了社区法律服务体系。为了让专业法律服务完全延伸到社区，让多数群众直接受益，2015年福田区全面铺开以法律宣传、法律咨询、法律代理、法律援助和专业调解为主要内容的“法律五进社区”工作，扩大基层法律服务领域和覆盖面，将法律服务送到百姓家门口，营造社区居民学法、懂法、守法、用法的良好环境。

目前，已有490名律师加入服务，坚持每周在社区值班半天，常年联动社区群众，提供法律专业服务。福田区的“法律五进社区”工作包括：一是法律宣传进社区。根据社区实际和群众需求，开展形式多样的专题教育，定期举办法律讲座，组织有关律师结合身边的案例，讲解常用法律知识，通过讲百姓话，说社区事，普及法律知识。二是法律咨询进社区。公开服务信息，律师以电话咨询服务、值班咨询服务、定时咨询服务、会诊式咨询服务、集中咨询服务等形式，让居民不出社区，便可以得到贴心的法律咨询、优惠代理和协助办理公证等服务。三是法律代理进社区。街道统一与挂点律师事务所签订法律代理合作协议，建立了专门针对辖区单位和居民的法律代理服务渠道。街道负责牵线搭桥，提供案源，律师事务所负责为辖区居民提供诉讼或非诉讼法律代理服务。四是专业调解进社区。以社区人民调解委员会（爱心调解站）为平台，组织专业力量第一时间、第一现场调解矛盾纠纷，尽量做到大部分纠纷当场受理、当场调解。五是法律援助进社区。重点打造法律援助一公里服务圈，福田区司法局全面向街道下放法律援助审批权限，实行街道审批、社区代办的一站式法律援助，在社区建立法律援助绿色通道，群众在社区直接受益。

此外，派驻人民调解室与社区人民调解室的有机结合，既形成了形式多样的人民调解网络，专职与兼职相结合的人民调解员队伍建设，又形成了对社区法律服务的全覆盖，为群众提供便捷、有效的调解法律服务。值得一提的是，福田区的“法律五进社区”活动，律师始终是主导力量，为社区提供优质的法律服务是其核心内容。政府购买、无偿向市民提供的公共法律服务，极大地满足了基层群众的需要。

二、人民调解“福田模式”的形成、发展及推广

人民调解的“福田模式”在保证传统的社区、街道调解委员会正常运作基础上，突出了人民调解专业化的建设，经历了从招收专职人员、成立专门机构到通过招标购买专业的法律服务的形成过程。

（一）招聘专职“和事佬”

早在2007年2月，深圳市福田区即启动了警民联调试点工作，成立了驻沙头派出所和景田派出所人民调解室，公开招募12名临时人员在驻派出所调解室担任调解员，进行警民联调的试点工作。① 该试点工作是按照传统的“设机构、养人、办事”的模式运作，方向是提升人民调解的专业化程度。

（二）招标购买专业的法律服务

2008年，经过多次调研和论证，福田区委、区政府作出了由政府购买法律服务的决定，确定按照“以事定费、购买服务”的模式，由区政府向律师事务所购买服务。区编委按照每个调解室5—8人的标准配备调解员，并批准下拨了人民调解室启动经费和工作经费。经公开招投标，先期聘任了两家律师事务所，并由律师事务所启动招聘和培训具有法律专业学历背景的专业人员担任调解员的工作。经福田区司法局对调解员进行法律知识培训和考试，调解员取得任职资格。经培训之后，各调解员与律师事务所签订法律服务合同；自2008年10月下旬开始，调解员全部进驻派出所人民调解室，实行24小时值班，开展民事纠纷调解工作。政府通过这一改革模式购买法律服务，实现了政府不增机构为特色的人民调解专业化。

---

① 到2008年9月，两个驻派出所人民调解室在一年多时间里，就成功调解各类矛盾纠纷2900宗，平均每月调解矛盾纠纷130宗，调解成功率达86%。

(三) 构筑“阳光调解”体系

福田区人民调解工作的发展方向是：构建人民调解、行政调解和司法调解有机融合的调解体系；实现调解人员专业化、调解效益明晰化、调解机制规范化、调解程序法制化和档案管理标准化。通过建立和完善人民调解、行政调解和司法调解的衔接机制、监督机制和考评机制，促进调解工作的规范化发展。

(四) 确立人民调解的规范化运作目标

福田区人民调解工作的主要参与主体包括司法局、律师事务所、人民调解员，各主体的主要工作内容是：

(1) 福田区司法局的主要工作是统筹规划人民调解室的布局，协调人民调解工作室与派出所、法院、交警队、劳动局、医院等单位的调解工作衔接，对人民调解工作室和人民调解员进行日常规范管理，并考核调解效益，汇集调解经验，编制人民调解的成果。

(2) 中标的律师事务所负责聘任、指导调解工作，并对人民调解室的工作开展指导、检查、考核和协调。

(3) 福田区的人民调解员由律师事务所聘任律师或者具有法律专业学历教育背景的人员担任。

深圳市福田区的人民调解，依据其派驻单位的性质，主要分为五类：驻派出所的调解、驻人民法院的调解、驻交警大队的调解、驻信访局的调解和驻医院的医疗调解，形成了较为全面、系统的调解覆盖网络，并探索出了一整套人民调解的管理制度，从而使得福田区的人民调解日益走向规范化。需要说明的是，福田区的改革并没有弱化已有的居民委员会、村民委员会等民间调解机构和组织，而是在保留原有人民调解机制的基础上，探索出了新的补充和强化人民调解的路径。本书立足于描述福田区通过政府向律师事务所购买法律服务的改革，分析和讨论其如何推动并形成了新的人民调解模式。

其实，福田区通过成立行业协会，推动并形成行业调解，也是创新人民调解的重要模式。但是，为了保证论证的主题集中，本书讨论的范围仅仅限于人民调解专业化领域。人民调解的专业化，包括引入专业人员从事人民调解工作和提升现有人民调解员专业技能两个方面。在各地创新人民调解的实践中，福田区的做法具有一定的代表性，即通过引入专业调解人员，形成人民调解专业化的发展方向，优化人民调解的队伍，提升人民调解的质量，代表了人民调解专业化的建设途径之一。而将之概括为“福田模式”，旨在引起各界关注，使之所蕴含的深层意义得到充分的发掘。

（五）形成合理的经费保障和有效的纠纷解决机制

从2015年起，福田区的人民调解工作经费、调解员岗位津贴和案件补助经费纳入了财政预算，人民调解“福田模式”经费得到了保障。为此，福田区司法局制定了《福田区派驻人民调解室工作规范指南》《医患纠纷人民调解工作指南》《关于建立人民调解与诉讼调解衔接机制的意见》《关于人民调解协议司法确认的若干意见》等制度，还编辑出版了《道路交通事故损害赔偿纠纷人民调解工作规范指南》《深圳市福田区人民调解典型案例评析》《驻公安派出所人民调解室工作规范指南》等人民调解系列丛书。另外，从2010年开始，福田区投入专项经费和西北政法大学开展“福田模式”人民调解项目的合作研究。人民调解和行政调解、司法调解联动的组织体系和制度体系基本成型，成效明显。

自2014年开始，人民调解“福田模式”在深圳全市进行推广，运行机制不断改善，主要体现在：一是核准服务费用。不再对调解员实行人事备案制度，调解员数量只作为核算服务费用的依据和计算具体调解室的工作量，核算的年度费用不再细化和分类，统称为购买服务总费用，实行服务外包。二是确定监管范围。司法局只负责监管、评估、考核调解室工作和核查在岗调解员的资质，不再监督律师事务所与调解员基于聘用关系产生的任何事务。三是实行适时调整。在年度区财政核拨的总费用范围内，司法局根据阶段性考核情况和工作量变化，适当调整各个调解室的具体费用。具体而言：根据工作量调整调解员的数量，进而调整服务费用；在服务费用不变和保证工作质量的前提下，律师事务所优化调解员团队结构，实行差别化工资福利，自主决定人员待遇，自主决定在岗调解员人数，从而解决调解员收入偏低的问题。

由此可见，“福田模式”在注重当下工作成效的同时，完成了人民调解运作的机制创新，构建了将矛盾纠纷解决在基层的机制。

1. 矛盾纠纷的解决与预防有机统一机制

律师事务所合法、有效地参与人民调解，符合“社会协同、公众参与”的社会治理改革思路。福田区通过招标购买专业的法律服务，由律师充当人民调解员。一方面，对当事人的攻心能力强，调解协议履行率高，尽可能使矛盾纠纷不通过诉讼程序而能和和气气化解在萌芽状态；另一方面，释放了一线警力，减轻了公安局、法院等机构的压力，从而实现了“双赢”。

【案例 1-1】刘某工伤损害赔偿纠纷调解案例

2014 年 3 月，刘某在老乡吴某的带领下，来到苏某父子所开的汽车修理店打工，岗位为汽车修理工。刘某在修理汽车时“千斤顶”不慎滑脱，致其左脚骨折。苏某支付了医药费后，双方因有关赔偿问题发生争执，要求驻派出所人民调解室调解。

调解员了解以下情况：该修理店属于无照经营，在对苏某进行了批评教育后，向其解释了相关的法律规定。刘某在修理店打工，虽未订立书面协议，但已形成事实上的雇佣关系，更何况汽车修理店没有办理营业执照等手续，属非法用工。根据相关法律、法规的规定，苏某应承担全部工伤赔偿的法律责任。调解员同时强调，刘某残疾后家庭的困难确实值得同情，支付相关的赔偿于法有据，双方原本相处和谐，亲如兄弟，帮一把也是应该的。

最终，苏某主动提出补偿刘某 8 万元，双方达成了协议，并于当日履行完毕。①

由律师参与人民调解，成功率高，协议履行率高，纠纷解决得快、效果好，群众满意，公安机关就可腾出时间精力侦办刑事案件、疏导交通等。“算算政治账、算算经济账、算算民意账，都适合在全国推广。”②专业化的调解服务，实现了矛盾纠纷解决与预防的并重，创新了人民调解的运作机制。

2. 人民调解和治安调解的有效衔接机制

人民调解的民间性决定了其独特的灵活性，治安调解的官方性则使其具有了强制背景，二者的结合和相互支撑，有利于更好地化解矛盾纠纷，保证调解的效果。

派出所接报的民事纠纷案件有 70%以上在调解室得到了解决，交通事故赔偿纠纷有 40%—50%能够通过人民调解方式化解，更多的矛盾纠纷案件在初发状态就得到有效解决，盘活了基层一线警力。如图 1-1 所示，2014 年福田区驻派出所人民调解室成功调解的矛盾纠纷案件，占全区当月成功调处纠纷总数的 80%以上，成为了维护稳定的主要力量。福田区人民调解、行政调解和司法调解有效衔接，效果明显。

① 驻沙头派出所人民调解室调解员胡榕的调解案例。

② 参见司法部副部长郝赤勇于 2009 年 12 月 10 日视察驻交警大队人民调解室时的讲话。

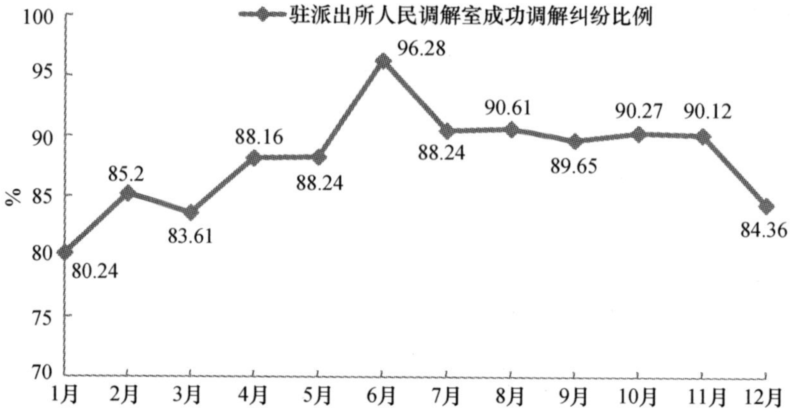

图 1-1　2014 年福田区驻派出所人民调解室成功调解纠纷情况

【案例 1-2】邓某与初某人身伤害纠纷调解案例

2014 年 2 月 21 日凌晨，在红荔路四川宾馆一楼电梯厅，住客初某在进入电梯时不小心把手机掉落在电梯夹缝中，初某大声叫喊，宾馆保安邓某帮忙捡回。因初某饮了酒，态度不好，双方发生口角。初某激动之下动手打了邓某，导致邓某头部撞墙流血，经法医鉴定为轻微伤，后双方当事人到驻派出所人民调解室申请调解。

调解员首先表明自己的身份，并告知当事人调解的程序，在详细听取双方对经过的描述后，明确指出：根据《治安管理处罚法》第 9 条的规定，殴打他人造成人身损害的，应当承担行政处罚。初某认识到了自己的错误，愿意主动赔偿邓某医药费，但双方在赔偿金额上存在较大分歧。邓某以轻微伤为由，要求初某赔偿误工费、医疗费、营养费等损失共计人民币 1 万元，而初某认为邓某并无大碍，只是一点皮外伤，擦点药就好了，愿意赔偿 4000 元。双方为此陷入僵局。

调解员根据双方的态度，背对背调解，向初某强调，如果调解不成功，将移交回派出所给予行政处罚，该拘留的拘留，该罚款的罚款，以此让初某认识到事情的后果。在对邓某进行调解时，调解员表示了对他的同情，支持他可依法获得赔偿，赢得了邓某好感，然后"趁热打铁"向他讲述了初某的无心之过，事后处理态度也主动积极，邓某表示愿意降低赔偿要求。

经过努力，双方达成了赔偿 6000 元的调解协议，并当场履行完毕。调解员将调解结果通知派出所，派出所决定对初某不予行政处罚。①

---

① 驻华强北派出所人民调解室调解员王伟广的调解案例。

人民调解的有效推动，解决了长期困扰派出所的非警务纠纷难题，维护了人民警察的良好形象，减轻了民警的负荷，让其能够把更多精力投入到刑事打击和治安防范上，减少了政府接待民众信访的工作量。

3. 矛盾纠纷解决与法律知识普及的有机结合机制

调解以实现矛盾纠纷的有效化解为直接目标，但是，单纯化解矛盾纠纷，并非调解工作的全部价值。调解在有效处理矛盾纠纷的同时，使当事人受损失的利益得以维护和补偿，失去的尊严得以挽回，心灵的创伤得以抚平。

【案例 1-3】张某等四人与某酒吧装修合同纠纷调解案例

2014 年 2 月，张某等四人接受林某的委托，对某酒吧进行内部装修。装修工期一个月，装修工程款为 30 万元。合同签订后，张某等四人组织其他工人开始进行装修。期间，林某临时改变装修意见，更改装修线路，新增装修要求，但双方并未对此约定费用。后张某等人延后一周完成装修，林某验收后以装修延期、有部分装修不合心意为由，没有支付全额工程款。事后，张某等人多次上门讨要工程款，均遭拒绝。最后一次讨要时，因该酒吧已经开业，林某以张某扰乱其正常经营为由报警，双方到派出所后申请调解。

调解员听取了双方的意见，将争议焦点归纳为两个方面：一是张某延期完成任务是否和林某更改装修方案有关。二是林某认为部分装修不合格，有无证据支持。若有证据证明装修不合格，林某有权提出赔偿损失的要求。

经过协商，双方达成协议：林某支付剩余工程款，张某等人将没处理好的装修部分继续处理完毕，直到合格为止。

调解结束时，调解员对双方积极协商解决纠纷的态度给予了表扬，并提醒双方在今后的业务中，注意签订详细的书面合同，约定各自的权利和义务，以更好维护自身的正当权益。①

在一定意义上，调解必须分清是非、普及法律，培养当事人形成良好的法律素养。即便在简易案件、轻微案件中，分清是非也才有助于当事人认识到自己行为的性质及其后果。而在具体纠纷的解决过程中，这样更能有效实现法律的“教育”功能。通过法律上的是非判断，有助于当事人感受和知晓权利义务关系，在此过程中，不断反思自己的行为选择，更好地实现行为的自我约束，更理性地面对和化解矛盾纠纷。

① 驻华强北派出所人民调解室调解员纪静的调解案例。

三、“福田模式”的主要特点与机制创新

注重纠纷的调解解决被称为“东方经验”，中国传统社会重视通过调解方式解决民间纠纷。进入21世纪以来，全国掀起了“大调解”矛盾纠纷解决机制建设。各地根据自己的实际情况，开展人民调解工作，创造了许多新的模式和做法。“福田模式”即是人民调解创新发展的有效尝试。

（一）“福田模式”是全国各地人民调解制度创新发展的组成部分

近年来，各地在不断进行人民调解制度的改革与探索，创新人民调解成为21世纪人民调解的时代特色。正是在全国各地人民调解制度创新发展的大背景下，人民调解的“福田模式”格外受到关注。各地创新人民调解的代表性做法主要包括：

（1）政府主导的“大调解模式”。其主要特征是，强调当地党委、政府对调解的统一领导，由政法综合治理部门牵头协调、多职能部门共同参与、具体开展调解工作。其本质是，在党委、政府的领导下，地方各级职能部门联合行动，开展、指导或帮助人民调解组织解决纠纷。“大调解模式”采取的是“自上而下”的政府管控模式，走的是“政府推进型”的路子，呈现出的是“综合治理”工作思路。这种模式存在的问题主要是，政府机关成为了社会矛盾化解的直接主体，使政府和民众之间失去了应有的矛盾缓冲地带。实际上，这采取的是传统的政治动员方式，运行成本较高。

（2）组建专职机构由专职人员开展人民调解的模式。其核心是通过增加调解员编制，设立专职调解员，强化对于调解工作的“负责”与管理。而山西省和浙江省诸暨市先后专门设立的医疗纠纷调解委员会，也具有“专职化调解”的特征。福建省厦门市经济特区也建立了多元化解矛盾纠纷的机制，将人民调解置于多元化解纠纷的视角，对其独立自主的发展意义重大。不过，这些专职化的调解，主要实现的是调解工作“职位”的专业化，而不一定是调解员队伍知识的专业化。调解员本身是公务员或者参照公务员管理的人员，很难与行政调解加以区分。

（3）吸纳民间力量参与司法调解的模式。陕西省陇县借助“一村一法官”的平台和参审员制度[①]，提高司法机关化解矛盾纠纷的能力。此外，参审员等民间力量进入司法调解，则可实现乡规民约等民间规范与国家正式法律

---

① 陕西省陇县创立了“参审员”制度，参审员通常由村支书、村委会主任或者德高望重者担任，由县人大常委会通过正式程序任命。

规范的有机衔接。而民间力量参与调解,也有助于更好地实现“理性——说服”的调解目标。但是,参审员等方式可能存在的一个制度缺陷是,这些民间力量有可能借助他们与司法机关熟悉的优势,压制当地民众,削弱司法在民众中的权威。

(4) 关注特定领域纠纷由民间组织推动调解的模式。这种模式主要是依托社会资助,以维护农民工权益等为宗旨,开展专门领域矛盾纠纷的调解。

上述四类调解模式中,占主导地位的仍然是地方党委、政府领导下的“大调解模式”。调解员以公职岗位编制而设立,调解组织的官僚化、科层化特征鲜明。从调解运作的模式来看,政府机关(主要是司法行政机关)直接主导或参与其中,总体可以视为一种科层化的社会管控机制。人民调解的“福田模式”在坚持社会化的专业机构提供人民调解服务的同时,将其上升为一项公共服务,通过政府购买,满足社会需求。由此可见,从人民调解制度创新的角度观察“福田模式”,对揭示其独特性和价值意义更加重要。

“福田模式”虽然强调坚持党和政府对调解工作的领导,但与上述各地的调解模式相比较,具有根本的不同。作为一种调解机制,其从政府购买、专业的社会组织提供、规范化操作等方面,形成了自己独特的纠纷解决机制。人民调解制度的创新发展,需要理论与实践的双向互动。“福田模式”具有以下特点:

(1) 政府采购专业化的调解服务是“福田模式”运行上的首要优势。作为人民调解服务的购买方,政府不再直接组织各部门“会诊”各种矛盾纠纷,也不再是调解矛盾纠纷的直接主体,转而成为了调解网络的编织者、调解规范制定者、调解工作考核监督者、调解经验的汇总者。从而,也有助于人民调解实现适度的去行政化,向社会化和自治化方向发展。

(2) 专业的社会组织提供调解服务,调解机构独立性强,公信力高,是“福田模式”的特色。调解员不再是政府科层制的直接管理对象,调解员也不需要直接为政府机构负责,只需要依法、依调解管理规范开展调解工作。这样一种模式,确保了调解机构的相对独立性。同时,由律师或具有法律专业的人员担任调解员,更容易获取当事人的信任,律师也因为其在纠纷解决中身份上的独立性和法律知识的专业性,更容易被当事人所接受。

(3) 律师作为社会工作者,担当调解的主体,体现了人民调解的自治性。法律专业人员提供调解服务,调解员知识结构的专业性,使得其可以获取更多的权威性,“福田模式”更加符合当代社会以及大城市市民不断增长的依法维权的诉求。人民调解体现了基层群众自我管理、自我约束的价值取向,符合基层群众自治制度的发展方向。

(4)“福田模式”符合调解法治化的要求。这种“政府采购——律师事务所投标——律师或者具有法律专业知识的工作人员提供专业化的调解服务的新型调解模式,具有规范化操作、流水线运行和标准化管理的特征。

(5)“福田模式”提高了社会管理效率。“设机构、养人、办事”的调解机构组成和运行方式,是典型的政府包办人民调解的模式。而“以事养人”的方式,降低了社会管理的成本,提升了政府管理效率。此外,专业化的人民调解实践,为人民调解的规范化管理和人民调解质量的提升,积累了丰富的经验。

综上所述,“福田模式”在吸收和借鉴传统人民调解、各地人民调解创新经验的基础上,形成了独特的人民调解运行模式。基于法治观念深入,法律意识增强,依法维权的需要,对体现群众自治本质的人民调解的发展创新,成为时代的要求。坚持人民调解作为独立的解决纠纷的方式,保持其群众自治的本质,加入政府引导、支持的因素,形成了“福田模式”的亮点。

(二) 公共服务定位,克服了“政府操控”或过度“民间化”的弊端

在中国古代,调解虽然大致可分为官府调解、官批民调和民间调解三种模式,但实际上,中国传统的调解主要是纯粹的民间调解,官府的介入有限,实践中发挥作用的主要为宗族调解、邻里调解、亲友调解、乡里调解和行会调解等。[①] 依据现行制度安排,当代中国的人民调解主要分为政府主导的行政调解、法院主导的司法调解和村民委员会、居民委员会主导的民间调解,为广义的人民调解。狭义的人民调解,仅指村民委员会、居民委员会主导的民间调解。无论在古代还是当代,调解制度中的政府宏观设计和措施引导,保证了调解发挥积极作用。

首先,当代中国的调解制度与古代中国的调解制度既有相继性,又有断裂性。相继性表现在调解人的中立性、调解解决纠纷的合意性以及运作的灵活性,都注重通过调解活动来重塑双方当事人的和谐关系。而断裂性则表现在,现代调解制度更加注重平等保护各方合法权益,更加注重贯彻现代法律规范而不是维护“礼”等差异化的规则。[②] 但是,调解制度的共性是作为纠纷解决的机制之一,离不开国家制度的规制,而政府的引领措施在不同时期的侧重点也不同。

其次,从国际上来看,回应社会需求的司法能动主义哲学,渐受青睐。人权保护的司法理念、“ADR 理论”的发展、恢复性司法理念,逐渐得到认同。纠纷解决机制的多元化,尤其是非诉纠纷解决机制得到诸多国家的认同,表

① 刘广安:《中华法系再认识》,法律出版社 2002 年版,第 43 页。
② 余钊飞:《人民调解的历史形成研究》,西北大学出版社 2011 年版,第 162 页。

明调解是一种全球化的纠纷解决机制。[①]

再次，通过调解解决矛盾纠纷，还是司法积极回应社会需求的体现。调解不仅是自古以来的纠纷解决方式，而且是法治社会一种独立的纠纷解决方式。实践中，随着市场经济的迅速发展，社会阶层分化的加快、人口流动的日益频繁、利益冲突的加剧，导致矛盾纠纷不断涌现。因此，在社会转型期，矛盾纠纷多元化解机制满足了现实的需求。

最后，调解还可以弥补司法制度的不足。所有矛盾纠纷全部提交给司法机关，通过审判方式解决，既无必要，亦无可能。但既然纠纷已经发生，合理、有效地化解纠纷对社会能产生积极意义。审判制度的运作相对而言具有刚性，而调解制度的运作，则具有弹性；与审判相比，调解化解纠纷的适应性更强。

通过政府购买人民调解服务，福田区破解了人民调解的经费困局。将人民调解纳入一项公共服务，是人民调解制度的新发展。政府购买人民调解公共服务，是新的历史条件下政府职能转变的重要体现。

恰当定位政府在公共服务供给中的身份、地位，形成了人民调解的新机制。具体而言，政府仅仅成为了公共产品的采购方和调解服务质量的监督者和考核者，而队伍稳定乃至专业化、规范化的法律服务，有助于增进民众对人民调解的信赖感；全天候 24 小时的调解服务，符合社会需求；细微纠纷随时发生，及时予以调解，既是化解矛盾纠纷的需要，也是预防矛盾纠纷的要求；将纠纷化解和分清是非结合起来，将纠纷化解与纠纷预防有机结合，促进了民众的社会公正感。

（三）政府对民间调解的监督到位，人民调解运行规范，成效明显

人民调解的“福田模式”引入了政府采购，指导监督到位；调解人员具有专业化的知识和技能，调解室实行专业化管理；解决纠纷的成本低、覆盖面宽、方便快捷、效果明显、程序规范。此外，扎根基层、服务基层发挥了模式优势和调解成效，并实现了人民调解的机制创新。

我国社会正处在急剧的社会转型期，矛盾纠纷呈现出多样化、复杂化趋势。公众权利意识、规则意识不断加强，单靠传统的说服、教育、感化等为主的调解手段，已经不足以有效解决纠纷。调解方式应实现从“威信型”向“法理型”转变，并在实现调解中情、理、法融合的基础上，强化法律在调解中的基础作用。人民调解的“福田模式”很好地体现了这种专业性。一方面，“福田

① 〔澳〕娜嘉・亚历山大主编：《全球调解趋势》，王福华译，中国法制出版社 2011 年版，译者序。

模式”有助于拓展律师职业的发展空间，更好地树立律师的“公益服务”形象，减少人们对律师“唯利是图”“嫌贫爱富”的社会偏见。另一方面，从长远来讲，也有助于促进作为一个职业群体的律师团队更好地反思自己的社会定位、社会责任，促进律师从一个挣钱谋生的职业个体成长为一个富有道义精神的团队，从而在中国社会发展中更好地发挥推进力量。

然而，如果当事人通过调解方式解决纠纷的成本过高，则可能导致冲突各方回避选择调解方式解决问题。因此，低成本地解决社会纠纷十分重要。“福田模式”调解纠纷的低成本主要体现在以下方面：(1) 不收费。人民调解对当事人免费是其最大的优势。(2) 时间成本低。调解员24小时全天候值班、服务，当事人不用三番五次地去找调解员，也不存在调解员下班后当事人无处调解的情形，这大大节约了当事人的时间成本。(3) 政府采购律师的专业调解服务的经济成本也较低。据了解，最初政府为一名调解员每年支付的酬劳是3.5万元，现在提高为6.5万元。(4) 作为非诉纠纷解决机制，达到了息争止诉、案结事了、节约司法资源的效果。

人民调解的“福田模式”充分关注到了矛盾纠纷解决的覆盖面问题，即哪里有矛盾，哪里有调解。福田区建立了全面、合理的人民调解网络，辖区内的主要派出所、交警队、劳动局、医院、法院等矛盾纠纷的集中地，合理设置人民调解室，形成了系统的调解网络。

人民调解的“福田模式”充分利用辖区已有的各种资源，坚持方便快捷服务群众的原则。治安案件和民事纠纷的发生，并非全部发生在8小时工作时间内。[①] 因此，24小时的全天候调解服务，有助于矛盾纠纷在第一时间进入调解程序。对调解员来说，可以实现第一时间介入矛盾纠纷，在第一时间解决矛盾纠纷。

人民调解的“福田模式”成功化解各类矛盾纠纷的效果明显，如调处成功率、当场履行率和自动履行率高。2011年14个驻派出所人民调解室共受理纠纷9907宗，调解成功9789宗；2个驻交警大队人民调解室共受理纠纷489宗，调解成功489宗；驻人民法院调解室共受理纠纷522宗，调解成功409宗；驻四家医院的医调室共受理医患纠纷83宗，调解成功64宗(如图1-2所示)。纠纷当事人满意度、社会公众的支持率和社会公信力均较高。人民调解“福田模式”运作程序规范，成效明显，受到社会各界肯定。调解工作形成了包括案件受理、记录、报告、分流、交办、办理、督办、履行、反馈、建档等完整的流程。调解程序的优点在于：保障了调解的合法性；有助于在全区树立人

---

① 正如第二章的统计数据显示，约66%的纠纷是在一般人所谓的非工作时间开始调解的。

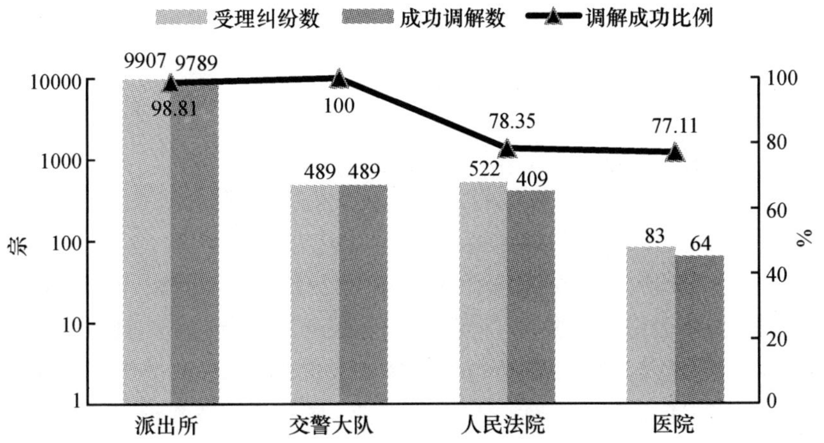

图 1-2 2011 年福田区各类人民调解室受理和调解纠纷情况

民调解的良好形象;有助于建立持久、长效的调解机制,不至于因为个别调解人员的变动而使调解工作停滞或者瘫痪;有助于累积调解经验,为调解人员的知识储备、经验积累、制度完善等,创造良好条件。

第二章 “福田模式”的基本做法

在保留司法所、治保会及依托居民委员会、村民委员会建立的人民调解委员会的同时，福田区根据“以事定费，购买服务”的供给模式，建立了驻派出所人民调解室、驻医院人民调解室、驻法院人民调解室、驻交警队人民调解室、驻劳动局人民调解室。本章从运行程序、管理机制及几种主要的进驻人民调解室的设立与运作程序等方面，全方位展现其基本做法。

一、便捷高效的人民调解运行程序

人民调解的“福田模式”具有独特的调解主体，完成相应的工作任务。调解室分布科学，运作流程清晰。调解室设置，在体现人民调解自身特点的同时，着重实现了人民调解与行政调解、司法调解的相互衔接。

（一）明晰各类调解主体的职责

人民调解“福田模式”的参与主体包括司法局、律师事务所、人民调解员，各主体分别具有不同的但比较清晰的角色、任务及目标。

1. 司法局的统筹职责

作为组织策划者，深圳市司法局的主要工作包括四个方面：（1）谋篇布局，设计人民调解的推进思路。根据深圳市构建大调解工作体系的部署，深圳市司法局因地制宜，积极探索。针对人民调解工作长期以来存在的不足和服务质量较低等实际问题，结合福田区丰富的律师资源，启动了向律师事务所购买法律服务的方式，打造独特的人民调解“福田模式”。（2）负责人民调解室的合理布局，与派出所、法院、交警队、劳动局、医院等单位的工作衔接，落实办公场所、办公设备等条件的配置。（3）作为发起方和采购方，负责统一招投标工作，向有资质的律师事务所购买法律服务。（4）对人民调解工作室和人民调解员进行日常规范管理，开展月度、年度考核，并制定了《福田区驻派出所人民调解室工作规范指南》《福田区人民法院、福田区司法局关于人民调解协议确认的若干意见》等管理规范。对于人民调解的各项具体工作进行统一规范,如人民调解员的选拔、培训、考核和发证;对档案台账管理、卷宗管理、公章管理等各个环节都作出统一的规定,并付诸实施。

此外,深圳市司法局还特别注意汇总经验,编制人民调解的成果。例如,深圳市司法局编辑出版了《道路交通事故损害赔偿纠纷人民调解工作规范指南》《深圳市福田区人民调解典型案例评析》等人民调解系列丛书。至此,福田区大调解组织体系和制度体系基本成型,运作成效良好。

值得一提的是,深圳市司法局统一配备了办公设施,方便人民调解工作的进行。例如,安排独立的办公室、调解室及档案室,一般由各司法所和派驻单位多次协商,专门腾出两至三间房屋,分设调解员办公室、调解室及档案室。此外,还对调解员的食宿问题作统一协调和安排。而且,调解室统一配置电脑、传真机、打印机、档案柜和桌椅,统一设计了牌匾,制作了调解规范制度。此外,调解室所需的笔、纸、文件夹等一些办公用品,一般都由所在派出所、交警队或者医院提供。

总之,司法局的日常工作,主要通过街道司法所展开,对调解室和调解员的工作情况进行检查、监督和指导,重点是指导和监督调解员执行人民调解工作的法律制度,规范调解档案和调解文书的管理。

2. 律师事务所的组织职责

通过招投标渠道,深圳市福田区目前主要有 8 家律师事务所参与人民调解工作,即广东品然律师事务所、广东五维律师事务所、广东百利孚律师事务所、广东格威律师事务所、广东震鹏律师事务所、广东开野律师事务所、广东首胜律师事务所和北京隆安(深圳)律师事务所。律师事务所中标后,和福田区司法局签订人民调解协议书。根据协议,律师事务所派遣律师或者具有法律专业知识的法学本科毕业生去中标的人民调解室值班。律师事务所负责对人民调解室的工作进行指导、检查、考核,对相关工作予以协调。

按照协议规定,人民调解室的调解员可以依法调解人身权益、生产经营、婚姻家庭、损害赔偿、劳动争议等民事纠纷,可受邀参与由民警主持的治安案件的调解。但是,不受理只能由专门机关处理的纠纷、法律法规禁止采用民间调解方式解决的纠纷及法院、公安机关或其他行政机关已经受理或解决的纠纷。服务合同对具体工作的要求是:完成案件受理、调查、实施调解、制作调解书、回访且记录履行情况、制作案卷等日常工作内容,律师事务所每周、每月、每半年、每年向司法所报送工作报表及遇到特殊情况需及时向司法局报告。

按照合同约定,律师事务所派出的调解员必须是法律从业者。律师事务所应组织调解员学习法律、法规、规章和政策，熟悉人民调解的程序和要领；调解员不得挑拨当事人诉讼，但对于调解不成的纠纷，应引导当事人依照法律途径解决；服务合同要求调解员做到公平合理，以理服人，以情感人，依法调解，不得徇私枉法；推行调解员过错追究制，连续2次违反调解纪律的调解员，将不得继续从事调解业务。

其中，律师事务所的职责是对调解员进行业务培训，完成调解的程序管理、工作行为的规范管理和调解室有关的其他管理工作。律师事务所重点以调解例会为平台，以会代训，促进调解人员知识的更新，提高解决疑难纠纷的能力，开展调解文书的质量检查。

3. 调解员的调解职责

人民调解员由律师事务所聘任律师或者具有法律专业学历教育背景的人士担任。一个人民调解室通常需要6—8名调解员，律师事务所会选择其中1名较有经验者担任人民调解室组长；调解员一般2人为一个小组开展工作，全天候24小时值班，为基层群众提供专业调解服务。

自2008年10月24日以来，福田区先后在派出所、交警大队、区法院、区劳动信访局、医院等地设立人民调解室，配备专业调解人员，从事矛盾纠纷的解决工作。调解员属于编委配备的辅助性管理雇员编制，是专职的人民调解员。调解员虽然是一个职业，但调解员也是流动的，原因在于：其一，调解员个人进步和发展的需要。相比而言，调解员的工作辛苦，收入不高，因此，一般不太可能吸引法律专业人员，尤其是通过司法考试者长期从事这一工作。其二，律师事务所也需要不断吸纳新的专业人士，促进调解队伍的合理发展。对于那些社会阅历尚浅、涉世不深、靠律师业务难以完全维系生存的初出茅庐的法律专业毕业生来讲，在律师职业真正开始之前从事一段调解工作，不仅可以获得一定收入，而且可以跟资深的调解员或律师学习，在实践中积累为人处世、与当事人沟通的阅历和经验。当然，从有利于工作开展的角度，调解员要有一定的稳定性，流动性不能过快。

（二）合理布局相关的人民调解室

福田区人民调解室布局的基本思路是“哪里有纠纷，哪里就有调解”。在该思路的指导下，人民调解工作得到了不断完善。如表2-1所示，截至2013年10月，福田区已经设立了27个人民调解室。其中，广东品然律师事务所负责9个调解室，即驻华富派出所、八卦岭派出所、园岭派出所、景田派出所、福强派出所、梅林派出所、法院、天安派出所、北大医院人民调解室。广东五维律师事务所、广东百利孚律师事务所、广东格威律师事务所等 7 家律师事务所负责 18 个调解室，即驻沙头派出所、南园派出所、香蜜湖派出所、福田派出所、莲花派出所、福保派出所、华强北派出所、区综治信访维稳大厅、福田交警大队、口岸交警大队、北大医院、市二医院、市妇幼保健院、市中医院、区人民医院、区中医院、区妇幼保健院、区第二人民医院、区慢性病防治院人民调解室。

从人民调解室的设置来看，基本涵盖了矛盾纠纷较多的区域，主要分布如下：

（1）派出所（14 家）：驻沙头、南园、香蜜湖、福田、华强北、华富、八卦岭、园岭、景田、福强、梅林、莲花、天安、福保派出所人民调解室。

（2）区综治信访维稳大厅（1 家）：驻区综治信访维稳大厅人民调解室。

（3）交警队（2 家）：驻福田交警大队、口岸交警大队人民调解室。

（4）人民法院（1 家）：驻区法院人民调解室。

（5）医院（9 家）：驻北大医院、市二医院、市妇幼保健院、市中医院、区人民医院、区中医院、区妇幼保健院、区第二人民医院、区慢性病防治院人民调解室。

表 2-1 2013 年福田区派驻人民调解室调解工作人员数量统计表

广东品然律师事务所(47 人)			
园岭派出所调解室	7 人	华富派出所调解室	7 人
梅林派出所调解室	7 人	天安派出所调解室	4 人
八卦岭派出所调解室	5 人	景田派出所调解室	4 人
福强派出所调解室	6 人	区法院调解室	4 人
北大医院调解室	3 人		
广东五维律师事务所(36 人)			
沙头派出所调解室	9 人	南园派出所调解室	8 人
香蜜湖派出所调解室	6 人	华强北派出所调解室	5 人
市妇幼保健院调解室	3 人	市中医院调解室	3 人
区人民医院调解室	2 人		
广东开野律师事务所(6 人)			
福保派出所调解室	6 人		
广东首胜律师事务所(5 人)			
莲花派出所调解室	5 人		
广东格威律师事务所(13 人)			
福田派出所调解室	7 人	区综治信访维稳大厅调解室	6 人
广东百利孚律师事务所(12 人)			
福田交警大队调解室	5 人	口岸交警大队调解室	4 人
市二医院调解室	3 人		

（续表）

广东震鹏律师事务所(5人)			
区中医院调解室	3人	区妇幼保健院调解室	2人
北京隆安(深圳)律师事务所(3人)			
区第二人民医院调解室	2人	区慢性病防治院调解室	1人

需要指出的是，调解室的设立经过了两个发展阶段：

第一阶段为2008年至2009年底，为起始阶段。2008年10月24日，福田区在华富派出所设立了第一个人民调解室。这是全国首家以政府通过向律师事务所购买服务方式而成立运作的人民调解室。此后的一个月内，福田区其他的13个派出所人民调解室先后挂牌成立；2009年2月24日，广东省首家驻交警大队人民调解室在福田交警大队成立。

第二阶段为2010年以后，为发展完善阶段。《深圳市医患纠纷处理暂行办法》自2010年2月22日开始实行，根据司法局建立医患纠纷人民调解机制的要求，福田区正式启动医患纠纷人民调解试点工作，在辖区内北京大学深圳医院、深圳市第二人民医院、深圳市中医院、深圳市福田区人民医院设立人民调解工作室，并从2010年3月份开始受理医患纠纷人民调解工作。另外，由4名具有法律专业背景的人民调解员进驻的福田区法院人民调解室于2010年9月15日成立。驻法院的人民调解室主要调解法院立案大厅分流或者导引出来的诉前民事纠纷。其他诸如驻劳动局、驻建设局等单位或者部门的人民调解室也先后成立，并投入了运行。

与传统人民调解室的设置不同，"福田模式"人民调解室的设置体现了以下三个特点：

其一，驻派出所和驻交警队的人民调解室体现了行政调解和人民调解的携手合作。[①] 从案件性质上，派出所受理的案件既有违法案件、治安案件，又有不少根本构不成治安案件的细微琐事冲突，还有纯粹的民事财产纠纷。当然，还有不少根本算不上案件的纠纷。例如，较为激烈的言语争吵、夫妻之间

① 关于驻派出所人民调解室调解的性质，范愉教授认为，应界定为"委托调解"。从发生学的意义上来看，案件的确是先经过派出所受案，然后由派出所交由调解员来调解的。但是，界定人民调解的关键是调解的主体。《人民调解法》第2条规定，人民调解指的是人民调解委员会通过说服、疏导等方法，促使当事人在平等协商基础上自愿达成调解协议，解决民间纠纷的活动。由于驻派出所人民调解室是人民调解委员会依法设立的，因此，纠纷来源的委托性质，并不代表驻派出所人民调解室的调解工作就是行政调解。所以，"委托调解"似乎不能够准确揭示驻派出所人民调解室的调解的性质。如果界定为委托调解，而不阐明它的人民调解性质，人们就容易将驻派出所人民调解室的调解理解为行政调解。因此，不宜因为存在派出所驻人民调解室为了开展调解工作而与派出所工作之间的衔接，就将该项工作理解为行政调解，或理解为行政机关对人民调解室的简单授权；否则，就掩盖了人民调解的性质，驻派出所人民调解室也就失去了其合法性。

的家庭矛盾或者是情感纠纷等。其中，打架、斗殴等较为常见的案件，部分可能构成治安案件，但通过调解方式解决矛盾纠纷是派出所的一种选择。也就是说，进入派出所人民调解室的案件，实际上性质很复杂，甚至有时候还存在很难定性的纠纷。

在参观人民调解室的过程中可以发现，民警不时过问调解的进展情况。当询问民警为什么要过问这些案件时，警察的回答是：这些案件主要属于治安案件，如果当事人不愿意接受调解，尤其是侵害人不愿意对受害人进行赔偿，那就有可能对他们进行依法拘留。由此可见，警察给予当事人施加适度压力，有助于纠纷的快速解决。如此看来，调解既是“自愿”的合意结果，同时也具有一定的对违法行为的强制成分，应当实现“理”与“力”的结合。

人民调解室进驻派出所，对派出所会带来什么好处？不知名的2位警察表示，人民调解室的调解员减轻了他们的工作压力，将他们从大量繁重的调解工作中解放了出来。如果有调解员参与，他们就可以集中主要精力办理治安或者刑事案件。

另外，驻派出所人民调解室的调解员，还具有警察调解不具有的优势，那就是调解员相对来讲更为中立，更容易取得双方当事人的信任。当然，就调解的“场景”来说，行政调解和民事调解的有机结合，有助于警察和调解员发挥各自角色优势，即“一方唱红脸，一方唱黑脸”。在这种“场景”里，案件当事人都可以从不同角度反复思考案件本身、事实经过、自身的过错，有助于在一个相对封闭的“场景”里去思考和权衡，甚至是重点考虑何种赔偿是自己愿意接受的；如果不接受调解，可能的后果如何；等等。行政调解和人民调解的有机结合，有助于促进当事人调整过高的诉求，从而使赔偿的最终结果得以达成，但人民调解室并没有因此丧失其独立性。

其二，驻人民法院的调解体现了人民调解和司法调解的结合，是“诉”和“调”的有机统一。虽然这种结合的力度很弱，但驻法院的人民调解室完全是独立开展工作。从案件来源上看，案件主要源自法院的工作“分流”和业务“导引”。实际上，来自法院立案庭分流或者导引的民事纠纷，往往都是具备立案条件的；如果调解不成，则会将案件再次转入诉讼程序，使之在“诉与非诉”之间往返流转。这类纠纷主要是债务和财产纠纷，法院不可能给当事人施加压力，调解程序完全由调解员主导。

其三，驻医院、驻劳动局的调解则是较为纯粹的人民调解。这些案件完全由调解员主导，调解室所在位置的选择主要是为纠纷的解决提供空间的便利。

（三）规范人民调解的流程

人民调解的“福田模式”建立了特色鲜明的运作流程，形成了高效、快捷的调解工作机制。

1. 全天候的纠纷解决机制

人民调解室24小时值班，便利了矛盾纠纷的调解和解决；调解员不仅能随时开始矛盾纠纷的调解，而且对调解结果的履行起到了积极的作用。

2. 有效衔接了人民调解与行政调解和司法调解

经派出所、法院分流，或者是交警队委托，或者是在劳动局、医院里当事人自愿选择进入人民调解室的调解案件，由人民调解室审核是否符合受理标准；符合受理标准的案件，则进行立案调解。在此过程中，对每一宗纠纷的调解，都必须严格遵守合法、自愿、尊重当事人诉权的原则，确保正确区分和有效衔接人民调解与行政调解、司法调解，严格遵守人民调解的程序。

3. 注重调解结果的履行

经调解成功的案件，制作调解笔录，签订调解协议。对有金钱给付义务的调解结果，调解员应督促当场履行，或者引导当事人去法院确认调解协议的司法效力，以确保调解协议得到履行。

4. 发挥预防和疏导作用

对于不符合调解的案件以及调解未成功的案件，调解员会给予纠纷解决上的法律指引。当然，即便是个别未最终调解成功的案件，人民调解员耐心的劝说、提供的法律咨询、给出的纠纷解决建议，对纠纷的最终有效解决，依然具有重要的意义。

在保持了人民调解自身特点的同时，人民调解的“福田模式”着重体现了与行政调解和司法调解的对接。时间上的全天候服务，空间上的合理布局，均方便了当事人。而且，省时、快捷、方便的特点，在人民调解“福田模式”中得到了充分的体现。

二、科学严密的人民调解管理机制

福田区建立了对调解室进行考核的量化指标体系，实现了规范化管理。严格的管理制度，保证了调解程序的公开、公正，也实现了良好的调解效果。

（一）制度化的调解室日常管理

1. 规范调解员的行为，提升调解的品质

着装的规范化要求调解员上班着工作服、佩戴工作证；调解员对工作认真负责，对业务熟悉，对群众耐心，能准确解析案情和法律、政策，并提供专业调解服务。此外，还要求调解员加强自身学习，通过学习培训和实践锻炼，熟练掌握调解技能，保证调解的质量。

2. 坚持24小时值班，全天候开展调解服务

各调解室都严格实行组长责任制，组长对律师事务所负责，并接受考核。调解员必须做到全天候24小时值班，针对个别调解员居住地较远的情况，对其安排了科学、合理的值班制度，避开交通高峰，实行早上10点钟交接班。前一当班的调解员需坚持到接班调解员到岗才能离开，工作无缝交接，并予以完整记录。

3. 坚持例会制度，开展业务学习

通过每周举行的例会，及时学习《福田区驻派出所人民调解员工作手册》内容，并认真钻研《人民调解法》。例会的另一项作用是传达有关文件、政策。此外，在例会上还可以相互交流工作经验，找出工作不足，查找相关漏洞，改进工作方法。

（二）司法局对调解工作严明规范的量化考核

调解工作质量的保障，离不开对调解室和人民调解员的工作业绩考核。福田区通过表格的形式，对人民调解室及调解员的工作进行逐项考核。考核表包括四个部分，共14项一级指标和47项二级指标（如表2-2）。

表 2-2 人民调解室(调解员)量化考核指标体系表

硬件配置	(一) 办公场所	1. 有独立的办公室、档案室、调解室
		2. 有值班休息场所及必需的物品
		3. 办公总面积达到40平方米
	(二) 办公设备	4. 有能够正常使用的办公桌椅、调解台凳、档案柜、档案盒、电脑、多功能一体机等办公用品
	(三) 悬挂上墙	5. 有悬挂规范的门牌标示
		6. 有规范的制度上墙
调解实务	(四) 规范调解	7. 上班穿工作服、佩戴工作证
		8. 没有违法、违规、不文明调解的情况
		9. 案件管辖正确
		10. 一般在1个月内调解结束
		11. 调解不成功的民间纠纷,告知当事人到法院或有关部门处理
	(五) 调解质量	12. 调解成功率高
		13. 调解协议履行率高
	(六) 卷宗规范	14. 调解成功的,依照有关规定制作规范的人民调解协议书
		15. 调解成功的,有规范的民间纠纷受理表
		16. 调解成功的,有规范的主要权利义务告知书等告知性材料
		17. 调解成功的,有规范的调解申请书
		18. 调解成功的,有规范的调查笔录
		19. 调解成功的,有规范的调解笔录
		20. 调解成功的,有规范的民间纠纷受理调解登记表
		21. 调解成功的,有当事人身份证复印件或其他当事人身份记录
		22. 调解成功的,有相应的证据、材料
		23. 调解不成功或自行和解的,有记载调解工作的相应材料
	(七) 台账记录	24. 有规范的纠纷受理台账,对所有受理的纠纷进行登记
		25. 有规范的回访记录台账,对人民调解协议的履行情况进行回访记录
		26. 有规范的移交记录台账,对派出所移交来的案件及向派出所移交的案件进行登记
		27. 有规范的统计台账,对每月调处纠纷的情况进行登记

（续表）

档案管理	（八）卷宗保管	28. 有指定的兼职档案管理人员
		29. 管理人员严格执行借阅保密制度
		30. 卷宗放置规范、清晰
		31. 分年立卷存放卷宗，且有统一的流水卷号
	（九）立卷归档	32. 立卷要一案一卷
		33. 每一个卷宗的立卷人为承办该案件的调解员
		34. 有封皮、封底
		35. 按规定填写封面、卷内目录、备考表和编写页码
	（十）卷宗装订	36. 卷面规格为 A4 纸，非 A4 纸的要通过折叠、加贴补纸保证整齐。
		37. 案卷材料排列顺序正确
		38. 装订用线绳并贴封签
其他制度	（十一）工作交接	39. 24 小时排班、上班
		40. 无缝交接，做好交接班记录
	（十二）公章管理	41. 由指定的公章管理人员保管公章
		42. 有规范的公章使用登记
		43. 每次使用公章均经调解室负责人同意
	（十三）情况上报	44. 定期（每周、月）向司法所等部门上报工作情况
		45. 及时向司法所等部门上报调处的重大疑难纠纷和典型案例
	（十四）学习例会	46. 每周召开 1 次学习例会
		47. 例会情况在《学习例会记录簿》上登记

综上所述，考核主要包括每个季度的考核和年度考核，其结果作为律师事务所业绩考核的主要参考依据。

（三）驻景田派出所人民调解室的主要管理制度

人民调解室建立了明确规范的管理制度，本书以景田区派出所人民调解室为例，主要建立了以下规章制度：

1. 来访人员登记制度

来访人员登记制度的主要目的是：更好地收集纠纷资料，了解各种纠纷特点，及时掌握纠纷的发展动向；总结调解经验，便于将经验文字化；真实地反映工作实际情况，便于上级部门的监督。严格实行来访人员登记制度，要忠实记录调解室与外界沟通、交流的客观情况。

2. 复杂、特殊纠纷的汇报制度

驻派出所人民调解室每周、每月都向律师事务所、司法所、派出所汇报上一周、上个月调解室的各项数据报表，并对其中的复杂、特殊纠纷及其调解结果进行书面详细汇报。

3. 公章管理制度

为了规范人民调解室印章的管理，有效防范风险，《人民调解室印章管理制度》规定，印章应由专人保管，在《人民调解协议书》上加盖印章时需由人民调解室负责人先审核签字，再由印章保管人盖章。

4. 档案借阅管理制度

为规范人民调解卷宗资料的管理，保护当事人的隐私，防止卷宗档案内容外泄，指定专人负责管理档案，任何单位和个人未经调解室组长与档案管理人的同意，不能借出档案。在出借时，要明确出借方式、出借内容、出借时限、保密义务等。

5. 纠纷处理的效果回访制度

为更好地做好调解工作，真正做到“案结事了”，调解员对自己承办的案件需要回访的，适时回访跟进，并做好相关工作记录。回访制度要求调解员关注纠纷的解决效果；建立长效的纠纷化解机制，也体现了人民调解制度的特色。

（四）调解书的制作规范与方法

调解书是对人民调解达成协议及其协议履行状况等的详细记录，是纠纷得到解决的标志。调解书内容应当全面、准确，表述简洁明了，语句通顺，体现出调解解决纠纷的即时履行特点。调解书主要由首部、纠纷简况、主要内容和尾部组成。

1. 首部：记载当事人的身份等主要信息

人民调解书必须详细载明当事人的姓名、性别、年龄、身份证号、民族、职业、单位或详细住址（或法人及社会组织名称、地址、法定代表人姓名和职务等）。

2. 纠纷简况：简要描述事实

如涉及无行为能力或者限制行为能力人，应写明参加纠纷解决的监护人的身份及其姓名。

3. 双方当事人达成协议的主要内容

这是调解书制作的核心部分。调解协议一般写明，双方于20××年×月×日经调解，自愿达成如下协议：

(1) 当事人双方同意和解。

(2) 当事人双方同意由当事人甲向当事人乙赔礼道歉，由当事人甲恢复当事人乙的名誉，并保证不再发生类似事情。

(3) 当事人双方同意由甲向乙一次性支付医疗赔偿、精神损失费及其他所有费用共计人民币××元整。或者，当事人双方同意，由当事人甲陪同当事人乙前往××医院检查伤情，并由甲支付乙治伤的所有治疗费。或者，当事人双方同意互不追究对方的医疗、医药费及其他费用。

(4) 当事人双方同意当事人乙在20××年×月×日复诊后，身体如有此次肢体冲突引起的不适，由当事人甲承担相应的责任；若在20××年×月××日复诊后，当事人乙并无任何与此次肢体冲突引起的不适，双方就不再追究对方任何责任。

(5) 当事人双方同意履行完本协议第(4)条后，不再追究对方任何责任。或者，当事人乙保证今后不以任何方式报复或威胁当事人甲及其亲属。

(6) 当事人乙向当事人甲保证今后不再到×××地点闹事。

(7) 如有伤害，但不赔偿，可写明：当事人双方同意互不追究对方的医疗、医药费用。

(8) 当事人双方同意就此纠纷今后不再追究对方任何责任。

当然，就协议的正文而言，一般载明其中(1)(2)(3)(8)共计四项即可。

4. 尾部：记载调解协议的履行情况

(1)履行协议的方式、地点、期限，一般是当事人双方签字后当场履行；如果不涉及金钱给付，可写明：双方签字后按约履行。

(2) 本协议一式叁份(最少3份，需根据当事人的增加而增加)，双方当事人、人民调解委员会各持一份。

三、驻派出所人民调解室的调解

从互联网上搜索"派出所的工作"这一关键信息可以发现,派出所除了要加强自身规范化建设、办理刑事案件和治安案件、打击违法犯罪、强化人口管理、建立互联网信息外,无一例外都要开展矛盾纠纷解决工作。驻派出所人民调解室的调解,使人民调解和治安行政调解衔接机制更加规范有效。"110接警台"民警先期对报警纠纷进行初审,对符合人民调解范围的,经当事人申请,分流到人民调解室,由调解室进行立案审查和调解;调解室依法受邀参与治安案件民事赔偿部分的调解。

根据不同纠纷的类型,驻派出所人民调解室主要采取三种方式进行调解:一是独立调解,对于民间纠纷,由调解员独立主持调解;二是参与调解,对于矛盾比较尖锐,有可能升级的民间纠纷由调解员邀请民警参与,共同调解;三是合作调解,对于民间纠纷引起的治安案件,由民警主持,调解员参与,就民事赔偿部分进行调解。

(一) 驻派出所人民调解室调解的主要纠纷类型

派出所人民调解室调解哪些案件呢?对此,可以依据2011年驻景田派出所人民调解室调解民间纠纷统计表①(表2-3)进行了解。

表2-3 2011年度驻景田派出所人民调解室受理的民间纠纷(件)月度分布表

类别	人身权利纠纷	财产权益纠纷	损害赔偿纠纷	生产经营纠纷	劳动争议纠纷	婚姻家庭纠纷	其他纠纷	合计数量
1月	29	6	4	\	3	\	7	49
2月	20	3	2	1	7	1	4	38
3月	28	\	1	1	\	1	16	47
4月	25	\	2	\	2	\	7	36

① 备注:(1) 每月呈报数据的统计区间为上月23日至本月22日,呈报时间为每月的23日,遇节假日或其他特殊情况可顺延;

(2) 受理总数= 人身权利纠纷+财产权益纠纷+损害赔偿纠纷+生产经营纠纷+劳动争议纠纷+婚姻家庭纠纷+其他纠纷;

(3) 受理总数= 调解成功+自行和解+调解不成;

(4) 涉案金额= 成功调解涉案金额+自行和解涉案金额;

(5) 调解成功率=(调解成功+自行和解)/受理总数×100%。

（续表）

类别	人身权利纠纷	财产权益纠纷	损害赔偿纠纷	生产经营纠纷	劳动争议纠纷	婚姻家庭纠纷	其他纠纷	合计数量
5 月	34	\	9	\	2	\	10	55
6 月	29	\	7	1	1	\	12	50
7 月	35	\	6	\	\	\	7	48
8 月	24	\	\	\	1	\	12	37
9 月	24	\	1	\	1	1	8	35
10 月	13	1	3	\	\	\	8	25
11 月	22	\	4	\	1	\	3	30
总数	**283**	**10**	**39**	**3**	**18**	**3**	**94**	**450**

上述统计表明，驻景田派出所人民调解室 2011 年全年(统计数据没有包括 12 月的资料)共受理调解案件 450 件；其中，人身损害案件，也即通常的打架、斗殴案件有 283 件，占案件总数的 62.8%。在这些案件中，有些违反了《治安管理处罚法》，属于可以拘留或者可以罚款的案件，有些属于轻伤害的刑事自诉案件，有些则既不构成刑事案件也不构成治安案件。除此之外，也有大量的财产损坏赔偿、劳动纠纷、租赁纠纷、邻里纠纷、家庭矛盾、熟人间的细微摩擦等十分轻微的民间纠纷等。

那么，纠纷是什么时间进入人民调解室的？人民调解室是什么时间开始调解的？案件调解要花费多少时间？案件是否都涉及财产？协议达成后是否都能够得到履行？在走访驻派出所人民调解室的同时，主要依据归档的档案对这些问题进行了梳理。

2011 年 11 月底，本书获取了福田区驻景田派出所人民调解室 2011 年办结的所有归档档案。档案显示的案件调处时间段为 2011 年 1 月 1 日至 2011 年 11 月 28 日，归档的档案共 435 份。其中，随机选取了驻景田派出所人民调解室的 100 件人民调解案件作为考察对象，这 100 件案件的编号分别为 1—15、101—115、201—220、301—325、401—425。经过梳理，纠纷简况如表 2-4 所示。

表 2-4　驻景田派出所人民调解室 2011 年纠纷简况表

编号	当事人姓名、性别和年龄	纠纷简况	来访人数	调解时间	金额	履行情况
1	陈某,男,19 孙某,男,17	宿舍打架	7	1 月 1 日 00:10 至 01:50	600 元	当场履行
2	林某,女,44 邓某,女,26	商场打架	6	1 月 2 日 17:00 至 20:30	0 元	和解
3	孟某,男,37 殷某,男,32	打扑克中打架	2	1 月 3 日 21:00 至次日 00:30	250 元	当场履行
4	阳某,男,26 唐某,男,38	行车中打架	2	1 月 4 日 22:00 至 23:54	420 元	当场履行
5	赖某,男,54 彭某,男,26	一方误认另一方为小偷而打架	2	1 月 5 日 12:00 至 13:14	1000 元	当场履行
6	温某,男,26 王某,男,29	快递员与保安打架	2	1 月 5 日 13:30 至 14:14	0 元	赔礼道歉,无赔偿
7	黄某,男,28 唐某,女,26	家庭纠纷打架	2	1 月 8 日 15:30 至 17:15	0 元	和解治伤,无赔偿
8	李某,男,41 例某,男,37	摆摊者与保安打架	2	1 月 9 日 16:10 至 17:00	1000 元	当场履行
9	郑某,男,30 任某,男,36	欠款纠纷	2	1 月 11 日 11:30 至 14:30	0 元	一方同意为另方作证
10	黄某,男,34 朱某,男,30	因车辆停放而打架	2	1 月 11 日 17:00 至 18:30	不确定	维修车辆,赔偿衬衫
11	赵某,男,24 张某,男,28	合租户打架	2	1 月 12 日 0:00 至 1:00	200 元	当场履行并赔礼道歉
12	杨某,男,27 郑某,男,30	足浴馆纠纷	2	1 月 12 日 5:30 至 6:30	0 元	赔礼道歉
13	苏某,男,33 林某,男,27	停车人与管理员打架	2	1 月 12 日 14:40 至 16:00	不确定	一方为另一方治伤
14	陈某,男,30 欧某,男,45	货款结算纠纷	5	1 月 13 日 13:00 至 23:00	7000 元	当场履行
15	苏某,男,31 康某,男,36	交通事故赔偿	3	1 月 17 日 14:30 至 16:40	450 元	当场履行
16	安某,男,26 刘某,男,23	打架	6	3 月 11 日 22:30 至次日 02:50	250 元	当场履行
17	李某,男,43 刘某,男,43	行车冲突打架	4	3 月 11 日 16:30 至 18:00	0 元	各自承担医疗费
18	麦某,男,18 谭某,男,35	旅客在出租车上呕吐	4	3 月 13 日 3:30 至 4:50	60 元	当场履行
19	杨某,男,54 杨某,男,19	父子打架	2	3 月 14 日 12:30 至 13:30	0 元	儿子赔礼道歉

（续表）

编号	当事人姓名、性别和年龄	纠纷简况	来访人数	调解时间	金额	履行情况
20	汪某，男，48 汪某，男，43	办理业务费用纠纷	2	3月14日 22:30至次日18:00	20000元	当场履行
21	吴某，男，25 陈某，男，41	发货收货中打架	2	3月15日 16:00至23:30	2000元	当场履行
22	梁某，女，41 曾某，女，35	打架	2	3月18日 08:30至11:00	50元	当场履行
23	郭某，男，25 殷某，男，37	工作中打架	2	3月18日 14:00至15:30	5000元	当场履行
24	郭某，男，25 刘某，男，36	工作中打架	2	3月18日 14:00至15:30	0元	和解，自己承担医疗费
25	肖某，女，28 斉某，女，46	工作中打架	2	3月18日 15:00至16:30	0元	赔礼道歉，各自承担医疗费
26	赖某，男，31 雷某，男，26	堵车中打架	2	3月18日 20:00至21:50	0元	各自承担医疗费
27	彭某，男，49 朱某，男，76	因停车费打架	2	3月25日 16:00至17:20	1200元	赔礼道歉，当场履行
28	王某，男，47 陈某，男，42	打架	2	3月29日 16:00至18:30	200元	当场履行，一方承诺不再闹事
29	巫某，男，33 孙某，男，48	乘车打架	2	3月29日 23:00至次日2:15	500元	当场履行
30	孙某，男，29 谢某，男，39	公司内打架	2	4月2日 12:00至13:00	0元	赔礼道歉，不追究责任
31	罗某，男，23 孙某，男，24	打架	7	5月21日 20:10至23:15	5000元	当场履行
32	孟某，男，49 代某，男，42	狗咬人	3	5月22日 11:50至12:30	160元	当场履行
33	孙某，男，41 黄某，男，43	装修噪音打架	4	5月22日 18:00至19:46	370元	当场履行
34	王某，男，47 蔡某，男，19	交通事故	3	5月24日 23:00至23:55	1200元	当场履行
35	马某，男，34 邓某，男，24	油漆污损车辆	3	5月25日 15:30至17:20	750元	当场履行
36	林某，男，46 李某，男，34	损坏茶具	3	5月25日 18:20至20:00	80元	当场履行
37	黄某，男，31 骈某，男，27	碰坏物品	3	5月26日 00:00至02:00	3000元	当场履行

（续表）

编号	当事人姓名、性别和年龄	纠纷简况	来访人数	调解时间	金额	履行情况
38	沈某，男，32 胡某，男，39	车辆压死宠物	2	5月26日 21:00至22:00	2000元	当场履行
39	岁某，男，34 林某，男，25	车辆碰撞打架	3	5月27日 14:00至15:00	0元	和解，互不追究
40	曹某，女，33 郭某，男，47	同事间性骚扰	3	5月28日 13:00至17:00	250元	当场履行
41	余某，男，29 尹某，男，34	施工中打架	2	5月15日 14:50至16:50	300元	当场履行
42	宋某，男，35 杨某，女，47	与保姆公司人员打架	4	5月29日 21:30至22:50	1000元	当场履行
43	宋某，男，42 郑某，男，38 马某，男，25	吃饭打架	4	5月30日 15:00至18:20	0元	赔礼道歉，互不追究
44	苗某，女，36 张某，女，34	房屋租赁押金争议	2	25月30日 21:30至23:00	1000元	当场履行
45	马某，女，43 廖某，男，37	工资结算打架	3	5月31日 19:00至次日03:00	支付工资2700元，医疗费800元	当场履行
46	方某，男，30 邓某，男，49	业主与保安打架	5	6月2日 00:40至02:30	400元	当场履行
47	许某，男，26 姜某，男，23	因误会打架	2	6月3日 12:40至14:00	0元	去医院检查
48	宋某，男，48 马某，男，25	就餐打架	2	6月4日 08:40至10:10	94元	当场履行
49	郑某，男，31 王某，男，27	行车不让路打架	3	6月6日 00:05至01:10	0元	各自承担医疗费
50	陈某，男，26 王某，男，37	买菜打架	3	6月6日 08:45至12:30	500元	当场履行
51	胡某，男，45 吴某，男，47	车辆碰撞打架	2	7月22日 19:00至21:20	0元	和解，互相致歉
52	张某，男，41 蔡某，女，31	店铺转让合同纠纷	3	7月23日 01:30至03:40	20000元	7月25日凌晨0时前履行
53	李某，男，19 李某，男，60	行车打架	3	7月23日 12:30至次日01:15	5000元	当场履行
54	郭某，男，28 宋某，男，41	租客与保安停车打架	3	7月23日 19:30至22:20	500元	当场履行

（续表）

编号	当事人姓名、性别和年龄	纠纷简况	来访人数	调解时间	金额	履行情况
55	吴某，男，33 吴某，男，35 高某，男，24	购物打架	8	7月24日 23:10至次日01:20	0元	各自承担医疗费
56	赵某，男，47 刘某，女，37	房屋租赁押金纠纷		7月27日 01:00至03:10	125元	当场履行，退租房屋
57	田某，男，18 刘某，男，22	工作打架	2	7月28日 21:00至22:00	0元	互负对方医院检查费用
58	陈某，男，26 陈某，男，38 刘某，男，28	乘车打架	3	7月29日 02:00至06:14	500元	当场履行
59	李某，男，35 郑某，男，41	债务打架	2	7月30日 01:00至02:14	800元	当场履行500元，31日前履行300元
60	张某，女，29 李某，男，31	李某与张某打架	6	7月30日 19:00至23:14	10000元	当场履行
61	方某，男，30 高某，男，29	因误会打架	2	8月1日 01:30至04:45	2400元	当场履行，另带受害去人医院检查
62	陈某，女，36 陈某，男，28	双方儿子嬉耍致伤	2	8月1日 11:10至13:30	1800元	当场履行1500元，当日14:00前支付300元
63	肖某，男，48 李某，男，28	对干洗“LV牌”裤子不满意，打架	2	8月3日 15:10至16:00	赔偿裤子费用3000元，医疗费1000元	当场履行
64	王某，女，39 罗某，女，30	疑第三者插足，打架	2	8月5日 15:00至19:30	0元	各自承担医疗费
65	马某，男，38 张某，女，30	夫妻打架	2	8月5日 21:00至21:30	0元	各自承担损失及医疗费
66	蒋某，男，28 雷某，女，32	房屋租赁纠纷	2	8月7日 03:30至04:15	1500元	14日前搬房、退还押金，不得再侮辱对方
67	邵某，男，38 林某，女，26	男女朋友感情债务纠纷打架	2	8月8日 13:00至13:30	0元	和解
68	李某，男，20 王某，男，42	付的士费，打架	2	8月8日 03:10至04:40	1000元	当场履行

（续表）

编号	当事人姓名、性别和年龄	纠纷简况	来访人数	调解时间	金额	履行情况
69	廖某，女，19 孙某，女，36	商店同事打架	2	8月9日 19:30至21:00	0元	各自承担医疗费
70	莫某，男，39 李某，男，42	双方孩子捡拾手机发生纠纷	2	8月10日 00:30至01:30	返还手机1部，失主补偿800元	当场履行
71	钟某，女，72 黄某，男，32	黄某太阳伞砸伤钟某	4	8月10日 15:50至17:20	不确定	和解，黄某已为钟某支付检查费
72	骆某，男，35 马某，男，41	因探视小孩而打架	3	8月10日 23:10至02:48	0元	各自承担损失和医疗费，不得再干扰对方生活
73	魏某，男，26 李某，男，42	房屋中介与客户而打架	2	8月12日 22:50至23:15	0元	赔礼道歉，带受伤者检查并支付费用
74	万某，女，48 杨某，女，35	因孩子而打架	2	8月13日 16:50至17:55	300元	当场履行
75	易某，男，39 冼某，男，46	行车碰伤	2	8月13日 20:10至21:30	200元	当场履行
76	龚某，男，34 熊某，男，46	玩纸牌过程中打架	2	10月27日 18:00至23:40	500元	当场履行
77	覃某，男，33 王某，女，41	装修打架	2	10月28日 10:00至14:30	23000元	赔礼道歉，当场履行
78	黄某，男，31 黄某，女，27	因感情纠纷损坏手机、打架	4	10月28日 12:00至14:30	1000元	当场履行，互不干扰对方生活
79	赵某，男，42 何某，女，43	财物纠纷	2	10月31日 17:00至18:00	200元	当场履行
80	舒某，男，22 郭某，女，23	男女朋友感情冲突打架	2	11月01日 23:40至次日01:40	0元	男方向女方道歉，并承诺不再打人
81	彭某，男，48 曾某，男，38	酒后打架	4	11月02日 10:20至11:30	5100元	当场履行
82	王某，女，29 左某，女，27	房屋租赁打架	3	11月2日 23:30至次日00:50	0元	各自承担医疗费

（续表）

编号	当事人姓名、性别和年龄	纠纷简况	来访人数	调解时间	金额	履行情况
83	俞某,男,42 陈某,男,49	因倒车打架	6	11月3日 19:30至22:53	3200元	当场履行
84	刘某,男,37 马某,男,39	醉酒打架	2	11月7日 02:50至03:30	3500元	当场履行
85	张某,男,53 陈某,男,39	因停车打架	2	11月8日 14:30至16:30	235.5元	当场履行
86	侯某,男,48 张某,男,41	财产纠纷	3	11月11日 19:00至20:30	5000元	当场履行
87	彭某,男,35 王某,男,40	工资结算纠纷	5	11月12日 10:00至12:30	2535元	当场履行
88	王某,男,49 茹某,男,40	酒后打架	3	11月12日 17:00至18:50	2500元	当场履行
89	张某,女,31 黄某,男,18	洗发店性骚扰	8	11月12日 23:20至次日02:32	500元	当场履行并赔礼道歉
90	魏某,男,26 郑某,男,47	打架	3	11月13日 18:50至19:40	0元	双方各自承担医疗费
91	李某,男,38 陈某,男,30	贴膜中损坏手机		11月13日 13:10至次日01:30	5000元	当场履行
92	王某,男,37 李某,男,30	行车冲突打架	2	11月14日 22:30至次日01:50	260元	当场履行
93	师某,男,35 李某,男,30	装修管理争吵		11月15日 20:00至21:00	0元	和解
94	谢某,男,39 轩某,女,18	轩某男友酒瓶砸坏谢某的车		11月16日 20:00至21:00	800元	当场履行
95	张某,女,34 郑某,女,23	因情感冲突打架	2	11月17日 21:00至21:40	0元	和解
96	戚某,男,30 王某,男,18	员工酒后打伤老板	2	11月18日 11:30至14:30	1000元	21日前从工资中扣除
97	郭某,女,70 赵某,男,35	装修纠纷	2	11月19日 14:00至15:40	400元	当场履行
98	王某,男,57 蔡某,男,24	损坏钢化玻璃		11月19日 23:00至次日01:00	300元	当场履行
99	崔某,男,38 吴某,男,22	打架	4	11月22日 11:30至14:30	0元	赔礼道歉,自负医疗费
100	陈某,男,41 李某,男,27	窗户掉落砸伤行人	2	11月25日 12:00至13:00	12000元	当场履行

对上述100个案件的统计显示,驻派出所人民调解室调解的纠纷呈现出

以下特点：

1. 从纠纷双方(多方)当事人来看，同性别之间发生的案件占大多数

其中男性之间发生的纠纷75起，女性之间发生纠纷9起，异性之间发生纠纷16起。同性者间发生的纠纷数占比为84%。就女性涉案(女性之间、异性之间的案件)来讲，纠纷数仅占25%。

2. 涉案的总人数为202人，中青年占绝对多数

就年龄分布而言，18岁以下的1人，18—25岁的29人，26—35岁77人，36—45岁59人，46—55岁31人，55岁以上5人。由此可见，26—45岁之间的当事人达136人，占总人数67.3%，而55岁以上的人很少涉案，仅占2.4%左右。

3. 从纠纷类型看，打架、斗殴占绝对多数

打架纠纷①总数为66件，债务纠纷10件，财产损坏10件，交通事故2件，性骚扰2件，争吵4件，其他案件6件。其中，打架、斗殴一类的案件数量占据了2/3左右。

4. 从当事人之间的关系看，陌生人占绝对多数

熟人(含相识的人)之间发生的案件数量为30件，而陌生人之间发生的案件数量为70件。

5. 从最终处理结果看，绝大多数调解协议得到了即时履行

共计69份调解协议得到即时履行，还有30件纠纷不涉及赔偿问题，另有3件纠纷义务人无须当场履行金钱给付义务，但需要陪同对方去医院检查，属于权利义务不完全确定的案件。

(二) 驻派出所人民调解室调解纠纷花费时间的情况

对上述案件进行统计分析还可以发现，驻派出所人民调解室调解案件花费的时间分布特点如下：

---

① 调解书对打架、斗殴纠纷一律使用的是"肢体冲突"一词，这种表述可能是为了淡化事件的严重性，有助于当事人在心理上接受，有助于减少当事人的顾虑。

1. 调解一起案件平均花费的时间大约为 3 小时

这 100 个案件共计花去调解时间 15248 分钟，平均每件案件花费的调解时间 152.48 分钟，即约为 2.54 小时。

2. 简单的纠纷半小时结案，复杂的纠纷可能需要 10 余个小时

这 100 个案件中调解时间最长的为 1170 分钟的经济纠纷案件（调解最终以 20000 元结案），最短的为 30 分钟，是家庭纠纷和感情纠纷。

3. 绝大多数案件在 1 至 2 小时调解结案

单个案件调解花费的时间基本为 1—2 小时。（具体情况见表 2-5）

表 2-5 人民调解室抽样案例显示的调解纠纷花费时间表

花费时间 t（分钟）	0<t≤60	60<t≤90	90<t≤120	120<t≤180	180<t≤240	240<t≤300	t>300
案件数量（件）	24	23	15	13	12	6	7

从表 2-5 可以看出，47%的纠纷在 90 分钟以内调解完毕，75%的纠纷，在 180 分钟以内调解完毕，但仍然有 25 件纠纷的调解时间超过了 180 分钟。很显然，通常需要花费较长时间去调解的纠纷，调解难度也比较大。调解员除了要摆事实、讲道理、讲法律、讲政策及苦口婆心地劝说，有时候也需要将事情“冷处理”，促使当事人自身反思。“时间可以淡化一切”的人生经验，在人民调解室里依然可以派上用场，依然可以成为有效的调解技巧。

（三）调解纠纷的起始时间

纠纷发生之后，当事人一般在第一时间寻求解决。尽管开始调解纠纷的时间与纠纷的发生时间有一定的差距，但是，通过开始调解的时间来观察和分析这类纠纷发生的时间特点，仍然具有重要价值。

表 2-6 人民调解室抽样案例显示的调解纠纷起始时间表

起始时间 t（时）	0≤t<8	8≤t<12	12≤t<14	14≤t<18	18≤t<22	22≤t<24
案件数量（件）	16	9	12	25	24	14

从表 2-6 可以发现，调解纠纷的起始时间具有以下特点：

1. 多数当事人在非工作时间寻求人民调解

在8时至12时、14时至18时的工作时间，人们去调解室申请调解的纠纷数量仅占34%。换句话说，66%的纠纷是在一般人的非工作时间开始调解的。

2. 多数纠纷发生在工作时间之外

在通常的工作时间内(8时至18时之间)，开始调解的纠纷数量也仅占46%，而54%的纠纷是在下班之后的非工作时间开始调解的。

3. 深夜仍然具有处理纠纷的客观需求

凌晨以后，大多数人通常已经入睡，但依然有16%的案件进入了人民调解室。① 在这种情况下，调解员们开始了挑灯夜战的调解工作。

4. 部分纠纷的调解需要通宵达旦持续工作

调解时间跨越0时的纠纷数量为12件，这意味着部分案件的调解需要花费较长的时间。调解员要有一副好身板，才能完成调解任务。

案件无规律地进入调解室，很多案件花费的时间较长，深夜需要挑灯夜战以及案件有时会跨越凌晨等情形表明，只有年轻、身体素质好的调解员，才能胜任这项繁重的工作。

(四) 驻派出所人民调解室调解纠纷的工作流程

驻派出所人民调解室调解的案件主要来源于派出所的分流，案件分流到人民调解室以后，按照以下程序调处：

1. 告知当事人的权利和义务

选择人民调解是当事人的权利之一。人民调解室除明确告知当事人享有的诉讼权利和义务之外，为了保证调解协议的履行，同时要求当事人积极、主动地参与纠纷的解决；当事人一旦达成调解协议，有义务即时履行。

2. 受理

调解员填写《民间纠纷受理表》并进行编号、登记，载明受理时间、双方当

① 这一特点应当与深圳市常年较为温和的气候、较为发达的经济以及人们较为丰富的夜生活等多种因素紧密相关。

事人姓名、住址、身份证号、性别、年龄、联系电话、纠纷类别、接办调解员的姓名等基本信息。

3. 制作调解笔录

调解笔录主要载明时间、地点(驻何派出所调解室)、双方当事人的基本信息、当事人陈述的事情经过和诉求、双方达成调解协议的内容,调解笔录应由当事人签名。

4. 制作人民调解协议书

人民调解协议书主要载明当事人的基本信息、纠纷简况、经调解后自愿达成的民事协议、履行期限、地点和方式(一般为当场履行),并当事人和调解员签名,注明时间。

5. 填写民间纠纷受理调解表

受理调解表主要载明当事人的基本信息、纠纷简况、调解协议达成的内容、协议履行情况(一般是当场履行)以及登记人姓名(调解员)和时间。

6. 保存收据

根据调解协议,一方接受另一方支付的赔偿钱款后,应当出具本人签名的收据,由调解室予以存档保留。

7. 制作结案报告

结案报告主要载明案件编号、调解室名称、纠纷类型、受理方式(一般为派出所移交)、双方当事人姓名、受理日期和结案日期、调解结果、履行情况、回访情况、归档日期、承办人、卷内页数等内容。

8. 材料归档

与调解相关的材料归档时,需要制作卷宗,在卷宗封面载明案件编号、当事人的简要信息、调解员姓名、受理方式(一般为派出所移交)、是否调解成功、是否当场履行等基本内容。

(五) 调解结案的比例

调解结案的比例,是衡量人民调解成效的重要指标。虽然通过人民调解解决矛盾纠纷时应当注重对当事人的引导和教育,即引导当事人寻求恰当、正确的渠道解决纠纷，但不能将调解结案率作为衡量人民调解成效的唯一指标。不过，从表 2-7 可以发现，充分关注调解结案的比例，仍然具有现实的意义。

表 2-7　驻景田派出所人民调解室 2011 年调解结案比例表

月份	来访总计	受理总数	调解成功	自行和解	调解不成	涉案金额（元）	调解成功率
1 月	77	49	48	0	1	1104112	98%
2 月	57	38	38	0	0	47171	100%
3 月	69	47	46	0	1	86005	97.8%
4 月	61	36	36	0	0	45800	100%
5 月	73	55	55	0	0	83112	100%
6 月	72	50	49	0	1	84381	98%
7 月	71	48	47	0	1	99327	97.9%
8 月	67	39	37	0	2	56380	94.8%
9 月	60	35	35	0	0	1099188.5	100%
10 月	50	25	25	0	0	87201	100%
11 月	50	30	30	0	0	68930.5	100%
合计	**707**	**452**	**446**	**0**	**6**	**2861608**	**98.6%**

需要指出的是，如果涉及金钱给付的，一般当场履行后才算结案。但是，也有个别情形是当事人现场给付了部分钱款，约定某一时间范围内另行给付其余钱款，这一般也属于调解结案。还有部分案件不涉及金钱给付，但只要调解和好，过错方能够赔礼道歉，防止了纠纷的扩大，获得当事人的谅解，也属于调解结案。

四、驻医院人民调解室的调解

驻医院人民调解室目前主要有 4 家，即驻北京大学深圳医院人民调解室、驻深圳市第二人民医院人民调解室、驻深圳市中医院人民调解室和驻福田区医院人民调解室。

（一）福田区医患纠纷调解的试点经验

医患纠纷不同于普通治安案件、民事纠纷、经济纠纷等，其主要特点为：

(1) 纠纷双方的矛盾对立尖锐,调解难度大。某些医患纠纷涉及人身伤亡及巨额的赔偿请求,医患双方矛盾冲突激烈,甚至引发大规模的冲突。在这类纠纷中,医患双方的信息不对称,导致很多患者往往容易认为医院有过错,认为医院的医疗行为给自己造成了伤害,易出现非理性维权,甚至出现了职业“医闹”。(2) 纠纷涉及的范围广,调解员需要具备法学与医学双重专业背景。由于医疗问题比较专业,因此调解难度较大。(3) 患者或其家属往往情绪激动,调解的成功率相对较低。(4) 医疗鉴定程序前置,制约纠纷的调解效果。从程序上来讲,是否构成医疗事故,需要专业机构作出鉴定。但是,一般来说,医疗事故的鉴定程序较长、费用较高,鉴定意见的公信力不高,容易出现反复鉴定的情形。

福田区针对医患纠纷的上述特点,开展医患纠纷调解工作的试点,从调解员选拔和培训两个方面采取了专门的措施,保证医患纠纷调解的良好效果。

1. 调解员选拔的特别要求

调解医疗纠纷对调解员的素质要求较高,不仅要态度认真、工作一丝不苟,还需要具备扎实的法学专业知识,较为丰富的调解经验及高超的调解技巧。因此,在遴选调解员的过程中,福田区司法局要求三家中标的律师事务所从驻交警大队、派出所、劳动局的调解员中选拔优秀、经验丰富的调解员。选拔出来的调解员都具有法律本科以上学历和律师职业资格,部分还具有医学或心理学专业背景。调解员经过司法局培训考核合格后持证上岗,同时要求中标律师事务所从执业律师中选出医患纠纷专业律师作为调解室的法律顾问,以保证驻医院人民调解室的专业水准和调解能力。

2. 调解员培训的特别要求

司法局制定《医患纠纷调解指南》(试行),指导、规范人民调解工作,强化对调解员的培训和考核;多次组织调解员参加培训,学习研讨《人民调解法》《侵权责任法》《医疗事故处理条例》《深圳市医患纠纷处理暂行办法》等相关法律、法规规定;举办学习例会,以案例讨论的形式,提高调解技巧,不断总结医患纠纷的特点及通过人民调解解决此类纠纷的经验。

(二) 调解医患纠纷的主要流程和关键环节

福田区的医患纠纷调解,主要形成了以下流程:

1. 双方同意人民调解室调解

调解申请由医院、患者双方各自以书面形式提出《调解申请书》，调解申请书是由人民调解室制作好的格式文本，当事人需要填写本人信息、纠纷事实及申请事项并签名。

2. 告知权利义务

调解员应当向当事人告知案件受理和权利义务等内容。其中，不仅要告知权利义务，从操作的角度来讲，需要当事人在医患纠纷调解受理书签收单上签字确认。本书以驻北京大学深圳医院人民调解室文书为例展开相关内容的阐述。

医患纠纷调解受理书

编号：(2011)深福民调北字第[××]号

×××先生/女士：

我们是深圳市福田区莲花街道人民调解委员会驻北京大学深圳医院医调室的人民调解员，鉴于已受理医患纠纷，现向你告知如下：

当事人权利

(1) 选择或者接受人民调解员；

(2) 接受调解、拒绝调解或者要求终止调解；

(3) 要求调解公开进行或者不公开进行；

(4) 自主表达意愿、自愿达成调解协议。

当事人义务

(1) 如实陈述纠纷事实；

(2) 遵守调解现场秩序，尊重人民调解员；

(3) 尊重对方当事人行使权利。

人民调解室纪律

下列人员不得参加人民调解：

(1) 携带凶器和其他危险物品的人；

(2) 醉酒的人；

(3) 赤膊、赤脚或衣着不整的人；

(4) 其他有可能妨碍调解室秩序的人。

当事人和旁听人员应当遵守下列纪律：

(1) 不得随意走动；

(2) 不得有喧哗、哄闹和实施其他妨碍调解活动的行为；

(3) 不得擅自录音、录像、拍照；

(4) 旁听人员不得发言、提问；

(5) 不得吸烟和随地吐痰；

(6) 对调解室的调解活动有意见，可在调解结束后以书面或口头形式提出；

(7) 对于违反调解室纪律的人可以责令其退出调解室。

人民调解期限

从________起，调解期限为1个月，经双方当事人同意可以延期，但延期最多不得超过1个月。医疗鉴定时间不计入调解期限。

医患纠纷调解受理书签收单{编号：(20××)深福民调北字第[××]号}。

有关内容已于20×× 年× 月× 日× 时向我告知。

被告知人签名：

____年__月__日

3. 制作调解笔录

调解笔录应当记录调解的过程、主要争议及双方达成协议的内容。调解笔录应当由双方签字确认。

4. 制作调解协议书

调解协议书是纠纷得到解决的内容记载，也是调解取得成果的证明，更是纠纷得以化解的体现。

以下是一起医疗纠纷调解协议书的主要内容：

(1) 医患双方同意和解；

(2) 院方同意一次性补偿患方人民币壹仟圆(1000元)整。

(3) 院方根据本协议向患方支付的费用为一次性解决本纠纷的全部费用，应在签订调解协议书10日内，由院方支付给患方。患方收到院方给付款后应向院方出具书面收款凭证。患方收到此费用后，此纠纷即告终结。

(4) 患方承诺自收到院方所支付的人民币壹仟圆(1000 元)整补偿后,此纠纷即告终结。患方不会再以任何理由向院方提出任何要求,或要求任何第三方追究院方的责任,并承诺不会从事或者散布任何可能影响院方名誉的行为。

(5) 院方如果违反本协议的约定,应向患方支付人民币贰仟圆(2000 元)整的违约金;患方如果违反本协议的约定,则除退还其依据本协议所取得的人民币壹仟圆(1000 元)整补偿款外,还应向院方支付人民币壹仟圆(1000 元)整的违约金。

在这个医疗纠纷的解决过程中,人民调解室借鉴了我国《合同法》中关于“定金罚则”的规定,创造性地制作和设计了调解协议书的核心条款,加大了患方“违约”的成本,有利于调解协议的履行。

5. 收据

收据是调解协议已履行的凭证,同时也是纠纷终结的重要标志。当事人一旦达成协议并且已经履行调解协议,就不宜再行向法院起诉。因此,一般来说,收据是纠纷已经解决的凭证。收据格式如下:

收　条

根据 (2011)深福民调北字第【×××号】人民调解协议书,兹收到××医院一次性给付的全部补偿款,共计人民币 ×××× 元(RMB××××元)整。

此据。

收款人(签字)　　　　　　　　时间:

6. 特别情形——医疗事故鉴定

人民调解室接受调解申请时,要求患者出具《承诺书》,作出如下承诺:

(1) 不以非法手段威胁、报复、恐吓、殴打对方或人民调解员;不扰乱医疗机构或有关政府部门正常工作秩序;不违反调解有关规定。否则,随时可以终止调解,并可以主动或者协助有关方面向公安机关等部门反映有关情况。

(2) 医患双方就纠纷涉及的医疗行为按照下述________种方式已经分清医疗责任。

A. 双方共同委托________进行鉴定,以其所出具的结论为准。

B. 双方一致认为________。

如前所述,医疗纠纷的调解,需要更加专业的法学和医学知识。而福田区医疗纠纷的调解,重视程序、权利告知、协商及证据。大量的文书体现了调解程序的规范、公正,同时,这些书面的资料详细记录了纠纷双方的意见和人民调解的过程,让双方当事人受到调解协议的约束。

(三) 加强横向交流,确保医患纠纷调解的有效性

深圳市司法局与深圳市卫生局达成了人民调解进医院的共识,并在福田区各家医院进行了多次调研,了解发生医患纠纷的原因,多次论证人民调解解决医患纠纷的可行性和必要性,事先做好了“功课”,保障了人民调解进医院的顺利开展。其中,有 4 家医院的医调室组建调解员“医疗 QQ 群”,加强横向联系;通过互相了解案情、纠纷原委、争议焦点,调解员互相探讨调解技巧,总结调解经验,不断提高调解水平,发挥人民调解解决医患纠纷的作用。

2010 年 10 月 12 日,福田区司法局与福田区人民法院联合印发了《关于人民调解协议司法确认的若干意见》,建立了诉调对接机制,医患纠纷等人民调解协议可以得到司法确认,当事人能够得到有效的司法救济。

截至 2013 年 10 月,驻医院人民调解室调解医患纠纷 168 宗,调解成功 133 宗。医院和广大患者对于医患纠纷人民调解的做法反映良好,没有任何投诉。公众对调解员在安抚患者情绪、多次与医院和患者沟通、宣传法律知识、耐心细致地调解等方面表示赞赏。

2012 年 4 月 30 日,卫生部、公安部联合发布的《关于维护医疗机构秩序的通告》第 7 条规定:“有下列违反治安管理行为之一的,由公安机关依据《中华人民共和国治安管理处罚法》予以处罚;构成犯罪的,依法追究刑事责任:(一) 在医疗机构焚烧纸钱、摆设灵堂、摆放花圈、违规停尸、聚众滋事的;(二) 在医疗机构内寻衅滋事的;(三) 非法携带易燃、易爆危险物品和管制器具进入医疗机构的;(四) 侮辱、威胁、恐吓、故意伤害医务人员或者非法限制医务人员人身自由的;(五) 在医疗机构内故意损毁或者盗窃、抢夺公私财物的;(六) 倒卖医疗机构挂号凭证的;(七) 其他扰乱医疗机构正常秩序的行为。”这一规定为有效维护医疗秩序、保护医疗机构和医护人员的合法权益提供了重要依据。同时,《关于维护医疗机构秩序的通告》第 4 条规定:“医疗机

构应当……在显著位置公布医疗纠纷的解决途径、程序以及医疗纠纷人民调解组织等相关机构的职责、地址和联系方式。患者及家属应依法按程序解决医疗纠纷。"这一规定对人民调解解决医疗纠纷提供了较为明确的指引。

(四) 人民调解在解决医患纠纷中的独特作用

驻医院人民调解室可以视为医患纠纷的缓冲器、医患沟通的连接者和医患纠纷解决的促进者。人民调解室的作用包括以下三个方面:

1. 调解员的即时介入和有效干预,防止医患冲突升级

医患双方直接解决纠纷,容易发生对峙,矛盾冲突有可能被激化。而人民调解室进驻医院,作为独立第三方机构参与调解,实际上是在医患双方之间建立了一个缓冲地带。调解员的介入,有助于防止医患双方的冲突升级。

2. 建立了医院与患者之间的纠纷解决平台,构建了沟通机制

从福田区的经验看,由于医患纠纷的独特性,驻医院人民调解室调解结案率没有驻派出所或驻其他单位的人民调解室的调解结案率高。但是,调解员的介入,至少使得纠纷的协商解决形成了一个沟通的平台和机制。

3. 灵活多样的调解方式,有助于双方达成协议,取得积极成效

调解形式灵活,调解协议自觉履行率较高,有效缓解了医患矛盾,在制度上降低了"医闹"的产生空间。驻医院人民调解室通过对医疗纠纷的调处,提高了民众对于医患纠纷处理工作的满意度,有效减轻了法院的涉医诉讼工作量,降低了上访、信访的数量,维护了社会的安定。

五、驻法院人民调解室的调解

驻法院人民调解室于 2010 年 9 月 15 日挂牌成立,4 名具有法律专业学历、通过司法考试的人民调解员,通过诉前调解、委托调解、协助调解等方式,开展民事调解,有效推动了人民调解与司法调解的对接。

(一) 驻法院人民调解室的调解范围

驻法院人民调解室调解的案件范围,主要包括以下三个方面:

(1) 诉前调解主要办理案件事实清楚、法律关系明晰、争议标的额在 20

万元以下的民事纠纷，人民法院在立案前引导当事人自愿选择以人民调解的方式先行调解。

（2）委托调解主要办理人民法院正在审理的民事案件、刑事附带民事诉讼案件的民事纠纷部分，在征得当事人同意后，人民法院委托人民调解室进行调解。

（3）协助调解主要办理人民法院正在审理的民事纠纷，征得当事人同意，人民法院邀请人民调解员协助法官进行调解。协助调解的案件可以是合同纠纷、债权债务纠纷、农民工工资拖欠纠纷、交通事故损害赔偿纠纷、婚姻家庭纠纷等。

相较于驻派出所、劳动局、交警大队、医院人民调解室调解的纠纷，起诉到人民法院的矛盾纠纷，冲突较为激烈。截至 2013 年 10 月底，驻法院人民调解室接待来访案件共 4985 宗，调解成功率为 66.26%。显然，比起其他人民调解室，驻法院人民调解室的调解成功率并不高，其主要原因在于案件的难度大、调解花费时间长、案情复杂等。此外，对于案件调解的数据，存在统计上的误差。例如，不少案件可能存在调解周期长、已告知当事人到相关部门解决、调解撤诉、调解不成退回法院等情形。

（二）法院人民调解室设立的作用及意义

诉前调解、委托调解和协助调解，是司法调解与人民调解有效衔接的机制体现，三者均有其独特的作用和意义。

1. 诉前调解有助于节约时间成本，减轻当事人讼累，实现纠纷的快速有效化解

【案例 2-1】 杨某与郑某不当得利纠纷调解案例

2011 年 3 月 2 日上午，杨某同其儿子从湖南湘潭市赶到福田法院，欲起诉一位郑姓男子。父子俩担心诉讼费时费力，怀着忐忑的心情来到法院。在法院引导下，来到了人民调解室。

事情的经过是：2011 年 2 月 25 日，杨先生在湖南通过网银将一笔 16 万元的货款错汇到深圳福田区一名郑姓男子的银行卡账户上。后虽然查询到郑先生的联系电话并与其联系，但对方以各种借口不予返还。

调解员在了解案情后，通过电话向郑先生讲明了双方之间业已形成的不当得利法律关系，告知他如果不及时归还，可能要面对法律诉讼，并转告他，杨先生愿意拿出 3000 元作为酬谢。经过劝说，郑先生来到了法院，表示愿意返还杨先生错汇出的 16 万货款。最后，在调解员的主持下，双方签订了和解

协议,并进行了司法确认。当天下午,双方当事人就去银行办理了转账手续。而杨先生也如约拿出3000元,给郑先生作为酬谢。事后,杨先生再次来到人民调解室,激动地表示:"要不是你们的帮忙,我不可能这样轻易地拿到钱。要是走诉讼程序,那更是费时费力。解决了这事,我明天就可以回湖南了。"①

人民调解室处理纠纷的突出优点,是效率高。一审案件的审理期限为3个月,人民调解可以为当事人节约大量时间,还可以为当事人节约诉讼费、往返交通费、食宿费、律师费等费用。因此,调解使得纠纷的解决更为快速、有效。借助诉前调解,一些案件不必进入诉讼程序,当场解决并即时履行。

2. 委托调解有助于解决一些依据正规诉讼程序无法化解的矛盾

诉讼讲求证据的全面收集,要求当事人提供的证据能够形成一个完整的证据链条。但是,不少当事人并没有能力独立完成收集证据的活动,从而影响其合法权利的保护,而委托调解有助于这类纠纷的解决。

【案例2-2】 赵某某与雇主工资结算纠纷调解案例

57岁的赵某某,于2010年10月开始在福田区水围村A餐厅从事清洁工作。2个多月后,赵某某以身体不适需回老家休养为由,向餐厅提出了辞职,并于当天离开了餐厅。但仓促之际,未与餐厅结算工资,也没办理离职手续。后来赵某某去餐厅索要工资未果,向劳动仲裁部门申请仲裁,但未被受理。赵某某到法院起诉,法院受理后委托人民调解室先行调解。

调解员在了解事情的经过后,联系了雇主,通过"背靠背"的方式,耐心细致地给双方作了思想工作,使双方相互理解。赵某某和雇主均表示愿意各退一步,达成了调解协议:雇主一次性向赵某某支付1400元。在调解员的见证下,雇主当场将1400元交付给赵某。②

委托调解有助于解决正规司法程序中无法克服的难题,即证据问题。证据不足,当事人的诉求就无法得到支持。但是,通过劝导、沟通、说服当事人互谅互让,纠纷可以合理化解。这也表明,委托调解可以弥补诉讼程序的某些不足。追求合情合理的结果是人民调解的最大特点。

---

① 参见福田区驻法院人民调解室2011年度工作总结资料:《不当得利引纠纷,人民调解来帮忙》。

② 案例摘自2011年1月6日由深圳市福田区人民法院研究室编印的《福田法院信息》。

3. 协助调解促进诉调对接,有效减轻了法官的压力

协助调解时人民调解员可以从一个独特的视角,引导当事人正确面对纠纷,有效化解矛盾。入情入理、和风细雨的思想工作及换位思考、劝说开导等人民调解的工作方法,对纠纷解决意义重大。某些案件不需要作出非黑即白、非此即彼的判断,而需要双方达成谅解,面向未来。驻法院人民调解室的设立,有助于实现案件分流,将法官从大量简易、争议不大或者是事实不清、证据不足的案件中解脱出来、从而法官可以将更多精力投入到那些比较复杂、专业性强的案件审理中去。如果有时间的保证,法官就可以精心研究案件,更好地总结经验,更好地从个案中提炼和总结出一般性的规则,为类似案件的审理提供指导。

六、驻交警队人民调解室的调解

据统计,2008 年福田区共发生交通事故 2 万多起,而轻微交通事故占九成以上,当事人为处理此类案件耗费了大量的时间和精力。针对这一矛盾突出的现状,2009 年 2 月 24 日,福田区驻交警大队人民调解室在福田区交警大队成立并挂牌工作,投标成功的广东百利孚律师事务所向福田区交警大队人民调解室派出了 5 名具有法律专业本科学历、取得法律资格的调解员。同时,交警大队选派 2 名熟悉交通事故处理程序的交警指导和参与调解,从而实现了人民调解与治安和交通事故行政调解的联动。而且,人民调解室还加挂了“道路交通安全法律咨询室”的牌子,为交通事故民事赔偿纠纷当事人免费提供法律服务和法律援助。

(一) 驻交警队人民调解室的调解范围

福田区驻交警大队人民调解室可以调解的案件范围是:直损事故和轻微的人身伤害事故的民事赔偿。交通事故纠纷的调解程序包括以下方面:

(1) 交警大队依法对交通事故进行调查、取证,作出交通事故责任认定。

(2) 当事人对交通事故的民事赔偿有争议的,可在 10 日内向人民调解室申请调解。

(3) 交警大队根据案件处理的需要,经当事人同意后,可请求人民调解室协助调解。

(4) 人民调解室将调解的信息及时反馈给交通事故处理部门。

自福田区驻交警大队人民调解室成立以来,截至 2015 年 2 月,共受理案

件1858宗，成功调处率达99%，2013年和2014年的交通事故调解成功率都为100%。由此可见，交通事故民事赔偿纠纷适合通过人民调解的方式解决，这也有效地盘活了一线警力。此外，人民调解室还义务为大量的交通事故当事人提供了法律咨询。驻交警大队人民调解室的调解，较好地协调了法院、保险公司等机构，为人民调解协议的履行及相关后续工作的展开提供了便利。

(二) 驻交警队人民调解室设立的作用及意义

驻交警队人民调解室的调解，具有以下重要意义：

1. 有助于加强交通秩序管理和维护

交警完成现场勘查、交通事故责任认定后，接下来的民事调解需要花费大量的时间来完成许多具体的工作。驻交警队人民调解室的设立，可以大量减轻交警的工作压力，而警力的解放，有效加强了交通秩序的管理和维护。

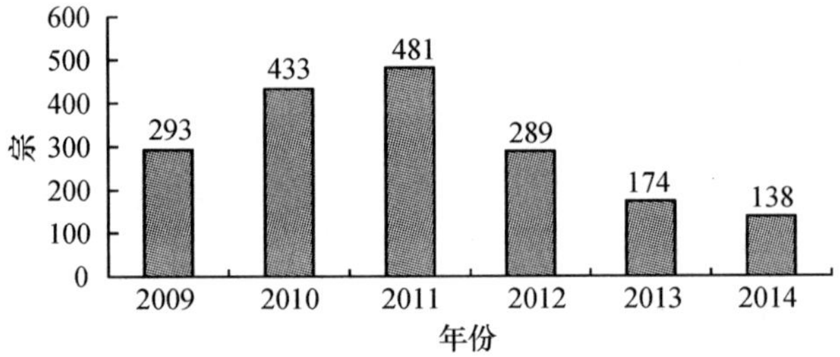

图2-1　2009—2014年福田区驻交警队人民调解室调解案件分布图

2. 有效化解了交通事故中的民事纠纷

除了一些后果较为严重的交通事故外，多数纠纷可以通过调解解决。但是，很多当事人之间往往情绪对立，如果没有大量深入细致的沟通、说服和教育，当事人往往难以达成协议。驻交警队人民调解室的介入，将纠纷在最短时间内得到化解。

3. 增强了人民调解的专业性

在交警队做出交通事故责任认定后，民事赔偿该如何进行？当事人往往对相关赔偿程序、责任划分、保险理赔以及自己应当承担责任的大小，缺乏准确的认识。而专业调解员的介入，为当事人提供了参考意见，实现“纠纷化解”与“权利维护”的有机统一。

4. 增强了人民调解的公信力

如果调解由交警完成,可能会使当事人产生心理顾虑,往往担心警察会偏袒一方而拒绝调解。人民调解员的介入,则减少了当事人顾虑,因为其中立的身份和专业的知识背景,使得当事人更容易沟通,调解更容易进行,协议更容易达成。

七、驻劳动局人民调解室的调解

近年来,劳资纠纷不断增加,更多的案件和纠纷也涌向了劳动局。有针对性地开展劳动纠纷的人民调解,发挥人民调解在化解劳动纠纷中的作用,成为社会各界的期许。

(一) 劳动纠纷的特点及运用调解手段予以化解的必要性

诉请到劳动局的纠纷一般具有以下特点,决定了对其进行调解并予以化解的必要性和重要性。

1. 案件数量多,当事人情绪对立严重

劳动合同纠纷往往涉及众多当事人,处理不好容易演化为群体事件。

2. 农民工等弱势群体,对纠纷的解决提出了特殊的要求

诉请到劳动局的案件当事人,多为劳动者而不是用人单位,其中很多属于进城打工的农民工。由于劳资双方地位的天然不平等性,劳动者维权时往往处于被动的地位。劳动者进入劳动局,主要是为了"维权",为了依法讨回属于自己的工资、补偿等,如果处理不慎,纠纷容易激化。

3. 某些案件争议标的虽小,但影响较大

诉请到劳动局的纠纷类型多为工资欠款、承包合同履行、劳动合同履行、工伤认定与赔偿等。很多案件涉及的金钱争议额度不过为几个月工资、劳动合同解除后数额不大的补偿或者是工伤赔偿。但是,对这类纠纷弱势群体承受能力差,调解的难度大。

4. 多数案件证据不足,诉讼解决存在局限

因为在很多单位用工时,当事人都没有订立书面的劳动合同,往往只有

口头协议，有的甚至连对方的身份信息都不核对。因此，一旦发生争议，劳动者很难依法举证，很难去申请劳动仲裁或者到法院起诉。如果完全按照仲裁、诉讼法律程序去操作，这些纠纷很难化解。借助人民调解，有利于纠纷的化解。

5. 劳动合同纠纷的调解具有较强的专业性，时效性强

某些劳动合同纠纷涉及知识面广，有的涉及非常专业的知识，如工伤认定、伤残鉴定、劳动能力鉴定、一次性补偿金的计算、一次性补偿金的税款代扣代缴等。因此，需要调解员运用更为专业的知识，去开展调解工作。

6. 劳动合同纠纷的调解周期一般较长，费时耗力

对于那些涉及工伤认定、伤残鉴定、工伤死亡等案件，周期更长，有的甚至超过一年。因此，对这些案件的调解，需要投入更多精力。

（二）驻劳动局人民调解室设立的作用与意义

调解员不仅需要专业的知识，更需要平和的心态和耐心。尤其是面对文化程度不高的当事人，更是如此。调解员需要与劳资双方进行有效沟通，必要时，还可以适度借助劳动局的行政监管力量，对那些不遵纪守法的企业施加必要的压力，督促企业依法用工，履行劳动合同，维护劳动者合法权益。

总之，人民调解“福田模式”在大力推动政府购买专业化的人民调解服务的同时，也加强了社区、街道人民调解室的建设，形成了“专兼结合”的人民调解员队伍，以及人民调解的全覆盖效应。福田区大力推行的公共法律服务平台建设，是人民调解“福田模式”的升级版；公共法律服务平台包括法律咨询、调解、法律援助、公证等广泛的便民法律服务，“一站式”服务的提供，极大便利了辖区群众的法律需求，提高了社区居民的生活质量。

第三章　“福田模式”对基层社会治理方式的改革

随着改革开放和社会主义现代化建设的不断深入，利益冲突与社会矛盾日益尖锐，群体性突发事件频发，凸显了我国基层社会治理面临着更为严峻的任务。在新形势下，不断完善基层社会的有效治理模式，推动社会自治与政府治理有效衔接，实现政府与社会的良性互动，是构建社会主义和谐社会，建设现代民主国家的必由之路。人民调解的“福田模式”是改革基层社会治理方式的有益尝试。简言之，“福田模式”是在公民社会日渐成熟的背景下，深圳市福田区深入探索多元协同机制化解矛盾纠纷、改革社会治理方式的有效措施。

一、中国基层社会治理的历史经验

中国并不缺乏基层社会自治的传统，只是在清末以前，中国乡村社会基本依据宗法等级实现了有效治理。中华人民共和国成立后，“政社合一”“党政合一”模式，实现了国家对基层社会的全面管理。改革开放后，中央政府重新确立了村民委员会、居民委员会作为基层群众自治组织的性质。2004 年 6 月，中国共产党十六届四中全会正式提出“社会管理创新”的口号。此后，加强和创新社会治理模式日益成为执政之要。

从传统的“整治命令”思维，到“寓管理于服务之中”；从政府“包打天下”，到注重运用社会力量，形成社会合力；从“灭火”，到突出源头治理；从硬性行政手段，到重视运用经济、行政、道德、科技等手段综合管理，是一场贯通社会治理理论和社会实践的与时俱进的改革运动。2007 年，中国共产党十七大报告首次提出要“建立健全党委领导、政府负责、社会协同、公众参与的社会管理格局”，从转变政府职能到健全社会管理格局，从提升社会管理能力到健全社会管理体系，党对社会治理理论的探索和实践不断深入，具有中国特色的社会主义社会管理体系逐渐形成。中国共产党十八大报告将社会治理体制变革为：“加快形成党委领导、政府负责、社会协同、公众参与、法治保障的社会管理体制”，在过去的“四位一体”的格局下增加了“法治保障”的内容，进行法治国家、法治政府和法治社会一体化建设。中国共产党十八届三中全会、四中全会更为明确地提出依法治国理念，实现社会治理体系现代化。

由此可见，“基层群众自治制度”、多元主体参与基层社会治理模式都必须贯彻法治思维和法治方法。这体现为四个方面的“巨变”：第一，法治国家、法治政府和法治社会建设是实现社会治理“善治”的必要前提。第二，法治为一切社会治理活动提供了合法性基础。无论是社会团体、公众参与社会治理，实行自我管理，还是党的执政活动、政府大量而广泛的行政行为，都必须按规则办事，依法行事，依法行政。法治是各社会治理主体一切行为和活动的基本准则。第三，法治是社会管理创新的制度基础。社会治理创新主要是要实现规则之治，将管理制度化、规范化，而法治是规则之治。第四，法治是社会治理创新的思想基础。实现社会管理“良法善治”，必须要强化社会的法治意识、法治观念，培养全社会的法治精神和法治文化。

（一）政治系统中的基层社会

基层社会治理是政治学、社会学研究的基本范畴，核心是围绕着国家与社会的关系来解释其政治状态。相对而言，中国古代长期忽略了社会的存在，忽视对其自身规律性的探索。从传统意义上看，“社会”二字通常被分开解释为：“社”指的是土地神，“会”本指为祭祀活动而举行的集会。① 然而，在西方学术视域中，学者们对社会的分析和研究相对规范而严谨。早在古希腊时代，柏拉图就将“社会”看作是因分工不同而形成的功能等级结构；孔德、斯宾塞等人根据生物进化的理论诠释人类社会的发展，提出了“社会有机体”理论；法国学者涂尔干则将社会定义为集体表象。涂尔干认为，社会是独立于个人之外的一种存在，“形成社会生活网络的表现产生于由此结合起来的个体之间的关系，或者是存在于个体和总体社会之间的中间群体的关系”②。它的主要事实可以在制度的强制中被发现。

客观地说，人的生产实践活动必然形成一定的社会关系，并由此形成了社会。在人类社会的形成过程中，人的生产实践活动起着决定性的作用，这不仅因为人的生产实践活动造成了各种复杂的社会关系，而且归因于人的生产实践活动本身就具有特殊的目的性，每个人通过人的生产实践活动来中介、调整和控制，实现人与人之间、人与自然之间的和谐。同时，社会本身也在人的实践活动中上升为不断自我更新的有机体。物质生产、精神生产和人自身的生产则使社会有机体不断得以再生和更新，在这三种生产过程中形成

① 陈宝良：《中国的社与会》，浙江人民出版社1996年版，第18页。

② 〔法〕埃米尔·涂尔干：《社会学与哲学》，梁栋译，上海人民出版社2002年版，第24页。

社会的经济关系、政治关系、思想关系、伦理关系等等，而正是由于这些关系使社会成为“一切关系在其中同时存在而又互相依存的社会机体”①。

由此可见，研究基层社会的客观规律必须立足于国家与社会二元分立的假设。国家是社会发展的必然产物，国家形成的最典型、最自然的方式是直接从氏族社会中产生。国家权力的出现，将不可调和的阶级矛盾和冲突控制在一定的范围和形式下，以免社会矛盾和冲突频发致使社会解体，并在维持社会稳定的基础上，保证公共利益的增益发展。因此，恩格斯将国家称为“第三种力量”，它是从社会中分化出来的管理机构，脱离于社会而存在，具有一定的相对独立性。②

以国家为中心的研究更多地倾向于宏观政治理论分析，具有太多的理论抽象性。国家中心理论的早期研究者可追溯至法国思想家托克维尔，他从法国国家性质的转变来探讨大革命的起源。他构建的理论学派解释社会政治活动的方法是从研究国家开始，然后向外扩展到社会。例如，大部分国际关系理论都假定国家是理性的行为体，是国际社会的主要行为主体，从而将更多的研究重心集中到国家行为的研究。政治社会学也是如此。19 世纪到第二次世界大战期间，国家理论在德国盛行，德国战败后国家理论也随之消沉。但是，到 20 世纪 70 年代，“亚洲四小龙”的崛起促使研究者重新思考国家因素在社会发展中的作用。在国家和社会的研究中，国家理论再次走向复兴。③

以社会为中心的研究理论认为，国家是社会的组成部分，国家在社会中的角色可能仅仅是保证社会竞争公开、公平地进行。美国著名政治学者加布里埃尔·阿尔蒙德和西德尼·维巴就民主与政治参与问题，对五千多名英国人、德国人、意大利人、墨西哥人及美国人进行了广泛的调查采访，得出的研究结论是：民主政治的成败与社会中存在的文化基础息息相关，只有独特的公民文化才有利于民主政治的成长。政治文化研究可使心理文化的研究方法与政治系统的研究更直接地联系起来。④ 帕特南在研究意大利政治的基础上，解释了“公民社会”与成功的民主国家之间的内在关联。公民生活是民主不可缺少的因素，“社会资本”是民主政治的基石。⑤ 而从政治系统论的角

---

① 《马克思恩格斯选集》(第 1 卷)，人民出版社 1995 年版，第 143 页。

② 王沪宁：《政治的逻辑》，上海人民出版社 2004 年版，第 177 页。

③ 赵鼎新：《社会与政治运动讲义》，社会科学文献出版社 2006 年版，第 118 页。

④ 〔美〕加布里埃尔·A. 阿尔蒙德、西德尼·维伯：《公民文化——五个国家的政治态度和民主制》，徐湘林等译，华夏出版社 1989 年版，第 2—4 页。

⑤ 〔美〕盖伊·彼得斯：《比较政治的理论与方法》，陈永芳译，台湾韦伯文化国际出版有限公司 2003 年版，第 135 页。

度来看，可将“国家”高度抽象为一个具有输入、输出的政治系统，这个系统所运作的环境提供系统所需要的“能量”。这些要素包含了社会群体和个人对于政治变迁的要求、一般大众的政治支持以及其他必要的政治资源。而系统的输出即是公共政策，并伴随着回应政策的反馈循环，引发了另一轮来自公众的政治要求，系统再次回应。①

从理论上看，社会决定政治系统抑或政治系统决定社会的发展尚未有定论。但是，政治系统论有效解释了社会的复杂性及其与政府之间的密切联系，为基层社会治理方式改革提供了有益的分析工具和理论支撑。而且，西方学术界关于国家与社会理论的争论虽无定论，但基本明确了国家与社会的不同意涵，其实质是在国家建构过程中合理划分这二者的权力。现代国家建构始终是权力集中并实现二次分配的过程，即所谓的由中央集权到分权的过程，这一分权过程实质就是民主社会建设的过程。“分权式民主包括中央向地方分权以让各级地方政府获得更多的自主权甚至自治、政府向企业分权以形成多元化产权的市场经济、国家向社会分权以形成多中心治理。因此，如果说法治民主是保障基础秩序的民主，那么分权民主则是使制度合理化的民主。”②因此，可以说分权民主不仅有政治向经济分权的内容，而且还必然包括国家向社会分权的要求，那么一个国家与社会权力的再分配也就成为民主建设的基本要求。

（二）20世纪的中国基层社会治理改革

清朝对地方的控制到县一级为止，国家政权基本上未深入到乡村社会，此即中国古代基层社会治理的经典原则——“皇权不下县”。费正清在《剑桥中国晚清史》中，将国家与基层社会的关系看作是一种合作关系：国家通过里甲、坊厢制度以及保甲制度等半官方、半自治的制度来使国家的统治延伸到基层社会之中。③ 费孝通认为，这是一种“双轨政治”，一方面是自上而下的“皇权”，另一方面则是乡村内发的“族权”和“绅权”，两者相互平行、相互作用而不相交。从这个意义上说，传统中国社会的乡镇制度是“王政止于县”，即“正式的皇权统辖只施行于都市地区和次都市地区，出了城墙之外，统辖权威的有效性便大大减弱，乃至消失”④。

---

① 〔美〕盖伊·彼得斯：《比较政治的理论与方法》，陈永芳译，台湾韦伯文化国际出版有限公司2003年版，第114页。

② 杨光斌：《让民主归位》，中国人民大学出版社2015年版，第33页。

③ 〔美〕费正清：《剑桥中国晚清史》（上卷），中国社会科学院历史研究编译室译，中国社会科学出版社1985年版，第22页。

④ 〔德〕马克斯·韦伯：《儒教与道教》，洪天富译，江苏人民出版社1993年版，第110页。

中国古代实行乡镇制度,国家政权并未真正深入乡村社会。乡镇真正的管辖权掌握在族长、士绅等地方权威人士手中,地方权威人士通过管理乡村社会公共事务、维护乡村社会公共利益及兴建乡村社会公共基础设施等方式,成功地代替国家实现了对乡村社会的局部整合,其整合能力和控制力是国家力所不能及的。当代学者秦晖将这个过程形象地概括为“国权不下县,县下唯宗族,宗族皆自治,自治靠伦理,伦理造乡绅”。①

晚清时代,“西学东渐”,中国传统社会的管理模式也逐渐松动。在内外交困的背景下,洋务派、维新派相继推动中国社会的改革进程。1908 年清朝颁布的《城镇乡地方自治章程》规定:凡府厅州县官府所在地为城,其余市、镇、村、屯、集等地人口满 5 万以上者为镇,不满 5 万者为乡。城镇、乡均为地方自治体。乡设立议事会和乡董,实行议行分立。乡议事会在本乡选民中产生,为议事机构。乡的地方自治执行机关有乡董、乡佐各一名。自治范围以学务、卫生、道路、农工商务、慈善事业、公共营业及自治经费为主。②

然而,由于当时的清政府无暇自顾,几近穷途末路,封建统治秩序风雨飘摇,因此,清末乡镇自治制度并未在基层社会得到实施。不过,其自治思想与制度构想为国民政府继承,并加以完善和发展。1934 年中华民国政府通过《改进地方自治原则》,确认地方制度采用县、乡两级治理模式;1941 年中华民国政府又颁布《乡(镇)组织条例》,正式确认乡是国家的基层政权,乡设乡代表会议和乡公所,并下设民政、警察、经济和文化四个职能部门。可是,由于国内战争和日本侵华战争的持续破坏,乡镇自治的种子并未全面开花结果,仅仅限于个别地方的“试验”成果,以及梁漱溟、晏阳初等人倡导的“乡村建设运动”的局部实践。事实上,国民政府通过“闾邻制”③和“保甲制”强化了对基层社会的管理,政治权力初步进入了基层社会,国家权力不断地延伸进入基层社会内部。

中华人民共和国成立后,我国基层社会治理的典型制度是“政社合一”的人民公社制度。1958 年 9 月,中共中央政治局扩大会议通过了《关于在农村建立人民公社的决议》,人民公社化运动随之全面展开。该《决议》要求推行人民公社化运动,建立农林牧副渔、工农商学兵相结合的人民公社。1962 年通过的《农村人民公社工作条例修正草案》规定,农村人民公社开始实行“三

---

① 秦晖:《传统十论——本土社会的制度、文化及其变革》,复旦大学出版社 2003 年版,第 3 页。

② 徐勇:《乡村治理与中国政治》,中国社会科学出版社 2003 年版,第 154 页。

③ 中华民国政府于 1930 年公布的《市组织法》规定:县下设区,区设区长,区的下面为“村”“里”,分设村长、里长,村下为闾(25 家),并设闾长,闾的下面为邻(5 家),设邻长。其中,区管辖的乡镇数量不等,小的区辖 10 个乡镇,大的区最多可辖 50 个乡镇。

级所有，队为基础”的体制。这是一种以生产队为基础的集体所有经济制度，标志着人民公社体制的最终确立。在人民公社体制下，乡镇归并为社，以“政社合一”的人民公社行使乡镇职权，原先的农业生产合作社改称为生产大队。“政社合一、党政合一”，是人民公社体制的根本特点。人民公社既是农村的基层政权机关，管理辖区内民政、文教、卫生、治安等社会事务，又是一个经济单位，全权管理辖区内的生产建设、财政、贸易等经济事务，同时还是一个党务机关，全面负责乡镇内党的基层工作。换言之，人民公社不仅是一个劳动组织，而且是一种高度集权的、具有军事化管理性质的社会管理组织，国家及公社干部通过对社会生活、经济生活的统辖实现了对乡村社会的全面管理，国家行政权力渗透入乡村社会生活的每一个角落。客观地说，“国民党解决了中国政治管理体制的上层机构问题（延伸到县），共产党则解决了中国政治管理体制的下层组织机构（政权建设、政务工作）延伸到乡，党务工作延伸到村、企业、学校、街道等基层”①。

尽管人民公社体制一定程度上促进了乡村社会经济、政治、文化的发展，但是，制度设计中的强力控制理念致使其并不能从根本上适应中国乡村社会发展的需要。首先，在人民公社体制下，农民丧失了生产和经营的自主权，农民往往通过消极怠工等方式表达不满，使得中国乡村经济长期在低水平上徘徊与维持。统计资料显示，1958 年至 1978 年是中国实行人民公社的 20 年，同时也是新中国农业发展最慢的 20 年。在这 20 年中，农业生产年平均增长率只有 1.48%，粮食产量平均增长率为 2.13%。② 其次，人民公社制度使得行政权力高度集中，国家通过严密的行政控制实现政治权力对农村的控制和渗透，极大地阻碍了乡村社会正常的民主化进程。最后，人民公社通过严格的户籍管理制度将农民限制在乡村社会内部，阻断了农民向上流动的渠道，形成城乡二元对立的社会结构，严重阻碍着乡村社会的发展。

改革开放后，原有的人民公社体制不能适应基层社会发展的需要。1982 年《宪法》第 95 条规定：“乡、民族乡、镇是我国最基层的行政区域，乡镇行政区域内的行政工作由乡镇人民政府负责，设立人民代表大会和人民政府”；第 111 条规定：“城市和农村按居民居住地区设立的居民委员会或者村民委员会是基层群众性自治组织。”这是我国第一次以国家根本大法的形式明确规定了村（居）民委员会的性质、任务、地位和作用。1998 年修订通过的《中华人民共和国村民委员会组织法》，则以国家法律的形式确立了村民自治的原

---

① Chen Yongfa, *Making Revolution: The Communist Movement in Eastern and Central China, 1937—1945*, Stanford University Press, 1986, p. 179.

② 刘豪兴：《农村社会学》，中国人民大学出版社 2004 年版，第 99 页。

则,并对相应的组织形式做出了具体的规定。而村民委员会就是我国乡(镇)所辖的行政村的村民选举产生的群众性自治组织,从此“乡政村治”的基层社会治理制度得以正式确立。

(三) 基层社会治理理论的新发展

若将现代社会看作一个庞大的政治系统,支撑这一系统运行的主体则具有多元性和复杂性。政府是系统运行的主体,社会作为政治系统的支撑主体,在政治系统运行过程中起着不可替代的作用,二者缺一不可。西方社会管理理论认为,19 世纪至 20 世纪之交的政治思想家一致倡导建立最大限度的中央控制和高效率的组织结构,以强化社会管理的有效性。然而,21 世纪的政治思想家则强调创建以公民为中心的治理结构(citizen centered governance structure),促进社会协同发展。①

随着现代社会治理理论和实践的发展,公民自身在社会治理中的重要地位和作用逐渐得到社会认同,公民应在社会治理中积极实现主人翁地位已成为社会治理理论的共识。公民治理理论是当代西方社会治理理论的主流思想,主要代表人物有理查德·博克斯(Richard C. Box)(代表作为《公民治理:领导美国社区迈入二十一世纪》)、亨德·斯盖特(Hindy Lauer Schachter)(代表作为《重塑政府还是重塑我们自己》)、金和斯蒂文思(King and Stivers)(代表作为《政府与我们为一体》)以及博盖森(Peter Bogason)(代表作为《公共行政与后现代:美国人 2000 年后的一些研究重点》)。这一理论的核心观点是,建立公民与官僚合作的公民性政府是现代行政的必要途径;公民在公共行政中应当扮演积极的主人角色;公民参与权和决定权的提高是解决政府问题的关键;行政人员的角色应转换成帮助公民表达利益并满足其共享利益,而不是试图控制或导航社会。

公民治理的核心支撑理论是公民自治理论和服务型政府理论。博克斯认为,公民治理理论建构的基础是美国政治传统的三项基本价值,即地方控制、小而有回应性的政府、作为顾问而不是控制者的公共服务职业者。在社区治理中,公民成为社区的治理者而非消费者;选任官员的作用在于协调公民参与治理的种种努力,而不是替他们作出决策;社区公共服务职业者关注的焦点是帮助公民实现其社会治理目标,而不是着力于控制公共权威机构。其中,公民期望影响基层社会公共决策过程,构成了现代社会治理理论发展

---

① 〔美〕理查德·C. 博克斯:《公民治理:引领 21 世纪的美国社区》,孙柏英译,中国人民大学出版社 2005 年版,第 10 页。

的核心主题。[①] 博克斯还指出，公民治理中存在三种公民资格——“搭便车者”“看门人”和积极参与者。公民治理迫切需要的是“积极参与者”，即“那些积极参与到各种各样社区事务和社区组织中的公民”[②]。公民治理强调公民的自主治理，社区公民才是社区的真正主人，将代议者和公共服务职业者定位为公民的支持者和帮助者，社区公民主导社区公共决策，乃至整个社区的治理过程，社区代议者负责为主导社区治理的公民提供良好的制度环境，社区公共服务职业者负责为公民更好的自主治理提供咨询服务和帮助。

公民治理视域中的“公民”是具有现代公民意识和公民能力的社区居民。只有具备了公民意识、公民能力[③]的社区居民，才能担负公民治理的重任。公民意识和公民能力的培育和成长，离不开成熟公民社会的建立和参与型公民文化的普及。公民社会的建立为公民治理活动提供了治理的载体，同时也为公民文化的形成，提供了重要的组织基础。公民文化是一种参与型政治文化，它鼓励民众积极、理性地投入到包括公民治理在内的各种社会治理的过程中，以表达自身利益诉求、监督政府行为、维护自身合法权益。公民意识、公民能力、公民社会、公民文化四者相互依存、相互促进，共同构成了公民治理理论和实践的坚实基础。“制度化是组织与程序获得价值观和稳定性的过程”[④]，“制度是公民政治参与的重要依托”[⑤]。如果没有制度化的公民社会、公民组织作保障，任何形式的治理模式只能是虚有其表，最终都将因丧失其本质内容和实质精神而无法发挥其应有的治理功效，公民治理也不例外。

中国的基层社会治理，在经历了国家治理主义之后，已经逐渐过渡到以政府和公民合作为核心的公民治理阶段。政府(或国家)全权控制社会进程，政府意志主导着社会发展的整个过程，承担着社会治理的全部责任。改革开放后，经济领域已经转由市场主导，政府在社会治理中的责任相对下降。中共十八届三中全会《决定》指出：“建立和完成基层群众自治制度”，而随着政府职能由传统的社会控制转变为社会服务，公民逐渐成为社会治理的主体，

---

① 〔美〕理查德·C.博克斯：《公民治理：引领21世纪的美国社区》，孙柏英译，中国人民大学出版社2005年版，第4页。

② 同上书，第63页。

③ 美国政治学家阿尔蒙德将公民能力划分为公民的政治能力和主观能力，如果一个公民具有了公民意识，可以说他(她)具备了公民的主观能力。但是，仅具有主观能力是不够的，公民只有同时具备了政治能力，才能真正具有自主治理的能力，即具有了公民理性。参见〔美〕加布里埃尔·A.阿尔蒙德，西德尼·维伯：《公民文化——五个国家的政治态度和民主制》，徐湘林等译，华夏出版社1989年版，第205—206页。

④ 〔美〕塞缪尔·亨廷顿：《变革社会中的政治秩序》，李盛平等译，华夏出版社1988年版，第12页。

⑤ 雷勇：《新时期农民政治参与的制约因素及其对策》，载《四川师范大学学报》(社会科学版)2010年第2期。

将与政府共同承担社会治理的责任。

二、当代基层社会治理方式改革的必要性

社会治理方式与政治文明的发展阶段同步相生,为此,必须与时俱进改革政府治理方式,因地制宜探索治理方式的发力点,对症下药,有的放矢,以改革换取发展的空间。

(一) 中国社会转型期的特殊政治需要

社会矛盾的消解是社会治理的核心目的所在,社会治理改革就是探索恰当的路径,将日益凸显的各类矛盾纠纷消弭在萌芽状态,形成良好的社会秩序,产生更为理想的政治、经济和社会效益。从政治科学的角度来看,自从人类进入政治社会后,如何治理社会、适时推陈出新,改革社会治理方式,始终是政治社会发展的核心问题。社会治理方式之所以要改革,是因为任何时代的社会特征、基本矛盾都有其特殊性。

社会治理具有鲜明的时代特征。早在1906年,孙中山先生就明确指出:"文明越发达,社会问题越着紧。"他进而解释说:"只有先把中国的民生问题研究清楚了,然后对社会问题才有解决的办法。"[①]当前,各级政府在健全群众基本利益保障机制、解决好民生问题的同时,也努力推进社会治理改革,具有从源头治理的根本特征。客观地说,在逐步解决了温饱问题后,中国社会正向更高水平的和谐社会迈进,人的需求也发生了根本性变化,正由温饱需求逐渐转变到安全的需求、归属的需求、社会公平和尊重的需求、实现自我价值的需求等,日益呈现出多元性和复杂性。因此,社会治理方式改革的根本路径是寻找国家利益与人民利益平衡的契合点与交汇点,寻找最适度的社会发展机制与动力源泉,谋求社会发展、社会稳定与社会和谐机制之间的动态平衡与良性互动,使社会既充满活力、朝气蓬勃、生机盎然,又和谐稳定、秩序井然、安定团结。

(二) 与时俱进改革政府治理方式

改革开放后,中国用30余年的时间走完了西方社会100多年的现代化历程,这使中国的社会治理面临着双重挑战:一方面,要随着工业化的发展,将治理模式由控制型转为管理型;另一方面,又需要赶上世界潮流,采用后工

① 孙中山:《在东京〈民报〉创刊周年庆祝大会的演说》,载《孙中山全集》(第1卷),中华书局1981年版,第325页。

业化社会的服务型治理模式。经济发展、国民素质提升、全球化演进都决定着农业社会的控制模式已越来越无法适应社会事务管理的需要。许多社会问题就是由控制型模式所引发的，而这一点却是许多公务员，特别是基层公务人员的思维盲区，也是治理模式转变的重大阻力。因此，当务之急是实现社会治理方式的转变。

首先，要重新定位政府的角色与职能，积极培育公民文化，需要适时做到“政退社进”。改革开放以来，我国政府治理的核心思想是“一个中心”，大力推动经济体制改革，促进经济社会发展，这为社会的发展提供了强有力的经济基础。但是，令世界为之瞩目的经济发展成就，并没有带来我们所期待的稳定与和谐，反而导致社会问题累积，群体性事件频发。有些学者认为，这是经济发展到一定阶段的必然产物。这一结论虽然有一定的合理性，但并未涉及问题的根源，核心问题是政府职能定位的偏差，导致政府与社会主体之间的矛盾突出。政府职能过多关注经济，必然造成社会治理职能的弱化。政府权力主导经济，实质是政府权力扩张行为；行政权力干预市场自然为权力寻租提供更多的机会。从这个意义上看，当前社会问题多发就是政府职能定位长期偏离公共服务的必然结果。

在社会转型期，政府需要重新思考职能定位，逐步淡化经济发展功能，增强社会服务与管理功能，回归政府的本位，这是减少并最终解决社会问题的必由之路。不管是“大政府，小社会”，还是“小政府，大社会”，背后的逻辑就是实现政府与社会主体在社会发展过程中的角色互动，加速实现此消彼长的职能转化。政府过强，社会主体就弱；政府收缩，社会主体的发展空间自然增大。理性的选择应该是，平衡政府经济职能与社会管理职能之间的资源分配，形成政府与社会之间的互动关系，建立法治化的社会治理模式。

其次，通过法治政府建设，逐步实现社会治理法治化。在工业化社会中，政府组织的权威基础是马克斯·韦伯所界定的“理性、合法的权威”。法治政府是工业化社会治理模式的内在要求，法治的首要价值是法律能够反映社会发展的当代需求、能够体现人们价值判断的变迁。近年来，我国法治社会的建设虽有长足发展，但制度滞后，法律的修改和完善不能与时俱进，导致政府权威弱化，政府维护公正的形象不断受到质疑，这也是社会问题多发的根本诱因之一。客观地说，这是现行法律规范滞后于社会发展需要，尚未建立有效的法律变革机制，产生了新的社会矛盾，为社会治理提出了新的任务。法律始终是社会公平正义的化身，严格依法治理是法治社会得以建立的前提。为此，政府需要在依法行政方面身先垂范，厘清政府与其他社会主体之间的权利义务关系，严格按照法律规范和法定程序来处理与社会主体之间的关系，构建理性、合法的权威。只有如此，才能增加社会主体对政府行为的可预期度，增加政府行为的公信力。这是社会治理改革不可或缺的条件。

再次，加大实施政务公开，改变政府形象。除了依法行政，还需要让社会了解政府，只有了解才能够理解，理解了才会有信任。所以，需要通过政府行政的公开、透明、公正，提升民众对政府的信任度。“阳光是最好的防腐剂”，行政公开透明度的提升自然能够减少黑箱操作的机会，减少腐败行为的发生，不断改善政府的形象，进一步提升政府的信誉度。公信力的提升能够使民众相信自己的利益有人关注，对未来的生活充满期待，生活的满意度和幸福感也会随之不断提升。

最后，着力提升公务员的政策回应能力，力求实现政府运行的公民导向。“为人民服务”“执政为民”“以人为本”等都是公民导向理念的集中表现。要使这些理念指导公务员的行为选择，单靠政治思想教育的力量根本无法实现，还需要借助激励和考核为核心的政府绩效管理系统。突破将绩效管理仅看作执行工具的做法，将“公民导向”作为政府绩效管理的归依及作为衡量绩效好坏的根本标准，以此来促使公务人员将更多的精力放在回应能力的提升上，促使他们转变“青天大老爷”“父母官”的控制模式思维，树立服务意识，进而促进政府职能的转变。这是服务型政府从理念到运行的基本前提，也是关键环节。

（三）因地制宜探索治理方式改革的发力点

在当前我国政治社会中，社会治理方式改革具有一定的复杂性。从内容方面来看，社会治理有哪些有效路径、衡量标准是什么、民众对社会治理的参与途径与方式等，都是社会治理方式改革的重要内容。从模式方面来看，是采取以政府为中心的治理模式，还是以公民和社会为主体辅之以政府参与的治理模式，都具有探讨和研究的价值，具有一定的选择和协商性。究竟采取何种方式、选择从哪个方面突破，实则取决于不同地区的社会发展程度以及地域性的社会矛盾特征。

我国社会的发展阶段具有鲜明的地域特征。目前我国社会发展的阶段性和地域性日趋明显，东西部地区差异、南北社会文化差异，已成为决定社会治理方式的主要因素。同时，地区收入分配不合理、不均衡已成制约中国社会发展的瓶颈，由此引发的社会问题势必影响经济发展和社会稳定。具体而言，目前收入分配失衡主要体现在两方面：一是在政府、企业、居民三方利益分配中，政府财政收入比重逐年上升，而居民收入占国民总收入的比重却持续下降；二是居民群体内部的家庭与家庭之间、个人与个人之间的收入分配差距也显著拉大。这些问题会影响到不同地区的公民在社会活动中关注点的差异，进而影响到对同一社会问题的不同认识，这必然造成矛盾纠纷在不同地区的差异性及其解决路径的多元化。

（四）福田区矛盾纠纷的地域特征

福田区是深圳市的中心城区，区位优势明显，党政机关多、跨国公司多、通关口岸多，是“窗口”中的“窗口”，因此容易成为社会矛盾纠纷的汇集点。基于这样的特殊区位优势，以及经济体制改革的进一步深化，福田区已经成为深圳市的“首善之区”。尽管如此，随着“城中村”改造工作的深入，受国际金融危机和全球经济衰退的影响，以及城市居民权利意识的日益增长，维权行动的普遍化，福田区各类矛盾纠纷日渐突出，且具有特殊的区域性特征。

1. 体制转型导致诸多社会矛盾累积

社会冲突是“有明显抵触的社会力量之间的争夺、竞争、争执和紧张状态”①。从全国范围来看，中国社会正处于转型期，利益关系的调整、新旧观念的冲突、社会阶层的变化和结构重组、改革与发展的不平衡，由此引发的各种社会矛盾和冲突大量产生，有时甚至集中暴露出来。深圳是改革的“前沿”，改革开放造成的社会遗留问题较多，由此而造成的社会矛盾根深蒂固，处置难度大。由于改革开放的步伐较快，深圳较早实现了社会转型，因而提前进入了社会矛盾、社会冲突集中爆发期，而福田区则是“前沿”中的“前沿”，国企改制、事业单位改革和调整的员工、企业早期退休人员、企业退休军转干部、出租汽车司机等特殊群体的利益诉求强烈。当然，也由于政府出台的某些政策缺乏连续性和一致性，在一定程度上导致这些遗留问题持续发酵，始终无法在短期内彻底解决。

【案例3-1】杨某夫妻与A公司劳动争议纠纷调解案例

杨某系A公司搞绿化的员工，为该公司工作近3年，因上班偷懒、迟到等问题，被公司辞退。杨某不服，在公司喝了用来除草的农药而住院治疗。出院后杨某夫妻以及亲属等人堵住A公司办公室门口，称公司逼死员工，要求赔偿10万元。双方僵持多日，A公司的正常工作秩序受到影响，保安在驱离对方的过程中双方发生争执，后报警至派出所，由人民调解室进行调解。

① 〔美〕乔纳森·H.特纳：《社会学理论的结构》，吴曲辉等译，浙江人民出版社1987年版，第212页。

调解员首先向双方当事人表明身份，核实双方当事人的身份，告知当事人调解的权利义务，调查了事实的经过。陈某称该公司《员工守则》里有员工积分评比标准，杨某上班期间存在偷懒、迟到、旷工等现象，扣除积分后已超过辞退的最低标准，所以对杨某进行劝退。杨某承认有迟到近1小时的事实，但公司以“旷工1天，扣除3天工资”作为处罚，就不应该三番五次让他辞职，为此才想不通要自杀。杨某妻子也在为其丈夫鸣不平，称杨某是因为得罪上司才会被逼得喝药，要求公司负责，改口要求赔偿3万元。

调解员耐心细致地对杨某进行心理辅导，告诫其自残的行为伤害最大的还是自己的家人，以此来要挟公司得不偿失。如果对公司的处理有异议，可以向其主管部门申诉，也可以去劳动局通过仲裁处理。

杨某妻子认为不管谁对谁错，事情已经发生，家里也花了药费七八千，公司一分钱不出怎么都说不过去。而杨某表示公司可以辞退自己，但要求按相关劳动法律、法规对其进行经济补偿。

另一方当事人A公司则同意按照劳动法律、法规的标准，对杨某进行补偿，但坚决不同意对杨某喝农药自残一事负责，强调此事对公司影响很坏，如果开了先例，以后员工可能会纷纷效仿。如果杨某还是要闹事，他们宁愿选择漫长复杂的诉讼程序解决。

调解员指出，公司辞退杨某的处理方式合法，出于人道主义，可以适当给予一定补助。事情越快解决，对公司的负面影响将会越小。最后，双方达成一致意见。按工龄，A公司给予杨某3个月工资补偿，结清当月的工资（包括住院治疗期间）并支付5000元的住院慰问金。①

城市功能改扩建激化了许多潜在的社会冲突，政府与驻地居民之间矛盾加剧，处置难度大、舆论影响恶劣。美国学者刘易斯·科塞指出：“社会冲突是社会群体之间由于利益或价值的对立而发生的对抗。”②城市功能升级、改造的过程是诸多社会利益冲突、社会观念交锋、对立乃至博弈的过程。由于博弈过程复杂多变，所以这类矛盾也极易反复。随着深圳市经济的快速发展，近年来福田区市政工程项目多，“城中村”改造任务艰巨，拆迁力度大、安置任务重，城市建设所产生的公共利益与私人利益之间的矛盾也不断加剧，由此引发的过激行为甚至群体性事件持续多发，如地铁施工、“城中村”改造等引发的集会和上访不断，潜在的不安定因素增多。这些矛盾由于直接关系到居民的生产、生活和潜在的经济利益，一旦处理不当，很可能引发群体性冲

① 驻香蜜湖派出所人民调解室调解员李碧燕的调解案例。

② 〔美〕刘易斯·科塞等：《社会学导论》，安美华等译，南开大学出版社1990年，第589页。

突，甚至造成恶性事件。但是，要想彻底消除这类矛盾也无法一蹴而就，需要地方政府转变治理的理念，协同社会各界力量共同参与，群策群力。

另外，深圳地区一些劳动密集型和外向型企业集中，容易引发劳资纠纷。以福田区园岭派出所人民调解室受理的调解案件的统计数据（统计时间为2010年10月1日—2011年9月30日）为例，包括财产纠纷、劳资纠纷、生产经营性纠纷等共计309起，各类劳资纠纷共计85起，占纠纷总数的28％。

2. 医患纠纷较多

医患纠纷是指医方（医疗机构）与患方（患者或者患者近亲属）之间产生的纠纷。医患纠纷包括基于医疗过错争议产生的医疗纠纷，也包括与医疗过错无关的其他医患纠纷（如欠付医疗费的纠纷等）。这类纠纷的基本特点有以下四个方面：一是社会关注度高、影响大。例如，位于深圳市福田区的北京大学深圳医院每年接到的信访投诉约有100—200宗，其中涉及重症治疗和并发症的纠纷越来越多，案件越来越复杂。二是医疗纠纷起因复杂、鉴定程序繁琐，司法介入比较艰难。三是"医闹"乘虚而入，推波助澜，有意将医患纠纷"闹大"，导致恶性事件时有发生。由于受错误观念影响，很多医患家属相信"闹了才能有赔偿（补偿）"，"医闹"事件屡屡发生，且有愈闹愈大之势。四是处理难度大。医患双方在责任承担和赔偿数额方面分歧甚大，患者家属往往采取聚集、堵路、上访、打横幅、损坏财物等过激行为来表达拆求，进而与一些社会不稳定因素结合，引发一系列群体性事件。闹大的目的是引起社会公众的关注，造成巨大的社会反响，迫使政府出面来解决问题。就此而言，闹大可以说是"抗争政治"的特殊形式，即是提出对其他人之利益产生影响的要求，政府或是作为所提要求的对象，或是作为第三方介入其中。①

3. 社区矛盾纠纷突出

人口增速快，流动人口多，人口密度大，这是深圳城市人口的一个总体特征。深圳市2000多平方公里的面积容纳着1000多万人口，人口密度过大，比上海还高30％，比广州高一倍，这对城市发展形成了巨大的压力。流动人口多且成分复杂，无疑加剧了城市管理的难度。人口急剧膨胀和无序流动，不仅对医疗、交通、住房、教育等方面带来巨大压力，也给城市功能的发挥和居住人口自身的生活带来诸多不便：(1) 由于深圳处于改革开放的前沿，城市社区生活较为发达，社区也成为各类矛盾、冲突集中爆发的区域性场所。

① 〔美〕查尔斯·蒂利等：《抗争政治》，李义中译，译林出版社2010年版，第9页。

诸如邻里、家庭纠纷、感情纠葛等琐碎事件成为矛盾纠纷的主要表现形式，而邻里纠纷又以楼上楼下生活性的矛盾纠纷居多，如楼上管道漏水淹了楼下、楼上的噪音太大影响楼下居民休息、楼下的油烟引起楼上居民不适等。另外，还有狗吠声扰民、"狗咬狗"所导致的主人之间的纠纷、赔偿等一系列问题。家庭纠纷则主要包括婆媳矛盾、老人赡养、第三者插足引发的感情纠纷等。(2) 流动人口集中加大了城市管理难度，在福田区尤为明显。福田区流动人口集中，新思想、新观念、新文化随着众多文化移民的到来，逐渐在这里传播、蔓延。其中，公民思想、法治观念、权利意识也随着文化移民的增多而逐渐扩展到社区居民中间，业已成为一种具有时代特色的社会观念。在社区居民看来，遇到纠纷、冲突或矛盾，依法维权已成为冲突化解的首要途径。

【案例 3-2】 刘某与××餐厅手机被盗索赔纠纷调解案例

2014 年 7 月 16 日下午 4 时许，当事人刘某(女)称其带小孩在××餐厅吃饭时丢失了一台"IPHONE 5S"手机。刘某认为在××餐厅的经营范围内手机被偷，餐厅方负有全部责任，便与同事到该餐厅门口闹事，向消费者散播不利于餐厅经营的言论，称该餐厅内防范标识不明显，要求该餐厅赔偿手机损失人民币 5800 元。××餐厅男经理、女店长认为，刘某的做法欠妥，影响餐厅正常经营，报警至派出所。因先前刘某手机被偷一事民警已立案，此次餐厅报警属于民事纠纷，转交人民调解室调解处理。

调解员向双方表明身份，核实双方当事人的身份信息，告知当事人调解的权利义务。开始调解时，刘某称其带孩子经常光顾该餐厅，餐厅属于半自助模式，下座后需要持单到点餐处拿取食物，刘某拿取食物回来后，因要边照顾小孩边放置好食物，便将手机放在了桌角上，随后背对手机照顾孩子，就在这时 1 名男子从刘某的身边走过，将桌子上的"IPHONE 5S"手机偷走，从刘某照顾孩子到手机被偷的过程有 2 分钟左右。刘某认为她到餐厅消费，餐厅连最基本的安全保障都没有，让她非常气愤，同时刘某的同事(女性)开始宣称如果××餐厅不赔偿手机损失，便带人到餐厅门前举横幅。

了解该情况后，调解员先向男经理询问餐厅内是否贴有明显的防范标识等。监控显示，当时刘某在放下食物照顾孩子时将手机放到桌角，而偷手机的男子拿走手机时又触碰到刘某的凳子，但刘某无任何反应。

调解员先是谴责了刘某先前到餐厅闹事的行为，称如再有过激行为根据《中华人民共和国治安管理处罚法》可能要受到相关的治安处罚。而且，身为当事人的刘某不注意保管好自己的随身财物才是问题的关键所在，在耐心的劝说下，刘某开始降低手机的赔偿额度到 3000 元，但这仍然是男经理与女店长不能接受的。看到有转机后，调解员开始做餐厅两位管理人员的思想工作。据两位管理人员称，餐厅里的防范标识非常明显，并且也有广播提醒就餐顾客看管好自己的财物，尽了提示义务。调解员再次与刘某沟通，并告知刘某两位管理人员的苦衷，希望刘某能有所让步。刘某得知情况后表示愿意和解，在调解员的组织下双方再次协商。协商过程中，男经理与刘某协商是否能补偿一定的金额，剩下的金额用美食券代替，刘某认为男经理没有诚意，双方再次发生争吵，刘某表示不同意调解，要求离开，称要赶着回家给孩子做饭，不想再在派出所逗留。此时调解员发现刘某有刻意针对男经理的言行，便再次将双方分开调解，让男经理回避，女店长年纪小，又同为女性，有利于促进和解，建议女店长与刘某面对面协商沟通。经过女店长一番哭诉，刘某理解到她的不容易之处，表示愿意和解，放弃索要赔偿，双方达成协议，互不追究。①

值得一提的是，福田区是深圳市委、市政府所在办公地区，又是总部经济密集区域，大量矛盾纠纷和维稳事件从其他区流入该区，经常出现分支机构到福田总部要求解决工资及其他纠纷的群体性事件。这类矛盾的解决必须依靠同级地方政府的积极参与，单靠辖区地方政府根本无法协调。

三、“福田模式”对基层社会治理方式改革的宏观探索

人民调解的“福田模式”是在政府职能转变背景下，对制度公平、程序正义、结果正义及高行政成本的校正，探索了基层社会治理方式改革的宏观性问题。

（一）社会冲突是政治社会公平缺失后表现出的制度失范

美国著名政治哲学家约翰·罗尔斯在《正义论》中指出，改变社会不公平状况的唯一有效的方法，就是通过制度安排，对社会上的弱势群体以更多的关怀。由于社会成员都拥有与生俱来的平等权利，所以，只有当社会中的每个人都得到公正待遇时，才可以说这个社会是一个优良的社会。公平既是人们社会理想的组成部分，又是调节社会利益冲突的重要手段，并且还是社会的目的。② 罗尔斯认为，社会能否和谐，主要通过人们之间的合作得以实现，

---

① 驻天安派出所人民调解室调解员徐盛祥的调解案例。

② 何鹏举:《罗尔斯正义论的和谐意蕴及其现代启示》，载《求索》2009 年第 8 期。

社会合作使所有人都能过一种比他们各自努力、单独生存更美好的生活。①

然而，以法律为范式所确立的制度，必然带有局限性。虽然制定法律的初衷是调整人们之间的利益冲突和各种社会矛盾，但是由于人们认识的局限性，法律在某种意义上化解了某些矛盾却又带来一些新的冲突和矛盾。因此，早在两千多年前，古希腊思想家亚里士多德就提出：“纠正法律普遍性所带来的缺点，正是公正的本性。”②他认为，人是团结的、合作的，而不是对抗的。无论正义原则具体表现形式如何，所有正义的城邦都有一个共同的原则，那就是法治。但是，同时他也充分意识到，法律不可能预见到实际生活中千差万别的具体情形，所以对法律的公正实施就成为一种高度的政治艺术，一种“实践的智慧”，他称之为“衡平”。

从上述原则来看，公平、正义是人类社会生存的共同准则，法治是确保这一准则实现的保障，但法律具有其固有的局限性。因此，过度依赖文本化的法律判决，不仅无益于社会公平的实现，反而会在一定程度上增加新的社会冲突。由此可见，社会冲突是政治社会公平缺失的制度失范，也是过度追求法制化的结果。从另一个侧面说明，社会公平和正义原本就是一种抽象的价值理念，当社会冲突或社会矛盾爆发时，政府只能在法治的框架下加以协调或调解，而不能过度地充当裁判者，否则就会制造新的社会冲突和矛盾。

就目前中国的社会现实来看，法治主义理念在社会精英阶层盛行，过分强调法律缺失或制度缺失对社会公平、正义的危害，而忽略了社会治理过度法制化的危害，更忽视了法律文本化对公平与正义的损坏。同时，从普通民众的角度来看，由于公民经济、社会地位还不高，在司法诉求上有着诸多难处，不仅缺乏法律常识，而且常常困惑于诉讼成本过高、对严格司法程序的不适应等情况，一旦遇到纠纷或冲突，他们常常不敢或不愿诉诸法律。结果是出现害怕打官司、漠视法律的制度困惑，当他们的合法权益受到侵犯时不是选择忍气吞声，让非法行为逍遥法外，就是选择以暴制暴，造成对已有法律制度的破坏。当然，也有部分法官擅权乱法，牟取私利，这无疑加剧了司法不公，为深层的社会冲突埋下了“伏笔”。正如培根指出的：“一次不公的裁判比多次不平的举动为祸尤烈，因为这些不平的举动不过是弄脏了水流，而不公的裁判则把水源败坏了。”③

---

① 〔美〕罗尔斯：《正义论》，何怀宏等译，中国社会科学出版社 1998 年版，第 216 页。

② 〔古希腊〕亚里士多德：《尼各马科伦理学》，载苗力田主编：《亚里士多德全集》（第 8 卷），中国人民大学出版社 1990 年版，第 117 页。

③ 〔英〕培根：《培根论说文集》，水天同译，商务印书馆 1983 年版，第 193 页。

（二）“福田模式”对制度公平的校正

政府的职能是维护社会生活公平、公正的政治秩序，这既是政府统治的根本目的所在，也是公民社会存在的前提。但是，社会冲突的多样性、社会矛盾的复杂性，必然要求实现政府管理的专业化和精细化，这一目标的实现必然导致政府规模扩大、行政成本攀升。因此，广泛吸引各种社会力量或中介组织参与到社会治理过程中，实则是政府职能转变的重要内容，也是政府服务模式创新的重要方向，更是政府维护公平正义、塑造政治权威的重要手段。

人民调解的“福田模式”就是在中立第三方的调停下，由当事人平等协商解决纠纷的有效机制。律师事务所作为社会中介组织，即社会冲突化解的中立方，它们不是冲突当事人，而是作为一种不带主观色彩的“润滑剂”，站在比较客观、公正的立场上，在严格的法律、法规约束下，以其灵活的方式、适时介入，有效缓解双方的矛盾，协调当事人之间的关系，培育当事人互信，从而促使当事人双方平等、自愿地达成和解协议。这在本质上区别于司法和解，因为政府提供的司法、仲裁等法律手段和行政途径都是以国家权力作为后盾的，消耗的是国家的资源，有时不能达到理想的效果。[①] 而处于政府之外的各类社会中介组织可充分发挥其社会资源和社会信任等优势，在减少和解决社会矛盾过程中发挥重要的作用，有效促使当事人双方在自觉、自愿的前提下实现公平。

【案例 3-3】 陈某与北京大学深圳医院医患纠纷调解案例

2010 年 11 月 26 日，陈某的丈夫在北京大学深圳医院特诊科就诊时发生猝死，陈某认为医院抢救不及时，叫来众多亲朋好友在医院门诊大楼前摆设灵堂，烧纸哀嚎，并在诊室围攻医生，设置障碍阻挡病人就医，要求医院赔偿 50 万元。

调解员主动介入，向陈某表明自己的调解员身份，并分析纠纷的性质和可能的发展方向。死者家属在听取调解员的分析后，接受建议，留下部分近亲属和医院协商，恢复医院的正常秩序。同时，调解员敦促医院专家组及时讨论案情，专家认为死者虽不是死于诊疗过错，但医生上班不在岗未尽职责，错过最佳救治时间，应负一定责任。经过调解，医院赔偿陈某 11.5 万元，双方签订了协议书。[②]

---

① 程玉莲：《社会中介组织与社会信任》，载《中南民族大学学报》（人文社会科学版）2007 年第 6 期。

② 驻北京大学深圳医院人民调解室调解员潘婕的调解案例。

据统计,北京大学深圳医院每天出现医疗纠纷近10起,一年累计3000余起。这些纠纷如果不能及时调解解决,容易影响医院的正常诊疗活动。驻医院人民调解室化解医患矛盾纠纷,成效显著。人民调解节约了当事人双方的时间、精力和经济成本。

(三)“福田模式”对程序正义的校正

从理论层面分析,根据正义实现的方式不同,正义可分为实质正义和程序正义。实质正义是从内容上追求公平结果的正义,程序正义是指不考虑结果只追求过程公平的正义。[①] 实质正义是人类永恒的追求,而程序正义则是现代法治的根本要求。程序正义被视为“看得见的正义”,它源于人所共知的法律格言:“正义不仅应得到实现,而且要以人们看得见的方式加以实现。”所谓“看得见的正义”,实质上就是指裁判过程(相对于裁判结果而言)的公平,法律程序(相对于实体结论而言)的公开。

社会转型期越来越多的矛盾纠纷涌向法院,基层法院受理的各类民事案件数量迅速增加。同时,司法程序日益严谨,举证、质证等制度不断完善,也导致公民在诉讼过程中疲惫不堪,有苦难言。所以,公民大多难于诉讼、懒于诉讼,强化了法院的衙门形象,损害了司法权威,极大地影响了诉讼效率。

【案例3-4】 童女士与上司性骚扰诉讼案例

2001年7月,陕西省西安市30岁的国企职工童女士向法院起诉,指控上司对她进行了性骚扰。这是我国首例进入法律程序的性骚扰案件。经过近2个月的审理,法院认为原告没有足够的证据证明性骚扰事实的存在,起诉被驳回。

职场中,这些女性因种种原因受到性侵害或骚扰的事件时有发生。当被侵害者通过法律途径阻止侵害行为或索取赔偿时,她们将面临诸多问题:侵害发生时,一般只有双方当事人在场,很难获取到第三方的证据或其他相关证据、知情者趋于利害关系回避作证,即取证难;侵害行为发生在两人之间,女性选择诉讼维权的同时,也将他人并不知晓的事实公之于众,对自己造成伤害;如果缺乏证据,不仅承担败诉后果,对方甚至控告女方侵犯了自己的名誉权。

类似的司法程序、取证程序,实质是对受害者的另一种伤害。某些情况下,受害者可能寻求法律之外的甚至非法的途径,追讨公正。

---

① 谭祖飞、王英:《论人民调解制度》,载《求实》2010年第12期。

通过第三方介入的调解方式，避开繁琐的取证程序，只要双方当事人相互让步，纠纷解决过程实质上就是正义实现的过程。因为在这个过程中，双方当事人平等地享有纠纷解决的选择自由和权利，即程序选择权；而且，人民调解员的调解权力，是来自当事人的请求或者授予，并非来自法律的明确规定或者国家的授权，当事人是否愿意将彼此之间的纠纷交调解员调解，也完全由当事人自己决定，这体现了程序正义实现的平等基础。

（四）“福田模式”对结果正义的校正

无程序正义也就不可能有实质正义。然而，在现实社会中，程序正义有时却也难以完全满足实质正义的要求。就化解矛盾纠纷而言，有时无法通过程序正义实现结果正义。

【案例 3-5】 胡某与保安刘某停车费纠纷调解案例

2014 年 10 月 19 日，胡某为 10 元停车费和保安刘某起争执后报警，福田区富强路派出所民警处警后，将 2 人带到调解室。等两人各自讲完自己的理由后，情绪平复，调解员瞅准时机，半开玩笑地说：“难得开车的人为 10 元钱吵成这样。”男子一听有点不好意思，顺势找个台阶下，矛盾也自然化解了。

如今，为打一场 10 元钱的官司，所付出的成本远远大于 10 元钱，实在是不值得。但是，追求实质正义的司法精神，却在刺激着公民作出类似的决定。人民调解在化解纠纷的同时，通过协商，建立和谐的社会关系。

人民调解的“福田模式”对结果正义缺失的校正作用体现在：

第一，对民众不收取费用，充分保证了当事人享有完全平等的调解请求权，当事人不至于因为费用问题被拒之门外。

第二，调解程序中当事人对律师的依赖程度远远低于诉讼程序中对律师的依赖程度，即使当事人占有较少的司法资源，也不会影响调解的结果。如此一来，便解决了由于当事人经济实力的不对等造成权利保护上的差异。而且，双方当事人和调解人的地位也是平等的。调解员虽然处于调解纠纷的主导地位，但并无任何特权。

第三，调解中更关注案件的处理结果是否能为双方所共同接受，任何组织或者个人不得违背当事人的意愿强行调解，更不得预先设定调解结果。①这也就意味着，调解是纠纷的首选途径，而非终端介入。当事人满意，就意味

① 董小红、韩自强：《论人民调解制度价值的渊源》，载《社会主义研究》2011 年第 3 期。

着结果正义的实现,这是冲突双方所共同接受的。

由此可见,调解的结果可能比判决的结果更符合当事人的要求,更能体现出我国民众所追求的实质正义,因此说人民调解的"福田模式"充分体现了当事人追求"公平正义"的价值取向。

(五)"福田模式"对高行政成本的校正

日本学者棚濑孝雄说,在讨论审判应有的作用时不能无视成本问题,因为无论审判如何实现正义,如果付出的代价过于昂贵,则人们通常只能放弃通过审判来实现正义的愿望。① 审判所伴随的高成本、低效率、质量不尽人意和回应性乏力,不仅损害了公众对政府的信任,而且无端耗费了公共资源和公民的资金,导致普遍的低效。② 在市场经济条件下,人们所从事的任何活动都必须遵循经济学的原则,即力求以最小的成本取得最大的效益,并达到资源的最佳配置。社会冲突化解机制无论在客观上还是在冲突主体以及统治者的主观认识上,都是一项能够产生一定效果同时又需要支付一定代价的行为,因而同样存在着能否最有效地利用司法资源的问题。现代诉讼制度有严格的程序要求,一个很微小的纠纷,就有消耗大量诉讼成本的可能,而最终获得的结果与投入的成本相比可谓得不偿失。司法资源缺乏或者办案效率不高,导致每年均有大量的案件不能按期审结,人民调解的"福田模式"探索了一条将部分民事案件、民间纠纷交由社会中介组织调解解决的机制。这样,可以集中有限的司法资源处理"难度大"的纠纷或社会矛盾,从而实现了公共资源的优化配置。比如,将一部分轻微交通事故引发的纠纷从交警部门分流出去,将一部分标的额不大的民事合同纠纷从法院分流出去,将一些医患纠纷从卫生行政机构分流出去。政府实际上用资源整合的方式,将同类案件外包给律师事务所,再由律师事务所分门别类选择专人处理,有效利用了行政、司法资源,保证了纠纷化解的效果。

另外,人民调解的"福田模式"还大大降低了办案成本。司法局通过招标方式向律师事务所购买法律服务,不必承担因事设岗的编制成本,形成了"养事不养人"的机制。同时,律师事务所成功地盘活了法律人才资源,锻炼了见习律师,有效提高了其法律实务水平,实现了社会资源优化。

"福田模式"是政府法律服务外包的公共服务模式,实际上是政府提供公共服务和企业化运行方式的创新。政府把原由其直接提供的法律服务采用

---

① 〔日〕棚濑孝雄:《纠纷的解决与审判制度》,王亚新译,中国政法大学出版社 1994 年版,第 123 页。

② 喇娟娟:《政府公共服务的企业化改革》,载《特区经济》2005 年第 5 期。

市场上公开招标的方法“出租”给律师事务所，由竞争获胜者与政府主管部门签订合同。前者按合同规定的质量完成任务，后者支付约定的报酬，这正是政府在进行公共服务外包方式上的一种模式。这种模式说明，政府职能的实现未必由政府亲力亲为，政府可以作为购买者直接向社会公共组织择优购买，从而实现政府职能的最佳状态。

四、“福田模式”对基层社会治理方式改革的微观实践

从改革社会治理方式及化解社会冲突、社会矛盾的机制、效果来看，人民调解的“福田模式”无疑是成功的范例，其制度设计理念、制度运行模式，对服务型政府的建设、公众参与的倡导、多元治理的推动，均具有示范作用。

（一）转变政府职能，提供公共服务

社会发展不同阶段的矛盾纠纷具有不同的表现形式，地方政府既要充分认识到社会主义初级阶段的基本国情，更要面对区域经济发展状况，积极探索，尝试建立更好地体现时代性、符合地区实际的基层社会治理方式。

1. 以人为本，服务为先

开展人民调解工作，应按照以人为本、执政为民的要求，贯彻全心全意为人民服务的根本宗旨，坚持人民主体地位，以人民群众利益为重、以人民群众期盼为念，充分尊重人、理解人、关心人，寓管理于服务之中，努力实现管理与服务的有机统一。

2. 多方参与，共同治理

社会治理是政府向社会提供公共服务并依法对有关社会事务进行规范和调节的过程，也是社会自我服务并依据法律和道德进行自我规范和调节的过程。在社会治理中，一方面要不断提高政府的社会管理能力和成效，另一方面要不断增强社会自我管理能力。政府要不断解放思想，树立多方参与、共同治理的理念，在发挥好党委领导核心作用和政府主导作用的基础上，发挥好各种社会力量的协同、自治、自律、他律、互律作用，充分调动人民群众参与社会治理的积极性、主动性、创造性，形成推动社会和谐发展、保障社会安定有序的合力。

3. 小处入手，源头治理

从理论上说，社会利益多元化是时代发展的必然产物，利益多元化决定

了社会矛盾不仅不可避免，而且必然会出现矛盾纠纷的多样性和复杂性。因此，社会治理的关键是要及时发现矛盾纠纷，弄清其产生的原因、发展的规律，从小处入手，从源头上主动解决问题、减少矛盾、关口前移，不断增强工作的前瞻性、主动性和有效性。针对社会矛盾的特点和具体表现形式，推进源头治理、动态协调、应急处置相互衔接、相互支撑，最大限度地使矛盾纠纷不积累、不激化，并使重心下移，将矛盾纠纷化解在基层。

4. 统筹兼顾，协商协调

基层社会矛盾的核心源头大多基于利益诉求的差异化和多元化。统筹兼顾，就是要求及时把握、协调各个方面、各个层次、各个阶段的利益诉求，兼顾好各方面的利益关系，既左顾右盼，又瞻前顾后，在社会矛盾动态变化中维护社会公平。而且，要改变高压式的管理模式，更多地运用民主、协商、说服教育的方式，尽可能通过平等地沟通、协调、引导等办法，进行基层社会治理。

5. 依法管理、综合调解

在中国特色社会主义法律体系已经形成，全国致力于全面落实依法治国基本方略、加快建设社会主义法治国家的新形势下，社会治理中必须牢固树立依法治理的理念，加强社会治理领域立法工作，严格执法，努力做到各项社会治理工作有法可依、有法必依。既要加强社会主义法治理念教育，坚持依法行政、公正司法，真正依法调整社会关系、规范社会行为、查处违法犯罪活动，维护群众合法权益，维护社会和谐稳定，又要大力加强法制宣传教育，引导群众理性、合法地表达利益诉求。同时，还要综合运用经济调节、行政管理、道德约束、心理疏导、舆论引导等手段，规范社会行为，调节利益关系，减少社会问题，化解矛盾纠纷。

（二）倡导公众参与，推行多元治理

人民调解的“福田模式”，充分肯定了公众的主体地位，通过多元社会组织的积极参与，强化了政府责任，充分发挥了基层群众自治组织作用，充分调动了人民群众参与社会治理的积极性，建立了以公民治理为核心的多元治理结构。

1. 强调多元社会组织的积极参与

在现阶段，国有企事业单位是社会管理和公共服务的重要支柱，工、青、妇等群众组织是党和政府联系人民群众的桥梁和纽带，覆盖了政治、经济、文

化、社会生活的方方面面，不同于西方国家的非政府组织。居民委员会、村民委员会等基层群众性自治组织既担负着大量社会服务的职能，也担负着部分社会管理职能，与西方国家的自治组织也不一样。这决定了社会治理方式的改革必须从实际出发，循序渐进。既要总结传统社会、借鉴国外社会治理的经验，又要围绕全面建设小康社会的总目标，最大限度激发社会活力，有效增加和谐因素，提高社会治理的科学化水平。

2. 强化政府的主体责任

强化政府的主体责任，就是要提高公共服务的数量和质量，努力使政府及各职能部门的管理更加协调、有效。按照转变职能、理顺关系、优化结构、提高效能的原则，健全政府职责体系，努力建设服务型政府，提供更多更好的公共服务。对于应该由政府负责的社会管理和公共服务，一定要做到保质保量。科学界定各职能部门在社会管理和公共服务中的职责任务，确保各职能部门形成运转协调的社会管理和公共服务合力。同时，通过完善法规政策、健全社会管理体系、培育发展和管理监督好社会组织、畅通公民参与渠道等，切实发挥政府在社会治理中的作用。

3. 充分发挥基层群众自治组织的作用

强化基层群众自治组织参与社会治理和服务职责，充分发挥其在基层社会治理中的作用。随着基层社会结构的发展变化，城乡社区越来越成为社会生活的支撑点、社会成员的聚集点、各种矛盾的交汇点，构建以城乡社区为重点的基层社会管理服务体系，已成为当务之急。因此，应当建立健全以社区党组织为核心、以社区自治组织为主体、以政府部门派驻社区力量为依托、以物业管理机构和社区社会组织为补充、以社区信息综合管理平台为载体、驻社区单位和社区群团组织密切配合、社区居民广泛参与的新型社区治理体系，真正把城乡社区打造成当代社会治理的平台、居民日常生活的依托、社会和谐稳定的基础。同时，积极培育社区服务性、公益性、互助性社会组织，引导各类社会组织、志愿者有序有效参与社区管理和服务；社区要积极发挥管理“社会人”的优势作用，努力使“社会人”变成“社区人”；健全社区信息综合管理平台，使社区管理服务达到全方位、无缝隙、全覆盖。

4. 充分调动人民群众参与社会治理的积极性

社区居民应当依法、理性、有序地参与社会管理和公共服务，实现自我管理、自我服务、自我发展。人民调解是群众参与社会管理的重要途径，不断总结群众参与社会治理的成功经验,努力形成社会治理人人参与、和谐社会人人共享的良好局面。一方面,要充分发挥群众的基础作用,扩大基层民主,扩大公民有序政治参与,深化政务公开、司法公开,拓宽群众参与渠道,健全群众参与机制,积极为群众参与社会治理创造条件。另一方面,要加强对群众的教育引导,使广大群众不断增强遵纪守法意识,切实履行公民义务。

服务型政府是现代公共管理运动的终极目标。服务型政府建设必须着眼于社会发展的具体阶段,积极探索与特殊社会阶段相适应的治理模式。国外社会治理的实践与发展证明,社会治理方式主要有三种:一是政府主导型。以前苏联、东欧等实施计划经济管理体制的国家为典型代表。政府主导整个社会的发展与管理,社会组织和公民处于依附地位,自我管理功能弱化。二是社会自我管理型。20世纪以前的西方国家,经济自由主义盛行,反对政府对经济的干预,极力推崇市场和自由。虽然20世纪的经济危机使凯恩斯的经济干预主义获得一定程度的认可,但是,自由主义所培育起来的市场和社会的力量仍然强大,社会自治组织、非营利组织发展成熟,社会自我进行管理和服务成为社会成员普遍的认知并盛行。三是多中心合作模式。这是20世纪后半期出现的社会治理方式,即政府、社会组织、公民多方参与、合作治理的模式。

就我国当前的社会特征来看,生搬硬套任何一种方式都是不可取的。我国社会分层复杂化、利益多元化,仅靠政府难以满足社会的多样化需求。同时,我国还没有形成成熟的公民社会,各类社会组织的发展也因种种原因而不够完善,所以,目前让社会组织和公民扮演社会治理主角的环境和条件还不具备。不过,在一些自然灾害和社会公共议题中,非政府组织、公民等社会主体已显示出差异化的优势,可以作为重要补充解决政府力所不能及的一些问题。因此,应推进社会治理主体的创新,为非政府组织参与社会管理营造宽松的环境。政府要学会与社会主体合作治理,构建相互合作的伙伴关系,以多元化的治理来应对社会多元化的需求。

“福田模式”是在成功吸收了政府职能转变、社会治安综合治理的诸多经验的基础上,根据社会治理创新的最新精神,大胆尝试、不断创新的社会治理综合改革模式。这不仅有效地体现了“党委领导、政府负责、社会协同、公众参与、法治保障”的总方针,而且,根据“法治”和“善治”的精神,合理地构建起以“人民调解”网络为纽带的合作平台,有效地将行政机构、司法组织、社会中介组织和公民纳入这一平台,通过对话、“协商”,实现了地方政府、社会组织和公民间的实质性合作。这种合作不仅促进了法治社会的建设,而且构建起社会稳定风险防控体系的关键环节,将社会稳定风险防控的关口前置。在矛盾纠纷解决过程中，法治思维、法律服务贯穿始终，有力地促进了基层社会建设。因此，人民调解的“福田模式”虽然是以政府主导的司法行政制度的改革模式，但是，从制度运行的效果看，其超出了人民调解制度改革的初定目标，是一项由政府主导、社会广泛参与的社会治理新模式，不仅改变了社会管理的单一结构模式，而且降低了社会管理的成本，使公民在参与社会管理的过程中，实现了自我约束、自我教育，是地方政府主导的创新社会治理方式的改革实践，值得关注。

第四章　“福田模式”对公共服务供给机制的创新

从20世纪80年代开始，新公共管理运动席卷全球，各国政府以提高公共行政效能、改善公共服务质量、强化对民众的回应能力为目的，大量引进和借鉴新的市场手段和管理技术，采用了一些面向未来的政府管理模式。而政府购买公共服务或者说公共服务外包，则是其中颇为引人瞩目的一个亮点。所谓政府购买公共服务，一般是指政府为履行服务社会公众的职责，通过财政向各类市场主体和社会服务机构支付费用，用以购买由政府界定数量和品质的全部或部分公共服务。这里的购买主体是政府及其相关机构，购买的客体是满足社会需要的特定公共服务产品，而出售服务的一方可以是市场中的营利性企业，也可以是社会中的非营利性组织。公共服务外包则是指政府通过特定程序，与合意的营利或非营利机构订立产出规模较大或多次产出的公共服务生产（或提供）契约。政府购买公共服务和公共服务外包存在一些细微差别，但这些细节更多被学界尤其是英美学界所关注。而在我国的行政实践中，二者往往指代同一现象，并且按照习惯统一称之为政府购买公共服务。① 有学者认为：“政府对于某些设立的特定的公共服务目标，不是自己使用财政资金运作完成，而是通过各种模式建立契约关系，由非营利组织或者营利组织等其他主体来提供公共服务，而政府支付相应的资金的模式。简言之，即政府提供资金、社会组织承包服务合同关系，实现特定公共服务目标的机制，其本质上是公共服务的契约化提供模式。”②

---

① 例如，在国内学者王浦劬和美国公共管理学者萨拉蒙合著的一本书中，对同一类现象，王浦劬将其称为政府购买公共服务，这是遵循国内惯常的用语表达，而萨拉蒙将该类现象称为公共服务外包，这是遵循英美惯常的用语表达。有趣的是，这种概念称谓上的差别在这本作品中多次出现。详见王浦劬、〔美〕萨拉蒙等：《政府向社会组织购买公共服务研究》，北京大学出版社2010年版。

② 贾西津、苏明等：《中国政府购买公共服务研究终期报告》，2009年6月亚洲开发银行。

一、政府购买公共服务的理论框架

政府对公共服务供给负有法定义务，这一点在理论和实践中都是不容置疑的。从理论上看，公共服务作为社会生活和经济活动必不可少的基础产品，其消费在某种程度上具有非排他性和非竞争性。理性的消费者出于“搭便车”的冲动，会刻意隐瞒和缩小公共服务给自身带来的效用增进，从而转嫁成本，达到少出钱甚至不出钱的目的。由此，这种典型的外溢性产品在价格机制调节下显然不会得到有效供给，结局只能是没有供给或者供给不足。[①]作为市场失灵的补充机制——现代政府，即承担起这些攸关社会福祉的公共服务的提供，政府提供也就成为一个必要的选项。[②] 当然，政府提供公共服务也具有某种超越功利计算的道义内涵。

从实践上看，政府对公共服务的供给也历经久远，但从来没有像现在这样不可或缺。在人类社会早期，政府就开始提供一些基本的公共服务。但由于当时经济社会条件的限制，政府提供的服务不论从数量和类型上看，相较于 20 世纪初的现代政府而言都可谓微不足道。这种状况是从 20 世纪世界主要发达国家相继进入工业化之后改变的，经济获得了前所未有的发展，社会结构也随之分化并日趋复杂，整个经济社会系统对公共服务的需求空前高涨，这直接催生了大政府的产生，从而使其有了更多的资源以提供大量的公共服务。在这个历史实践过程中，奠定了政府在公共服务提供中的主导地位，也使人们对这种格局习以为常并形成持续的期待。

政府为社会提供公共服务被政界和学界长久以来奉为不证自明的一项制度安排。然而，在 20 世纪 80 年代，这一信念开始受到了新公共管理运动的挑战。该项运动的支持者从一个更为广泛的理论视野和更为细致的逻辑角度，对这项制度安排重新进行了审慎评估，并认为该制度安排并非最优。

---

① 典型的例子如环境保护服务，该服务能够带来的更加健康宜人的生活环境是特定区域人群所共享的，可以增进每一个人的福利水平，但对它的消费却不具有排他性。如果让人群中的个体根据该服务对自身福利水平的增进，如实提供他愿意为此支付的价格，很多理性的个体会在无差别地享受服务给其带来的效用的同时，对该服务给出较低的价格甚至根本不愿为其支付。市场价格机制在这种情况下存在失灵的可能。

② 在理论上还有一种机制可以替代市场提供该种公共服务，即近代以来脱胎于社会的公益组织或者称为 NGO(非政府组织)。但 NGO 的蓬勃发展是晚近以来的一个社会现象，尤其是第二次世界大战之后逐渐出现的现象。

(一) 公共服务供给的三种不同机制

从一个更为广泛的理论和实践视野来考察,公共服务的提供机制有三种,其各自的优劣得失在第二次世界大战之后的相关理论语境和实践发展中得以显现。本书首先来考察其中两种传统的供给机制——科层机制(政府)和价格机制(市场),二者都有其优越的一面,但同时也都饱受供给失灵的困扰,也即经济学上所谓的公共服务生产中的政府失灵和市场失灵。然后,考察将二者优势有机结合的社会供给机制。

1. 市场供给

公共服务的市场供给指的是由市场主体进行公共服务产品的生产和供给,其运行遵循收益最大化逻辑。

市场供给产品优势很明显,配合明晰的产权结构形成明确的责权体系,利用价格机制施加强大的成本约束。在非垄断竞争中,对供给者构成了极强的激励效应,促使其压缩成本,变革和完善产品结构,最大限度地满足消费需求,增进消费体验。市场供给的优势业已成为现代社会生活的一个常识,本书不再赘述。但市场供给公共服务产品则存在非常明显的劣势。首先是公共产品供给的市场失灵。这种失灵源于市场的核心机制——价格机制的失灵。市场对任何产品的有效定价构成了市场运作的根基,通过价格,市场将难以传达的生产者和需求者的交易信息有效整合并简约地在供需双方之间传输,从而调节双方的供给和消费行为。而如果一种产品在市场中无法形成有效的定价,那么价格机制也就不能传递真实的成本和效用信息,由此形成的产品供需将是不平衡的,从短期来看或者供给过度或者供给短缺,从长期来看则必然短缺甚至没有供给。并且,市场提供是一种价值无涉的供给机制,它既不考虑公平也不关心平等,而现代公共服务的分配和供给必须在一定程度上服从更高层次的政治需要和道德考量,这些单纯依靠市场机制是没有办法实现的。

因此,市场机制不能成为公共服务主导性的提供机制,这是现代社会的一个理论和实践共识。当然市场提供公共服务的不适宜性也并非一成不变。从理论上看,市场在公共服务提供中的失灵来自于不能形成有效的市场定价,但这种状况也会因相关制度和物理技术、管理技术的变革而发生变化,因此市场在公共服务提供中的失灵也可能随着这些变革而发生变化。传统上一些必须由政府供给的公共服务如果有相应的制度变革能够形成一个市场定价体系或者模拟市场定价体系,那么也是可以实现供给机制由政府向市场转移的。当然，技术变革带来的此类供给主体的转移的案例更为多见。例如，技术的变革使电视信号的接收可以按照供给方的意志进行控制，这时不考虑广告或类广告收费的付费电视节目产生了，在此情况下完全由市场供给电视节目变得毫无问题。关于这些供给机制的动态转换，本书会详细讨论。

2. 政府供给（科层供给）

公共服务的政府供给也称为科层供给，是由政府作为主体，基于使命和财政能力进行公共服务的生产和供给，其供给往往遵循经济效率和公平公正相平衡的原则。公共服务的科层供给机制的优劣也是人所共知的。从优越的方面看，通过科层供给可以弥补市场供给的不足：首先，科层供给可以通过一定的偏好显示机制来安排公共服务的供给数量和供给质量。在理论上，如果偏好显示机制和整合机制有效，则科层供给应该能够确定最优的公共服务供给规模和供给结构。其次，科层供给可以充分关注到政治需要和公共道德，通过一定的导入机制，将这些价值性的诉求引入科层体制中，通过组织制度和组织价值观，贯穿到公共服务的供给中，而不必像市场供给一样纠缠在自身功利计算的泥淖中。

然而，科层供给公共服务的理想化设计在实践中也遭遇到了问题，各种文献和调查都显示，科层提供公共服务并不能保证公共服务的最优规模和结构，而且供给成本大幅上升，公共财政支出不断攀升，可谓“花钱多满意少”。自20世纪80年代以来，西方公共选择理论就运用政府失灵理论，揭示和阐释公共服务科层提供遭遇的困境，这也成为当代公共管理理论中科层政府供给公共服务的理论分析基础。

公共选择理论认为，公共服务的科层供给发挥相对于市场供给而言的优势，或者说弥补市场供给失灵的前述条件在现实中很难完全具备：

第一，当前的偏好显示、整合机制不完善，无法确定公共服务的最优规模和结构。目前，公共领域常用的偏好显示、整合机制主要包括基于投票行为或类投票行为的一致同意或多数同意或者加权多数同意规则等，极端的也有独裁规则。这些多种多样的偏好显示整合机制及其变种，都存在一些难以克服的问题，如著名的阿罗不可能定理①及衍生的投票悖论②所指出的：票选或

① 阿罗不可能定理认为，在多数票决制下得到稳定、一致的结果需要满足的五个条件在现实中往往难以同时具备，由此集体偏好不能通过多数票选获得。

② 投票悖论，即所谓的投票循环悖论，最早由18世纪哲学家孔多塞发现，理性投票人在多数票决制下可能形成投票循环。

类票选行为并不一定能够在逻辑连贯的情况下得出一个真实稳定的偏好排序。并且，在当前较大规模的政治共同体中，这种偏好的票选行为往往还采用间接票选以减少社会成本，这样间接代理导致的偏好扭曲甚至背离行为并不鲜见。因此，公共科层体系也就无法在整合公众真实偏好的基础上，确定公共服务的最优规模和结构。这一点在我国过去的计划经济体制下，国家计委在官方渠道上报的供需信息基础上确定生产计划却导致产品短缺和生产浪费（不需要的产品大量生产）并存的现象中有所体现。

第二，科层供给无法真正导入价值诉求，以克服市场供给中政治要求和公共道德缺失的窘境。公共选择理论认为，公共领域中的政治家和执行性的政府职员，其行为仍旧遵循自利原则，他们会在各自损益的考量下，机会主义地扭曲和置换公共规则中蕴含的价值和道德要求。因此，科层提供公共服务的整个流程中都存在价值诉求流失的可能，从供给决策阶段一直到服务生产和服务分配阶段，都可能会被具体参与人员的自利行为绑架，导致以公共价值诉求之名而行个人自利之实。

综合对公共选择理论的这些分析可以看出，政府提供公共服务，可能存在成本虚高、供给过度、质量低劣的弊端，而且也并不能必然保障公平、平等原则。当代某些国家公共服务政府提供中的困境也对此给出了例证。例如，欧洲某些国家面临的政府提供过度公共服务、服务成本过高的问题，导致政府债务激增，严重影响经济社会良性发展的所谓公债危机。

3. 社会供给

除了前述的两种传统公共服务供给机制外，从 20 世纪 80 年代开始，公共服务的第三种提供机制日益为世界各国所关注，逐渐成为和政府、市场一样重要的公共服务供给机制。回顾其历史发展，社会自组织机制对公共服务的提供同样源远流长。在中西社会史中都有大量文献证明，在古代社会就存在许多社会自组织提供公共服务和准公共服务的相关案例。例如，一些宗教组织和宗族组织提供的某些公共服务和准公共服务等。只是在彼时，其在公共服务提供中的作用远没有像今天这样引起广泛关注。而在当代，公共服务社会供给机制，已经深刻影响了公共服务的供给结构，以及公共服务的生产和分配，以至于许多学者提出了所谓的公共服务多中心供给架构的理论和实践构想，将其与政府和市场两种机制等量齐观，作为公共服务供给中心之一。[①]

① 代表性的国外学者如已故诺贝尔经济学奖获得者埃莉诺·奥斯特罗姆等，国内学者如毛寿龙等。

社会自组织机制提供公共服务的兴起，肇始于公众对供给低效的政府和市场机制的普遍不满，他们希望引入第三种供给机制来克服，或者更确切地说，来弥补前两种机制的缺陷。相对政府和市场，由社会组织提供公共服务具有以下独特优势：

首先，社会组织提供公共服务能够更好地满足公众的消费需求。扎根于社会和社区的社会组织，相比层级政府而言，在一些区域性和社区性公共服务的供给方面，更容易了解和把握消费偏好、效用及其变动，并及时对供给作出调整反应。相对于正式、多层级、集中决策和依靠理性规则驱动的公共科层组织，社会组织呈现出更加分散化、小规模化、高弹性、扁平状的组织特征，其信息流动通畅而成本低，反应速度快而变动容易、信息整合吸纳能力强而扭曲少。简言之，从成本考虑，更加靠近直接消费者的社会组织获取相关信息并进行相机变动的成本要小得多；从监控考虑，消费对象更容易观测到社会组织在服务供给中的机会主义和道德风险，从而能及时启动纠偏机制对其予以纠正；从反馈考虑，社会组织因距离消费者较近，能有效、及时地调整和回应，能够带给消费者更满意的消费体验。

其次，社会组织供给公共服务的成本，会受到现实或潜在竞争的约束。社会组织没有针对特定领域的排他性的垄断权利；即使有，也仅是有期限、可撤销的商业性契约权利，这种权利不能保障该组织能够像公共科层组织那样在一定领域和区域享有排他性的垄断权利，社会组织必须面对现实的或潜在的竞争者。接受社会组织提供的服务的消费者或者消费团体，可以通过自己的消费选择转投其他的供给者，从而对提供服务的社会组织行使强硬的制约力，这一点在垄断性的科层政府供给公共服务中难以做到。①

最后，社会组织特有的非营利性驱动动机，可以减少服务供给中的机会主义行为(当然，具体到长期雇佣的社会组织职员，其职务行为可能仍然带有强烈的自利性，但不可否认，某些选择在社会组织中进行专职或志愿工作的个体，其行为动机的公益色彩要浓厚得多)。行为动机的差异，使三类供给机制中的行为者的行动逻辑，亦大相径庭，由此导致其所提供的服务质量、服务效益和相关的组织管理成本，特别是监控成本，差别悬殊。

此外，对于带有很强消费体验性的公共服务产品，其质量本身很难通过第三方在事前进行衡量和监控，从而经常性地引发各方对服务品质相互扯皮。负责裁决的第三方，也往往难以做出令争议各方和社会普遍满意的裁决。但如果公共服务提供者完全出于公益性动机进行体验性产品的生产和

① 例如，在社会慈善领域，在开放多元的今天，即便具有浓厚官方背景的中国红十字会都面临其他社会慈善组织的竞争，这种约束力对于垄断性的政府而言是不可想象的。

提供,那么自利性引发的机会主义行为及其后的一系列质量问题将大大减少。

当然,对社会组织供给公共服务优势的剖析,在某种程度上体现的只是一种理想逻辑,而现实中的社会组织供给公共服务,也面临诸多局限:

第一,当前的社会组织,在服务资源的动员、组织和配置能力方面,相较于市场和科层政府而言较弱。现代市场作为一种世界性的交易体系,可以凭借价格机制,对某些资源进行全球配置,对大多数资源在区域经济体内(如国家、贸易区等)进行优化配置。科层政府则在其统辖范围内借助垄断性的权威,对资源进行强制或潜在强制调配,二者强大的配置能力是社会组织不能比拟的。

在市场体系中,价格机制是一个沟通资源各方的信息机制。通过这个简约的信息机制,驱动参与各方的自利性动机及行为的方向和强度。理论上,作为一种建立在人类共有的自利动机之上的价格体系是没有规模容量限度的,这使得特定市场可以扩展为一种全球性的交易秩序,而利用全球性的专业优势和规模优势提高其资源配置的效率。而社会组织依靠的公益机制,目前没有内生出类似于市场价格的广区域的沟通体系,只能借助存在部分人群中的公益动机通过现代物理信息技术,搭建外部的沟通平台,由此导致其供给主体规模有限且这些供给主体间缺乏高效整合的可能,从而使社会组织配置服务资源的能力和范围,相比市场而言劣势明显。

现代科层政府在相应治理区域拥有法律赋予的独一性、专断性和强制性,其内部指挥层级,遵循集权性法则,这些组织特征帮助科层政府能够最大程度减少组织和交易协调成本。而社会组织运作中分散化、志愿化的特点,则提高了其在资源配置中的交易协调和组织成本,促使大多数的社会组织,自动收缩服务资源配置的范围,将其投入和产出都限定在较小的区域。这种状况导致两个结果:一是社会组织资源配置范围的收窄和规模的缩小,影响其范围经济和规模效应的发挥,降低了配置效率;二是社会组织倾向于提供小范围公共服务即俱乐部式公共服务,对于范围较广的大规模公共服务的提供,则显得力不从心。

因此,从资源的配置能力和范围来看,社会组织相较于市场和政府而言确实处于劣势。这在具体的经验资料中也可以得到验证。例如,美欧许多活跃的社会组织运作所需的资金中,一半左右来源于政府财政的支持,其提供的服务产品又多限定在对当地社区教育、卫生保健、慈善和预防犯罪等方面;而全国性的高行动能力的社会组织,其数量则比这些区域性的社会组织要少得多。

第二，在实际运作中，社会组织动机的公益性假设并不一定成立，降低机会主义的可能性也是存有疑问的。大量的实际案例和报道表明，社会组织在公益活动中存在非公益的一面。① 即使理论上假定社会组织初始目标和任务的公益性是可确定的，但在实际运作中，组织目标随着层级不断置换，经过一系列的目标手段多级转换后，初始目标对组织活动的统辖能力逐渐弱化。最终的组织产出，也存在偏离组织目标的可能。因此，组织目标的公益性并不能自动导出组织运作结果的公益性。而且，在组织的团队生产中，组织活动的实际承接者——组织成员本身存在着与公益不一致的一面。社会组织职员和劳动力市场的其他从业人员一样，有其经济动机。即便是社会组织中的志愿者，其主导动机也存在多样性。因此，基于社会组织成员动机的复杂性和组织团队协作生产中存在的目标多级置换，社会组织运作中其逐利性的一面也就是不争的事实。社会组织由于其公益性动机，而在公共服务供给中的比较优势假设，也就不能完全成立。

第三，社会组织供给公共服务，还会导致一些严重的社会负效应。比较突出的如降低政治权威的合法性②，使大型共同体应对公共危机时的反应能力和动员能力下降；没有建立在合法受托之上的政治责任及健全的问责机制，容易导致责任机制的松懈③以及连同政府在内的多头负责下的责任虚化；单一的社会供给公共服务在其区域化局限下，可能使公共生活过于碎片化，削弱大共同体的公共生活；等等。

（二）公共服务供给的混合模式

公共服务供给的三种机制，各有其适应性条件和优劣。相较而言，能够形成市场均衡价格的，由市场自行提供；不能形成均衡价格的，则由政府和社会提供；对于社区性的俱乐部式公共服务，由社会组织提供；区域较广、规模较大的纯公共服务，则由政府提供。但是，不论采用哪一种公共服务提供方

---

① 近些年来，国内公益组织面临的一系列信任危机，使人们逐渐认识到公益组织未必如其宣称的那样，以公益动机驱动而朝向公益目标开展行动，这破除了人们对公益机构的盲目崇拜，如红十字会的多次负面事件对社会公众公益热情造成不小的打击。

② 这一点在理论上是植根于晚近西方政治思想源流中衍生出来的市民（公民）社会理论，该理论围绕市民社会——国家的二元框架来阐述二者的复杂关系及衍生出的社会政治生态。其中，原初的英美传统将二者看作独立的对立合作体，相互之间的权威具有替代性，市民社会及其派生的社会组织的权威的扩展必然缩减公共政府的合法空间，从而引起公共政府的局部合法性危机。

③ 从传统政治理论角度看，社会组织是否具有承担政治责任的资格是值得质疑的，即使可以承担政治责任，但如何设计一种可操作性的承担机制和问责机制，也是需要斟酌的。因此，一些涉及政治责任和政治问责的公共服务目前是否应当由社会组织提供，确实需要仔细考虑。

式,作为公共利益最终受托方的政府,要担负起对服务分配的最终监督和调节职责。

公共服务供给模式的选择,除了要考虑供给机制的适应性差异外,还要对供给的产品——公共服务自身的特点进行分析,发掘其内在的结构性特征,寻求和每一种具体公共服务提供机制的匹配性。公共服务自身的结构性特征,使其可以按照流程或者要素,划分为若干更小的单元。每一单元构成一个独立的生产单位,这些生产单位依据流程相互之间又结构化为整个生产过程。根据单个生产单位的特征,匹配某种最佳的供给机制,根据单个产品的结构特征和流程化的组织方式将这些供给机制加以整合,就形成服务供给的复合体系。公共服务供给的复合体系最终采用怎样的组合方式?是多种机制的混合模式,还是单一机制的流程化?这并不仅仅考虑每个生产单元的适用性机制本身的优劣,还要综合评估整体公共服务供给的系统性效率。系统性效率除了各个独立单元的效率外,也要着重考虑相关单元的协调整合效率。在经济学上,这种协调整合效率可以用协调整合成本衡量,也就是要求相关协调整合成本最小化。

因此,某种混合模式在公共服务供给中是否可行,理论上应当接受这样一个标准的评估:各个独立单元的供给成本加上相关单元的协调整合成本,与单一模式供给公共服务的成本进行比较;当前者小于后者时,则采用混合供给模式,而当后者小于前者时,则维持原有的单一供给模式。当然,流程化的差异会影响不同供给机制的组合方式,从而对供给成本产生影响。在可以把一项公共服务产品分割为若干个相对独立的生产单位的时候,在了解与每个独立单位相适应的供给机制成本的情况下,较容易确定一个简单生产成本的变化区间。但各单位间的协调整合成本则变化较大,这导致多重机制混合的公共服务供给模式真正的供给成本并不像简单生产成本那样明晰,也就并不必然带来服务供给成本的缩减。

协调整合成本的变化区间,取决于多方面的变量;既受到刚性法规、制度、契约和社会文化等宏观环境因素的影响,也受到微观的组织文化和组织氛围的影响。对于宏观因素而言,在法规明晰健全、执行稳定、可预期强的法治环境下,各个相异机制之间的对接契约清楚全面,能够被充分保障和实施,供给机制间的衔接面临的不确定性小,从而大大降低其间的协调合作成本。因此,法治对于节约公共服务供给各种机制间的协调整合成本,意义极为重大。①

然而，基于理性的有限性和情境的繁复性，任何法规、契约又均有其不完全性，再考虑到法制对人性的终极关怀，即便是在处理结果完全符合法规、契约的个案中，硬性的管制手段带给个体和社会的成本乃至伤害，有时也是我们不愿接受的。此时，一个良性的有利于平等协作、多赢合作的社会文化软机制，就是对硬性法规、契约的一种有效补充和辅助。从这个意义上，调节人类互动的文化与法治体系，既互为替代，又相互补充和支持。良好的社会文化有利于形成诚信、善意、宽容和理解的人际预期，人与人、人与组织以及组织与组织之间，尽可能对机会主义冲动保持克制，减少组织和机制协调的摩擦、风险、冲突，降低违反道德、法律、契约等行为的发生。因此，社会文化也对公共服务供给的各种机制间的协调成本会产生长期深远的影响。

当然，具体运营合作方的微观文化价值和组织氛围，对协调整合成本的影响更为直接。公共服务的混合供给模式，依据不同机制的组合有多个类别，比较常见的包括：(1) 政府直接生产和提供；(2) 政府和企业联合生产提供；(3) 政府签约外包给企业和社会组织生产提供(政府购买公共服务)；(4) 通过发放许可证的特许经营；(5) 政府补贴社会组织自我提供(类政府购

---

① 以曾经备受关注与质疑的深圳市"城管外包"事件为例，城管工作大致可以分为两大类：一类是不涉及执法权的服务工作，另一类是涉及执法权的管理工作。从"外包"的本意看，"城管外包"转移的是不涉及执法权的服务工作，而非涉及执法权的管理工作，类似于交通服务管理中的协警工作。但是，最终之所以发生"城管外包"越权执法现象，主要原因包括：(1) 微观上，城管执法本身的权责不明晰，而"外包"的"城管队员"从进入招标直到"外包"契约双方的权责界定都不规范，这两个微观的不规范导致城管及"外包"事项处于法律约束之外。(2) 宏观上，我国法治环境还不够成熟，导致对权力的约束和权利的保障不力，间接地压制了权利方自觉的维权意识，在一定程度上鼓励了权力方的扩权冲动，联系微观原因共同导致城管机构对法律底线的一再挑战。这些因素是"城管外包"违法的根本原因。综合主流舆论对"城管外包"的声讨可以发现，争议主要集中在两个方面：一是城管机构是行政执法主体，其拥有的行政执法权不能通过"外包"赋予没有执法主体资格和受托资格的服务公司，"城管外包"行为等于将执法权变成了随意转让的"商品"，本质上就是违法行为。二是认可"外包"制度的初衷，但认为城管工作中的"服务"和"执法"工作难以界分，服务工作"外包"必然导致"执法权"的转移，因而应当取缔"城管外包"的做法。而事实上，第一点争议中关于城管工作性质的认定本身存在局限，城管工作包含行政执法，但也包括大量的服务疏导性质的事务性工作。因此，"城管外包"其中的服务性职能并不违法。而第二点争议关于城管"服务"与"执法"的界分问题，实际上也并不难确认。一般而言，但凡涉及行政处罚的具体行政行为，可以认为是"执法"，通常需要根据相应的法定行政程序做出；相反，除此之外的疏导清理、卫生绿化等属于"服务"工作。解决"城管外包"困境，需要城管机构与外包服务商的有机分工合作，凡属行政执法的工作，由城管职员依法履行；反之，由服务商及其代理人提供。当然，设置购买服务的准入机制、强化对资质的要求、制定相应的政府规章制度、限制城管的权力半径、规范服务外包行为、密切监管服务质量、制定阶段性的验收等更是治理城管外包问题的根本之策。而且，推行城管服务职能的"外包"反而更有利于提高城管服务质量，强化供给责任。对城管机构及其正式职员的定责和问责容易受到公共官僚机构自我保护机制和自身惰性的影响，而对外包服务商基于商业契约的问责和定责可能容易得多。

买公共服务);(6) 政府监管下的公共服务民营化等。

本书阐述的政府购买公共服务,是其中最为常见的一种。[①] 也就是说,政府购买公共服务可以是这样一些组合:(1) 政府和企业;(2) 政府和社会组织;(3) 政府和企业、社会组织。不过,具体采用哪一种组合模式,取决于本书此前阐述的服务产品各部分的性质,及其相适应的供给机制,以及各种供给机制的协调整合。

二、中国政府购买公共服务的实践

在我国,政府购买公共服务仍然是公共管理和公共服务现代化改革中的一个新生事物,不论其推广程度,还是应用的范围、方式,都处于探索阶段。但可喜的是,在此过程中出现了一批较为成功的中国特色的实现模式。当然,在当前从理论上总结出一个定型的政府购买公共服务的中国模式,还为时尚早,但简要地回顾和总结在改革和发展中形成的宝贵经验,对成熟模式的形成非常必要。

(一) 政府购买公共服务的动机

在西方国家,政府购买公共服务的一般动机,主要有财政、服务能力、服务质量和政治需要上的考量。

从财政角度来看,西方国家较为成熟的公共财政体系,对政府施加的财政约束,促使服务供给当局对成本相当敏感。他们努力寻求降低公共服务提供成本的方法,以期符合公意对他们提出的成本要求,在选民和代议机构面前,树立花钱少、服务多的良好形象。通过改革公共服务的提供模式,决策当局希望嫁接市场的成本控制机制和社会组织的自律机制,来降低公共服务提供成本,缓解面临的财政压力。

从服务能力来看,规模庞大、分化细密的当代社会所需求的公共服务,种类繁多,数量巨大,有限政府既无足够的资源也无充分的能力满足这些需要。面对庞杂的公共服务需求,政府必须首先认识到自身能力的限制,即自己并不具备满足公众需要的所有信息、知识和能力,甚至可以说在当前复杂分化的社会,任何组织和机构都面临组织目标和自身相对不足的资源、能力之间的巨大矛盾。在服务能力有限的压力下,政府要实现对公共服务需求的及时

① 政府对公共服务提供的天然责任从近现代以来成为大众的一种固有观念,对现代人而言,很难想象没有政府参与的公共服务供给。因此,政府和其他供给机制的组合是当代公共服务供给模式的主要种类。

响应，必须突破对自身服务能力的迷信，转而寻求对外部能力资源的整合。在此基础上，依托其公共利益总信托人的法定地位，发挥公共协调监督职责，引导社会组织和企业在各个公共服务领域发挥各自的比较优势，构建起一个优势互补、通力合作的复合型公共服务供给平台。

从服务质量来看，由于通过传统模式提供的公共服务质量广受诟病，政府希望藉此改善公共服务质量。通过科学的购买程序和过程、结果控制，政府购买公共服务一方面可以寻找到更为专业的公共服务商，另一方面，摆脱运动员身份后的政府可以更好地发挥裁判员的监督责任，制定更为严格的服务标准，并坚决执行。通过生产供给模式的变革，政府希望有效改善公共服务质量不佳的状况。

从政治需要来看，政府购买公共服务一方面可以强化政治权力对社会、市场的良性渗透，推进政治意志向社会和市场的扩散，从而加强政府的影响力；另一方面也可间接激活公民社会和公共市场，建立政府与二者的伙伴关系，从而构建和谐活跃的良性公共生活空间。政府利用公共财政或者税收工具，将社会组织和企业吸纳进公共服务供给体系中，事实上也是政府意志利用合作和交易的形式向社会组织和市场的渗透，将二者纳入到政权系统中，扩大政治权威的基础，实现政治合法性的扩散和巩固。

与此同时，公共服务供给市场向社会组织和企业的开放，可以缓解社会组织运转中的资金瓶颈，间接地扶持社会组织的发展。政府在公共服务领域的相对收缩，也会鼓励社会的自我服务行为，扩大社会组织的活动空间，从而促进建立在对政治权威认同基础上的公民社会的兴起。对于承接公共项目的企业也是如此，政府进一步向企业开放公共服务市场，能增加财政投放和税收扶持政策对相关企业的支持，促进经济和市场的繁荣。此外，政府在公共服务领域对社会组织和相关企业的支持，还会增加二者对政府和公共支出的依赖，从而通过公共服务的多元合作主体供给平台，将三者紧紧联系为合作伙伴，为构建广泛合作基础上的和谐社会，提供基本框架。

我国政府对购买公共服务的尝试，除了这些一般动机外，还有一些具体的意图。首先，不太合理的财政分配制度形成随着层级降低渐次恶化的地方财政状况；由上而下渐趋严苛的绩效考核机制，形成对地方政府的双重压力，迫使地方政府在有限财政下寻求政绩突破。为了用更少的钱作出更突出的“政绩工程”，相对于西方政府，他们的期望和创新冲动更为强烈，这是我国地方政府热情拥抱政府购买公共服务模式的重要动机。其次，我国政府公共财政体系和公共编制制度，促使其对政府规模膨胀保持高度敏感，由此导致下级政府寻求绕开编制问题，解决公共服务供给的路径，这也是进行公共服务购买尝试的一个重要动机。

此外，转型社会也是我国政府青睐购买公共服务的一个重要背景。我国在由全能行政国家向现代国家的转型中，之前被国家吞没的社会逐渐复苏。但由于体制的制约和自身成熟度的不足，重建的社会仍然无法发挥全能国家建立之前或者欧美国家那样的社会自我服务能力，由此形成的服务需求缺口只能由政府提供。这促使在服务提供中深感“小马拉大车”困境的地方政府迫切寻求突破之路，而政府购买公共服务的模式提供了一个有希望的突破点。

（二）政府购买公共服务的内容

政府购买公共服务在国外包含的内容相当广泛，从市政服务到卫生保健，甚至到某些传统观念上认为专属政府垄断的领域，如监狱管理、治安服务等。这些传统上被认为属于国家政权核心支柱的领域，也逐渐引入了政府购买公共服务。①

一般而言，国外政府购买公共服务主要体现在以下八大领域：(1) 教育、职业教育和特殊教育；(2) 公共卫生；(3) 养老服务；(4) 残障服务；(5) 社区服务；(6) 文化与传统保护；(7) 就业促进、保障性住宅和其他社会问题解决；(8) 城市规划、交通、环境和其他政策咨询等。当然，各个国家和地区情况不同，政府购买公共服务的范围也有所不同。例如，我国香港特别行政区政府购买的服务主要集中在社会福利领域。

表 4-1　我国香港特别行政区政府 2008—2009 年向 NGO 购买公共服务项目表

服务类别	拨款数额(亿元)	拨款数额占比(%)
家庭及儿童福利	7.659	9.5
社会保障	0.005	0.0②
老人服务	26.991	33.6
康复及医务社会服务	25.569	31.8
违法者辅导服务	0.443	0.6
社区发展	1.365	1.7
青少年服务	13.767	17.1
社会福利支援	4.569	5.7

① 参见复旦大学教授敬乂嘉关于美国监狱“外包”的研究。Jing Yijia, Prison Privatization: A Perspective on Core Governmental Functions, *Crime, Law and Social Change*, 2010, 54(3): 263—278.

② 经计算，该百分比数值实际为 0.0007，保留一位小数点后调整为 0.0。

根据贾西津等人提交给亚洲开发银行的《中国政府购买公共服务研究终期报告》，香港2008—2009年向NGO购买的公共服务主要集中在表4-1显示的项目中。

在中国大陆，政府购买公共服务的模式起步较晚，涉足的领域较少，主要集中在以下三个领域中：(1) 社区服务与管理类服务，如助老、助残、社会救助、职业介绍、技能培训、外来人口管理、矛盾纠纷调解、公益服务等。(2) 行业服务与管理类服务，主要包括行业调查、统计分析、资质认定、项目评估、业务咨询、技术服务等。(3) 行政事务与管理类服务，主要涉及社会组织特定咨询、现场勘察、年检预审、日常管理、再就业教育培训、婚介机构的监管、家庭收养的评估、民办学校的委托管理、退伍军人就业安置、市政管理等。而目前主要的购买领域，集中在简单易行的社区公共服务提供方面，如养老服务、社会救助和公益服务等，而与行政事业和行政权力相关的行政服务和管理类领域，则涉足较少。深圳福田区购买人民调解服务则是其中一个有益的突破。

(三) 政府购买公共服务的方式①

从大量的政府购买公共服务的相关文献和案例中可以看出，政府购买的方式主要有合同制、直接资助制和项目申请制三种。

1. 合同制

这是最为常见的政府购买公共服务的方式，其基本做法是：由政府作为合同中的甲方(发包方)，列出公共服务提供的相关要求，主要包括服务的价格、服务的数量和质量标准，以及服务提供双方的其他权利和义务等；合同中的乙方既可以是社会组织，也可以是相关企业，它们根据自己的组织目标和意愿，作为平等的交易主体，和政府签订有关公共服务提供的相关合同。当然，如果合同发包产品有很明显的体验性公共服务的特征，那么合同文本也并非一定要圈定详尽的数量和有形质量，还可以采取其他的、合同双方都能接受的事后评估的办法，衡量合同产品的提供。

合同制在国外政府的公共产品和服务的购买和租借中应用广泛，既可被使用在政府向社会组织购买服务中，也可被应用在政府向企业的服务产品购买中。

① 政府购买的分类及工作模式的分类来自于王浦劬等学者的文献。详见王浦劬、〔美〕萨拉蒙等著：《政府向社会组织购买公共服务研究》，北京大学出版社2010年版。

2. 直接资助制

直接资助制通常被使用在政府对某些社会组织，特别是公益组织提供公共服务的物质支持中，它也是一种常见的政府购买公共服务的方式。其常见的做法包括：作为购买方的政府，向提供相关公共服务的社会组织直接拨付资金，给予财力支持；政府向社会组织无偿或低于市场价格，提供非资金支持，如土地、设施的无偿或低价使用，以及其他一些政策性优惠；各种形式的政府对公共服务直接消费者的财政支持，从而间接地以服务收费的形式，对提供服务的社会组织和相关企业进行补贴资助，如在某些公共服务的消费中，政府对消费者的配套补贴，还有在国外较为流行的对公共服务消费者发放的有指定用途和期限的消费券，这些都可以看作是对相关服务提供者的一种直接的资助。

在西方国家，直接资助制是政府向社会组织购买公共服务的主要方式之一。相关统计数据表明，西方社会公益组织运营中获得的一半以上的资金支持，是通过这种形式由各级政府提供的。这种方式目前也是我国各级政府经常使用的一种政府购买公共服务的形式。①

3. 项目申请制

这种政府购买方式，经常使用在一些特定的专业性公共服务提供中。其基本做法是：由政府在调研基础上，为应对某项专业性公共服务的需求，设立专门项目，向社会广泛招标，或者邀请约谈相关的潜在服务提供方，最终遴选出合适的项目承接者，按照项目要求提供相关公共服务。当然，也可以由相关的社会组织和企业，根据其掌握的对某种公共服务的需求，主动向政府相关部门提请设立专项项目，由政府评审立项。在项目申请制中，政府作为项目的立项方，确定项目文本，甄选项目承接者，以项目运营的方式拨付资金，用于某种公共服务的提供，并对其进行监督、评估等过程和结果控制。

项目申请制在国外主要被用于对某种专业性公共服务的提供中，它是在不扩大组织规模的条件下，有效使用外部专业能力的一种方法。

(四) 政府购买公共服务的工作模式

考察国外政府购买公共服务的一般工作模式可以发现，其主要强调竞争性的一面，这种状况根源于西方国家政府和社会的相对分离，而且宪政体制

---

① 相关原因，见下文说明。

对政府权力实施了有效约束，使得独立的社会组织和企业在公共服务购买过程中，与政府取得了基本平等的权利和地位。政府在交易中没有意愿也没有能力利用自己的强势地位实施交易歧视，这样形成的政府购买公共服务确实能够如市场中的私人交易一样，获得竞争带来的成本降低和福利增进。常见的情形如公共服务产品的招投标，其在业内普遍标准的资质准入基础上，对全社会相关组织开放，非法定授权无法设置歧视性的交易准入，这样就形成了一个竞争性的公共服务供给市场。

相较于西方发达国家成熟的政府购买公共服务的竞争性模式，中国的情况有着非常鲜明的初级阶段的色彩。一方面，我国的公民社会起步较晚，短短二十多年的历史不足以形成分化细密且高效的社会组织，加之各种政治和法律的限制，社会组织数量少、专业分化不明显、公信力不高、行动能力孱弱，也缺乏承担相关公共服务供给的经验和能力。这种现状大大缩小了政府购买公共服务能够选择的潜在交易伙伴的范围。另一方面，对于我国市场化的企业而言，承接公共服务产品的生产、提供也是一个较为陌生的尝试，此前大多并无相关的经营经验，加之长期以来不正常的政企关系，也影响了二者的交易选择。

除了以上的外部原因，我国政府在购买公共服务过程中也存在某些问题，其中最为突出的是体制后遗症。过去我国公共服务的提供主要依托全能政府模式，针对国家计划中列出的公共服务，政府会设置相应的机构负责。这部分机构在后续的转型中虽然大多转为国有事业单位，但事实上，仍然与旧有的政府组织存在千丝万缕的联系。这种状况导致当许多政府有意向社会和市场购买公共服务的时候，此前的体制遗留问题会影响它们的选择。这是困扰我国政府采取购买公共服务方式的一个重要难题，而面对这个难题，改革往往要兼顾存量和增量，实施一个折衷式的工作模式。

从政府购买公共服务的相关文献和案例中可以看出，上述的外部和内部原因，使中国和西方发达国家购买公共服务的模式存在明显差异。如果说西方工作模式是基于成本和质量的纯粹市场导向供给，那么，中国工作模式在体制约束下还要考虑其他的一些复杂因素。

根据公共服务购买活动中承接方相对于发包方政府而言的独立性程度，可以将其划分为独立型和依赖型两类。此处的“依赖”主要指承接公共服务的企业和组织，在人事、资源等方面与作为发包方的政府存在直接和间接的关系，这种关系将平等的交易关系，转化成为事实上的类上下级式的依赖关系；而相应地，“独立”则指承接方和对应的发包方之间，不存在人事和资源等方面的任何依赖关系，作为两个对等的交易主体，独立维护各自的权益，实现自身的组织目标。由此结合前述的竞争性维度，可以将承接方和政府发包方的购买模式界定为四种，即关系独立型竞争性购买、关系依赖型竞争性购买、关系独立型非竞争性购买和关系依赖型非竞争性购买。具体情况如表 4-2 所示。

表 4-2 政府向承接方购买服务模式表

竞争性 独立性	竞争	非竞争
独立	关系独立型竞争性购买	关系独立型非竞争性购买
依赖	关系依赖型竞争性购买	关系依赖型非竞争性购买

1. 关系独立型竞争性购买模式

关系独立型竞争性购买模式是指交易双方在人事和资源等方面不存在直接和间接的关联，作为独立的两个交易主体，在购买行为中，服务的承接方一直面临公开竞争和潜在竞争，而购买方对承接者的选择，始终以成本最小化和收益最大化为基准。这种购买模式类似于西方发达国家常见的政府购买公共服务的工作模式。由于双方在合同外利益结构相互独立，因此在购买行为中能够按照各自的利益逻辑进行选择。在交易选择中，购买方通常会安排公开的招投标，在较大范围内选取有较强实力的组织作为合作伙伴；事前的合同契约，对双方的约束也是一种硬约束，各自根据事前约定承担自身的责任。当然，作为公共服务供给的承接方，仍然会受到一些公共责任的限制，但这并不影响承接方作为独立组织的行为能力。通过这种工作模式选取的公共服务承接方，往往具有较强的专业实力和管理能力，能够较好地提供事先约定的公共服务，有时甚至还会有一些附加服务①。因此，这是一种非常有效率的公共服务购买模式。

2. 关系依赖型竞争性购买模式

关系依赖型竞争性购买模式是指交易双方存在着人事或资源方面的直接和间接关联，如政府机关下属的事业组织，或者存在着人事关联的公共企业，甚至还有为提供某种公共服务专门设立的组织或企业等，他们和作为购

① 如果承接方是一些信誉和实力良好的社会组织，其往往会提供更好的公共服务甚至超出文本的附加服务，这是公益服务精神和声誉机制的双重作用，也是其专业能力的体现；如果承接者是实力强大信誉卓著的企业也会出于长期合作和声誉显示或服务精神的考虑提供较好的服务。

买方的政府，存在千丝万缕的联系。对于这类组织，政府与其或存在明确的上下级关系，或存在监管与被监管的关系，或者因为人事的重叠而形成事实上的上下级关系。在这些复杂关系下，二者间的隐性资源输送很难完全排除。基于事实上的上下级或类上下级关系，相关政府与其容易形成保护与被保护的关系模式，购买方政府会或明确或隐藏地利用自己掌握的部分交易决定权和定价权，为依赖于它的组织提供优先交易机会和超出一般收益的支付，最终抬高公共服务提供成本，降低了由此带来的社会福利。在购买服务实践中，政府也会在制度设计中导入一定的竞争，但有时这种竞争因为依赖型组织和企业与其事实上的利益关联而显得并不充分。例如，依赖型组织在招投标中虽然也会面对一些独立型组织的竞争，但初始条件的不平等会让竞争的公平性受到质疑。同时，在一些和相关政府利益深度融合的依赖型组织参与的公共服务提供中，双方交易契约的硬性约束也是很难保证的，也存在没有多大问责力度的软预算约束的可能，类似典型的政府与国企的软预算约束一样。

对于公共服务供给模式改革前即存在的政府下属的企业和组织，其参与公共服务竞争性供给的模式在政府购买服务改革中十分常见，这些企业和组织大多还是供给模式改革前该项服务原有的唯一供给单位。针对这类情况，惯常的做法是引入民营组织参与竞争，在共同供给中激活并逐渐实现此类组织的彻底独立，这种做法也适合我国的情况。[①] 而政府为供给某类公共服务新设立组织和企业的情况，则多出现在寻求不到合意承接方的情况下。由于我国社会组织发展的滞后性，以及公共服务供给市场的不发达，这种情况也经常出现。对于该类组织，竞争性往往很难引入，既缺乏成本对比，也无法形成责任的硬性约束，清盘退出更是困难重重。不过，这种状况会随着市场和社会的发展成熟而慢慢改变，此时竞争性就可以发挥激励和控制作用了。

3. 关系独立型非竞争性购买模式

关系独立型非竞争性购买模式是指购买方政府和服务承接方之间不存在直接和间接的人事、资源方面的关联，承接方在购买行为发生之前业已存在，拥有独立的法律地位和业务范围，并且一般情况下在相关业务领域具有较强的实力和卓著的声誉。这种购买模式在多数时候并不进行招投标，购买方会根据对相关服务领域的调研，选取一家或数家承接方作为谈判对象，就

---

① 新引入的民营组织事实上侵犯了原有体制内供给该项服务的机构利益，打破了长期以来附着于该项供给之上的利益格局，极易触发原有供给单位和周边利益相关单位的抵制，这对于形成公平竞争是不利的。

公共服务的供给价格、供给数量、质量标准和供给方式等进行商谈，在自愿的基础上草签相关协议，建立购买关系。

这种公共服务购买模式在国内外都较为常见，优势也很明显。一般而言，政府会绕过招投标，根据市场声誉，选取有实力、有信誉的组织，作为合作伙伴。这种选择过程一方面节约了招投标费用，排除了对其他合意概率较低的组织的考察，缩短了选择的时间，节省了考察费用；另一方面，通过市场声誉确实能够大大减少后续公共服务供给中的风险，这对于保证供给质量和供给持续，意义重大。此外，谈判选取合作伙伴，也并不意味着完全没有竞争，潜在的竞争还是存在的，只要市场和社会中能够供给该项公共服务的组织不是一家，竞争就始终存在。因此，这是一种较好的可供选择的政府购买公共服务模式。

4. 关系依赖型非竞争性购买模式

关系依赖型非竞争性购买模式是指公共服务购买双方存在着直接和间接的人事和资源方面的关联，承接方对购买方存在严重的依赖关系，往往是为购买方进行专门生产而设立的组织，交易关系也是排他的、非竞争的。在这种购买模式中，承接方并非基于其业务实力和市场或社会声誉而获得交易权，购买方也没有设计规范的、开放的购买程序，其评估也不是基于合同设定，而往往是依靠承接方对购买方的依赖，行使类上级对下级的监管。

这种类型的政府购买服务模式，事实上只是一种形式的变化，要么是在某些制度约束下的一种变通之路[①]，要么纯粹沦为一种“政绩花瓶”。因为交易双方的责任机制并不明确，既无法获得供给机制转换的效率成本优势，也没有实现政府职能的转变，因此，可以将这种模式视为一种政府购买公共服务的过渡形式。由于我国政府购买公共服务起步较晚，该种模式比较常见。

三、“福田模式”中的公共服务供给分析

上述内容为我国公共服务的政府购买搭建了一个简单的分析框架。本书结合人民调解的“福田模式”，一方面从公共管理理论和政府购买公共服务模式的角度，对其进行分析和评价，另一方面结合这一新型模式，观察其对我国当前的政府购买公共服务模式发展的意义和价值。

---

① 如组织编制严控之下的一种变通等。

（一）形成背景

人民调解是一种民间自治行为，它是社会民众自我教育、自我管理的一种自治活动，是政府和社会合作，由政府引导、社会力量担当解决民间纠纷的一种低成本的社会管理机制。历史发展可追溯至国内革命战争时期，中国共产党领导的苏维埃政权逐渐摸索和发展出了我国现代的人民调解机制。

改革开放后，我国市场逐渐发展，社会也随之分化，各种人际互动越来越频繁而复杂，由此产生了大量的较为复杂的民间经济社会纠纷。原有的人民调解体系如何在新形势下提供足够数量的高质量调解服务，在一些较大的城市治理中，确实成为一个亟待解决的新难题。人民调解的“福田模式”采用的政府购买服务的做法，提供了有意义的借鉴。

人民调解服务是一项具有中国特色的非诉讼纠纷化解机制，是扎根于中国和谐文化传统中的纠纷解决模式。作为一项消除民间纷争的司法自助活动，其具有及早干预、快捷便利、免收费用、亲和友好等优势，相对于行政调解和司法调解，这些优势使其成为解纷息争、构建社会和谐的第一道防线。在目前中国经济社会高速发展，行政、司法资源相对有限的状况下，充分发挥人民调解的作用，是有效缓解行政、司法资源紧张、快速解决矛盾纠纷的可行之路。因此，社会各界对人民调解的需求十分强烈，政府相关部门有责任积极回应社会需要，将人民调解作为一项重要的公共服务予以提供。这种需求状况，在深圳市福田区表现得更为明显。

作为深圳市的中心区域，福田区地域特色明显：商贸云集，交易活跃，经济社会活动高度集中；人口密度大，流动快，数量多；城建快速扩张遗留的城中村问题也较为突出。这些特点使福田区行政执法系统日常面对的民间争端和纠纷的数量众多，且在时间、空间上高度集中，对本已有限的执法资源形成了巨大挑战，使整体的社会稳定和谐也面临巨大压力。为此，福田区积极贯彻深圳市提出的构建社会矛盾纠纷“大调解”体系的精神，成立了由司法局牵头的调解工作指导委员会，希望通过大力加强人民调解，协同行政调解和司法调解，构筑起化解民间矛盾纠纷的“大调解”格局，以减轻司法和行政执法力量不足面临的压力。但由政府独立提供人民调解服务存在很大的困难，因为为了避免日益复杂多样的民间纠纷、社会矛盾升级和转化，将其消弭于萌芽和初发状态，势必需要更大数量、更高质量的人民调解服务，而在财力有限和人员不足的情况下，福田区司法局确实感到难以选择。一方面，如果投入更多的财力支持和人员配备，确能提供更多的高质量人民调解服务，但这样不但会削弱履行其他分管职责的能力，也不符合职能分工和财政预算的规定，在现实层面上这个选择难以实施。另一方面，相对于增长的调解需要，维持原有的、日显不足的人民调解供给压力较大。但这样无疑会放任大量的民间矛盾纠纷升级，不仅恶化了和谐稳定的社会经济秩序，还加重了下游公、检、法机关的工作压力和职责任务，不论从政治上还是经济上，都是让人难以接受的。

所以面对两难选择，福田区积极进行制度变革，放眼于政府外部资源，引导人民调解服务供给主体，克服财力和人力的制约，通过外包的方式，解决政府一元供给格局下人民调解服务供给不足的难题。

福田区地处深圳市核心区域，拥有全市最多的律师事务所，辖区内法律专业人才数量众多，质量也较高，这是该区得天独厚的法律人力资源存量优势。福田区将目光瞄准了这些政府以外的法律存量资源，他们通过变革旧的人民调解服务提供方式，以政府购买公共服务的新模式，向辖区内有资质的律师事务所发出招标邀请，经过竞争遴选出人民调解服务外包的合作伙伴。

然而，作为调停民间纠纷和社会矛盾的人民调解，虽然对维持正常的社会生产、生活秩序的意义重大，但要想由市场或者社会自发提供，则存在诸多困难：

第一，市场自发供给存在的困难包括：(1) 会面临法律调解这种无形服务如何有效定价的困扰，因为无法有效定价则不能形成交易剩余，也就不能给潜在供给者以营利预期，那么以营利为目标的市场主体不会主动提供。(2) 人民调解服务发挥定分止争效用的基础，是其中立性带来的公平正义，而市场供给从中取酬的做法，必然对贫弱的当事人形成阻碍。

第二，由社会组织自发供给也面临种种困难：(1) 收费与否的两难。如果不收取调解费用，社会组织难以维持服务的持续供给；而收取费用则难以有足够的权威，使被调停方和社会认为其收费只是为了维持组织运转，而非以营利为目的。(2) 调停结果公信力之难。没有外部权威的介入，如何保障调停结果能被各方接受。(3) 激励之难。若缺乏物质激励及其他有效手段，社会组织成员的敬业精神就难以长期持续。

显然在我国国情下，由市场和社会组织单独供给民间调解服务，是不可取的。但依照传统思路，由政府一元供给人民调解服务在福田区目前的情况下也困难重重。面对政府有限的调解服务资源和日益增加的民间调解服务需求，变通之路只能是构建新的制度框架，引入社会和市场中丰富的调解资源，将之整合到政府的权威系统中，不求所有，但求所用。在这个新的调解系统中，政府通过和社会组织的合作，利用社会组织的生产优势，以契约化的方式由他们生产具体的调解服务。这样既能有效使用外部资源，借用更加有效率的市场和社会生产方式，又能够保证人民调解服务产品应有的公正性、权威性。这种新型的人民调解服务提供方式，为调解任务繁重的大中城市提供了一条突围之路，也是公共服务提供模式的一项有创新的改革。

(二) 基本情况

本部分简述福田区购买人民调解服务的行动主体、基本动因、操作运行模式，总结其运作结果，介绍其社会评价。

1. *政府购买人民调解服务的行动主体*

福田区购买人民调解服务的行动主体，涉及购买方、承接生产方、消费方和其他受益方等。

购买方是福田区政府。司法局是人民调解服务提供的法定责任主体，传统的做法是由司法局自己进行人民调解服务的生产和提供，为此需要配备相应的机构、人员和资金设备等。这些物质和人员准备，依据相关的政府组织法规、人员编制制度和财政预算安排进行配置，调解服务的计划、生产、分配、监督、评估等，由司法局统一承担。而在政府购买人民调解服务模式中，司法局不再承担调解服务的具体生产任务、调解过程的监督和评估职责，而只专注于调解服务的整体规划、分配和最终的监督、评估工作。这样的角色转换，使司法局在该项服务提供中彻底转变为一个购买者，从具体的生产中抽离出来，以集中力量进行宏观计划和监控。

承接生产方是专业的律师事务所。律师事务所的职责是选派有资质的法律工作者，在特定机构(派出所、交警大队、法院、医院等民事纠纷较多的场所)，按程序为纠纷双方提供专业的纠纷调解法律服务。在此过程中，律师事务所及其选派的员工，有义务基于所提供的服务数量和质量，按照事前约定和相关法律的规定，接受消费方或受益方的监督。在调解服务提供中，所选择的律师事务所作为担当一定社会责任的社会专业服务提供者，并不谋求营利，而是将提供该项服务作为履行一个良好社会机构公益义务的体现，旨在为民众和政府分忧，这种精神也是律师事务所派驻员工的主要工作驱动。作为律师事务所派驻员工的人民调解员，同样也依照相关法律、法规，以政府合同雇员的身份，享受相应的工资、福利和职位权利。

消费方则是发生各类纠纷的当事人。调解范围既包括公民与公民之间的纠纷，也包括公民与法人以及其他社会组织之间发生的人身权利、劳动争议、损害赔偿、财产权益、婚姻家庭甚至生产经营等纠纷。人民调解以法律精神为基础，结合文明社会的义利观，调解员运用自身的谈判、说服艺术，为当事双方排解纠纷和矛盾。在服务过程中，遵循自愿和公益（免费）的原则，纠纷双方的意愿和权利，得到充分尊重。相对于行政调解、司法调解和诉讼程序而言，在某些类型的纠纷解决中具有高效而低成本的优势。

政府购买人民调解服务的受益方众多，除了直接的消费方，还有间接受益者。例如，驻人民调解室的派出所、法院、交警队、医院等，通过调解员的专业服务，分流了这些机构运行中的纠纷，为其正常运转节省了财力、人力，营造了良好的工作氛围，有利于他们专注于各自核心业务的开展。

2. 政府购买人民调解服务的基本动因

福田区向相关律师事务所购买人民调解服务的基本动因，主要包括以下几点：

第一，地方基层政府的职能转变和治道变革是改革的一个长远目标。政府职能转变，是目前中国行政体制改革的一个持久命题。总体来说，职能重心和职能实现方式的转变，也就是治理方式的转变。职能重心由过去的控制和管理，向服务和合作转变；职能实现方式由过去的被动封闭和亲力亲为，向主动开放和合法授权转变，这种转变构成了中国地方政府治道变革的主旋律。而地方政府购买人民调解服务，体现着这种治理转型的尝试。由过去被动等待、强调硬性法规的管控，到试图主动出击，运用多种谈判协商手段，化解矛盾于萌芽状态。由过去迷信一己之力，到寻求对社会、市场资源的整合，形成整体性的治理资源优势，将其他的社会主体纳入到治理体系中，构建立体式的社会治理框架。这无疑是对过去单纯强调政府治理的一种超越性的尝试，也体现着地方政府对国家治理现代化的探索。

第二，繁杂的民间纠纷与有限的政府治理资源的矛盾是宏观动因。在福田区活跃而繁荣的经济社会活动中，纠纷发生的绝对数直线上升，外来人口众多又使民间熟人社会自我调解纠纷的机制日渐式微。例如，内地常见的较为稳定的亲族内部调解、朋友圈子调解和其他人际圈子调解等纠纷调解的机制，在这个新兴的移民城市明显缺位。这样一来，民间纠纷增加，恶化的概率增加，恶化后的纠纷又大量涌入本已“超载”而不堪负荷的公、检、法机关和各个行政机关，耗费了大量宝贵的治理资源，导致政府和执法系统总体效能的下降。面对这一治理矛盾，必须从源头上梳理和分流民间和商事活动中的纠纷，将其遏制在初发阶段，以减轻下游治理资源面临的压力，构建更为和谐的经济社会生活。

第三，基层社会治理面临的压力是现实动因。基于宏观考虑，减轻对下游治理资源的占用，从源头上将适合人民调解的纠纷在上游化解，不致放任升级，流向下游的公、检、法机关，从而挤占宝贵的司法资源。为此，必须提供更多更高质量的人民调解服务，这也是贯彻深圳市政府关于构建“大调解”体系精神的要求。但是既有的人民调解服务无法满足需要，解决的办法可以是由司法系统内部扩大调解服务的生产能力，而这必然要求划拨更多的财政资金和编制岗位，在趋紧的财政预算和岗位编制下，显然很难完全满足。因此，财政尤其是编制的限制，是寻求外部购买人民调解服务的现实动因。

3. 政府购买人民调解服务的操作运行模式

福田区司法局面向全区有资质的律师事务所发布招标公告，寻求能够派驻辖区内派出所、交警队、医院和法院等机构并为其提供相应纠纷调解服务的法律专业人士。根据合同约定，律师事务所派遣有相应法律从业资质的法律人才（大专以上法律专业文凭或律师执业资格），进驻相关机构（某些进驻机构还需要其他的相应知识、技能，如派驻医院的人员应具备基本的医学知识或医疗纠纷调解经验，派驻交警队人员应具备基本的交通事故鉴定知识或交通事故纠纷调解经验等），这些人员经过司法局培训、考核，确定熟悉相关调解业务、掌握相应调解知识后，持证上岗，24 小时提供全天候调解服务。

为了保障调解服务的顺利开展，福田区提供以下相应的硬件设备和组织制度保障：

（1）在经费上，区政府拨付启动经费和工作经费，用于人民调解室的日常营运；在硬件设施上，区政府要求派驻机构为调解服务提供工作场所，设立专门的人民调解办公室，并配备所需的办公设施，如办公桌椅、电脑、通讯和打印设备等，以保障调解服务的正常开展。

（4）在调解人员安排管理上，区政府以政府雇员的编制形式，为人民调解员提供相应的工资福利，并制定岗位职责要求，对其职务行为进行相应的考核。

（3）在工作流程和管理制度上，除了前述的在入口环节进行培训考核外，在调解服务中，也制定了科学的调解实施程序，以及规范调解员职务行为的工作规定等。同时，对调解工作进行严密的流程控制，如严格的调解文书档案和台账管理，以监督不当调解行为的发生。

此外，为了协调人民调解与行政调解、司法调解的关系，对人民调解活动也划定了边界。

4. “福田模式”的运作结果和社会评价

政府购买人民调解服务的“福田模式”，经过在多个领域的试点推行，取得了令人可喜的成绩，获得了相关各方的高度评价。

截至2015年2月，驻派出所、交警大队、法院、医院和其他行政机关的人民调解室，已调解各类社会矛盾纠纷共计69649宗，调解成功率为90.57%。其中，2009年1月到2013年11月调解成功率为88.95%，而这之后的所有月度调解成功率都保持在92%以上；从2014年10月到2015年2月统计数据显示，所有月度调解成功率保持在96.82%以上。例如，驻派出所人民调解室成功调解纠纷59662宗，调解最终成功率也非常高。由此可见，人民调解的政府购买服务模式在福田区发挥着重要的民间定分止争功能。

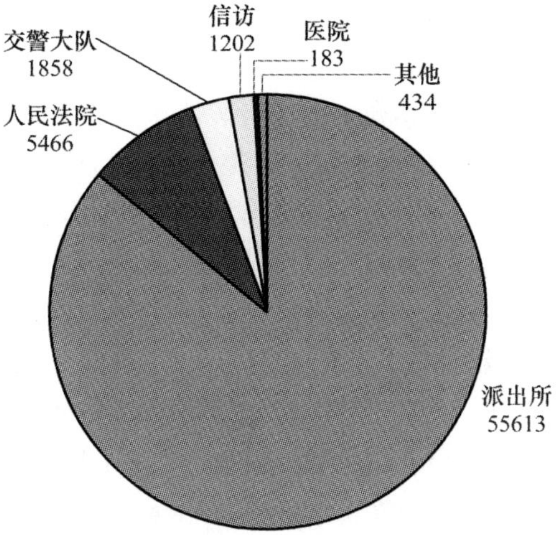

图4-1 截至2015年2月福田区人民调解室调解案件分布图(宗)

针对人民调解“福田模式”在实际运作中取得的不俗成绩，社会各界分别给予了以下高度评价：

(1) 令人满意的调解成功率表明，公众认可这种外包模式提供的调解服务，也赞同调解的程序和工作模式。中立的角色设置、快捷的调解过程、合理的调解程序、亲切的调解氛围、低廉的调解成本、精准的法律知识和娴熟的调解技巧，都是人民调解服务相对于其他类型的纠纷解决渠道的优势，获得了当事人的肯定。

(2) 人民调解服务外包模式，获得了各级政府负责官员的关注和赞誉。直接负责人民调解服务的中央和省市领导，都对这种新型的服务供给方式给予了充分肯定。例如，主管全国人民调解工作的司法部副部长郝赤勇，肯定了调解服务外包体现的“养事不养人”的行政新理念，并且赞扬调解服务外包具有专业性强、调解成功率高、有效降低了其他执法部门工作量的优点，并认为不论是从政治上、经济上还是民意上，“都适合在全国推广”。广东省和深圳市各级领导也对人民调解“福田模式”表示了肯定和赞扬。

(3) 人民调解"福田模式"的其他受益方，也分别给予了不同程度的肯定。例如，福田区公安分局局长乔智在对驻华强北派出所人民调解室调研后，要求民警"重视调解工作，用调解优先的方式，解决具有本辖区特点的商贸纠纷"；驻医院的人民调解工作也获得了院方的肯定。

(三)"福田模式"的理念与技术创新

从公共管理角度看，"福田模式"的创新，主要体现在公共管理理念创新和公共管理技术创新两个方面。

1. 公共管理的理念创新

(1)服务型政府理念的创新。在过去的计划经济体制下，地方政府习惯将自己定位为地方经济社会事务的控制者和管理者，认为民众不能很好地控制和管理自己，必须由政府亲力亲为并安排好一切。随着开放面的扩大，经济社会活动一体化程度的加深，分工细密化的进一步发展，经济系统的复杂性和联动性空前显现，相关的变量早已超出现有系统的计算能力。面对复杂巨系统，明智举措是及时转换地方政府角色理念，尽可能弱化其控制者的角色，转变观念，强化政府的服务意识，以地方公共服务者的角色，为经济社会创新奠定坚实的基础。经济个体的活动交由市场和社会系统自发调节，心智模式不同的个体必然会做出差异化的反应，在对这些多样性的和谐包容中，一个活力迸现、创新无穷的良性经济社会就会形成。

福田区认识到政府服务职能的重要价值，在行政实践中也感受到该职能的薄弱，这是其进行公共管理方式变革的根本动因。而其后的管理方式变革，也始终围绕着怎样提供一个更优的公共服务供给体系，使服务对象——辖区民众和法人实体，分享到更高质量的人民调解服务。因此，在人民调解的"福田模式"中，处处体现着地方政府以服务社会、服务民众的公共服务理念引导行政活动、配置行政资源的精神，是一次服务型政府理念的创新。

(2) 和谐施政理念的创新。和谐社会是中国传统良治社会的一个理想典范，基于这个文化传统和当前经济社会发展的需要，我国提出了构建和谐社会的理念，这种理念映射到地方政府的行政实践中，则是倡导和谐施政。

和谐施政理念的创新，主要体现在公共管理实践的以下环节：

首先，施政主体要和谐。传统的行政管理体系建立在20世纪初，带有非常浓厚的工业化初期特有的强调分工基础上的职能分割烙印，它适应当时工业化初期的社会管理，但在日前联系日益密切的经济社会生活中，对以协调为基调的整合和综合的强调，成为当前社会管理的主旋律。如何打破过去职能分割造成的施政主体的条块分割，建立相互间的衔接和配合，共同对社会良治负责，成为当前和谐施政的第一步。

其次，施政工具要和谐。传统行政管理更多依靠硬性控制的管理工具，这和当时社会管理技术落后有关，也有管理理念落后的原因。而和谐施政的理念，要求政府在行政实践中更多依靠软性的协调工具，在平等协商中明确双方的利害损益，自觉采取社会期许的行为和选择，最大化地减少施政中的阻力和对行政相对人的损害。

最后，施政主客体要和谐。传统的行政管理，因其控制型的主旨，恶化了施政主客体间本应和谐的关系，使二者在行政实践中相互抵触和对立。面对困局，需要基层政府首先转变观念，扭转传统的控制型理念，采用服务型理念，弥合二者间的对立，建立起和谐的施政主客体关系。

“福田模式”贯彻了和谐施政上述三个方面的理念创新：第一，在施政主体上，福田司法局通过购买人民调解服务，并配置于各兄弟单位，向法院、公安局（派出所和交警大队）和劳动局等提供人民调解服务，以分流其部分常规业务，减轻它们的工作压力，实现人民调解和行政调解、司法调解的衔接，这本身就体现着在和谐理念下为良序社会的建构对传统职能分工的突破，这是对和谐施政主体理念的践行①。第二，在施政工具上，“福田模式”倡导人民调解在民间纠纷解决时的优先使用，这是对和谐施政工具的倡导。和谐施政工具的大力使用，又进一步改善了施政双方的关系状况，由此加强了互信和谐的施政环境，从而为人民调解作用的发挥奠定了良好的文化基础。第三，在施政主客体的关系上，“福田模式”始终强调调解员和双方当事人之间的平等性。如果说二者之间存在不对等性，那也只能表现在法律规则、调解知识以及追求和谐的热忱度上的差异，而当事人自愿选择调解，也是对法律、道德和调解员调解工作所展示的公义的接纳、顺服。在调解过程中，并不存在权威环境压迫下的服从，而是在调解员启发诱导下，当事人经过内心的损益计算和道德考量的自愿选择。由此可见，从三个维度来看，“福田模式”确实创新了和谐施政理念。

（3）廉价效能型政府理念的创新。现代政府提供社会存续所必需的公共服务和公共产品，它的存在对任何分化的大型社会都是必不可少的，其运

---

① 良序是社会和社群的一种和谐、稳定状态，该概念来自于约翰·罗尔斯的社会正义理论体系，其意指特定社群或社会在一定共识基础上形成“元规则”，社群内部的合作和冲突在“元规则”框架下通过协商谈判来完成。因此，不论时空如何变换，互动各方的行为在“元规则”下皆可预见，从而组合成一个稳定、有序的秩序体系。

行成本通常被称为政府成本。从公共经济学角度来看,政府成本也被理解为既定质量和规模的公共产品的供给成本。廉价政府的考量标准,是其所提供既定质量和规模的公共产品的成本。此处的"公共产品供给成本",既包括政府自身运转所需消耗而计入的间接成本,也包括生产和提供公共产品的直接成本。

如果说从成本角度考虑,现代政府应当是一个廉价政府,那么从效率和质量、消费体验角度探求,现代政府又应该是一个效能政府。效能政府理念,不但强调政府提供的产品、服务的质量水平,还强调这些产品和服务给消费对象带来的消费体验。一般而言,在消耗既定的条件下,生产越是能够满足消费体验最大化的要求,那么这种生产的效能就越高。对于政府而言,最大化公共产品消费体验,是效能政府理念的要义。廉价效能政府理念,一般就是指花更少的钱,提供让消费者更多、更满意的公共产品。

"福田模式"的改革方向恰恰体现和贯彻了廉价效能政府的理念。在改革之初,随着社会经济生活的发展,人民日益上升的对和谐良序生活的需求,成为改革的社会背景。如何有效解纷息争,增加公众幸福感,人民调解服务以其自愿、调解双方地位平等的特色,成为一条可行之路。"福田模式"通过外包调解服务,一方面满足了更低成本条件下提供更多服务的廉价理念诉求;另一方面,引入外部法律服务机构的专业服务,提高了服务的质量水平。通过律师的加盟,部分消解了由政府直接提供调解服务带来的潜在的强制感和压迫感,增强了当事人选择带来的精神自由感和尊严感,提高了他们的消费体验。因此,"福田模式"通过外包调解服务,确实更好地贯彻了廉价效能政府理念,提高了民众的精神生活质量和社会的和谐程度。

(4) 责任政府理念的创新。责任政府理念是现代政治文明生活中不断彰显的行政理念,它是对过去行政相对人角色的纠偏,其最终诉求是建立淡化政府权力、强化政府责任的行政观。结合我国国情,就是加强地方政府机构对当地民众的责任感和义务感;这种责任感既建立在代表公共福利的法理基础上,也建立在公共财政体系中对纳税人负责的基础上。同时,随着行政环境的变化,责任政府理念的实现形式也在不断变化。如果说在传统学理意义上的责任政府,更多表现为一种恪尽职守的保守型、被动性责任,那么,随着行政环境更趋于复杂多变,责任政府理念的实现形式要求政府在履行行政责任时更有预见性和主动性。根据对行政事务发展变动趋势的前瞻把握,未雨绸缪,主动出击,"化纷扰于初萌,解祸患于无形"。这是一种积极政府责任和主动政府责任的理念,它能够更好地适应多变的经济社会环境,民众对政府责任预期也不断升高。

在“福田模式”中，福田区政府通过工作思路和工作方式的变革，很好地贯彻了积极政府责任和主动政府责任的行政理念，与时俱进地尝试对责任政府理念实践形式的创新。针对复杂多变的社会经济生活中不断累积的问题，每个职能部门可以有多种选择：或者选择视而不见的等待，或者选择事不关己（部门）的观望；从传统科层体制下根据职责划分、工作范围和确定事后追责的制度安排看，这样的选择较为保险，也无可厚非，是各职能部门的正常反应，体现的是保守被动型的政府责任理念。这种理念在现行体制下，看似合情、合理、合法，但其在实践领域的大范围盛行，将可能带来不太乐观的局面，即姑息养患、拖延问题的解决，最终使小问题变成大事件，小纠纷酿成大混乱。有鉴于此，福田区加强人民调解公共服务，在纠纷和矛盾的上游主动作为，在多部门合作中积极行动。

2. 公共管理的技术创新

（1）市场化手段的创新。市场化手段的引入，创新了公共管理技术。市场化手段在公共服务供给中的使用，缓解了公共服务成本膨胀的弊端，也为遏制政府机构人员臃肿提供了突围之路。

“福田模式”在改革人民调解服务的供给模式中，根据每种手段的适应性和相应事务特征的匹配，引进了多种市场化手段，以改善公共服务的供给状况。主要包括以下两种市场化手段：

其一，合同外包制的引入。合同外包制通过科学设计的招投标程序和服务质量的考评，以及市场化优胜劣汰的退出机制，在双方平等订立的长期契约框架内，可以对公共服务提供方施加较强的激励和控制。在“福田模式”中，福田区司法局很好地贯彻了合同外包制的这些精髓，从承包方的招投标直到退出，从服务提供者的选拔，直到对服务质量的考评奖惩等，都在保证公共服务的公益性和政治性的前提下，最大化地利用合同外包所导入的市场成本予以控制。此外，在“福田模式”中，服务外包的乙方设定为专业的律师事务所，这也符合市场的专业化原则。通过专业律师机构提供更有质量保障的调解服务，这也是“福田模式”引入合同外包的另一优点。

其二，政府雇员制的引入。在中央政府严控政府人员编制和机构设置的背景下，如何用更少的人力办更多的事，是所有地方政府面对的一个难题。“福田模式”对此给出了一个市场化的破解之道，那就是引入市场化的用人制度，建立公营机构的政府雇员制（公共雇员制）。通过政府雇员制，将市场化的用人机制引入公共服务供给中，用人事契约制替代事实上的公务员长期制，用人力资源的市场价格，替代公共人事中的政府价格，以此不但减少了可能造成的政府冗员，也节约了政府的人事成本。政府雇员制在人民调解服务供给中的引入，则为“养事不养人”，对解决人事编制难题进行了积极的尝试。

(2) 社会化手段的创新。面对当前日益复杂的公共行政和社会服务工作，在考察发达国家公共治理实践后，国内外学者提供了“多中心治理”这一未来的社会治理模式①。在日渐增强和日益活跃的经济社会中，任何单一的治理机制都难以独自完成善治或者良治的目标，即使是强大的政府也会力不从心。因此，传统的治理核心——政府，必须在接纳市场手段的帮助后，也接受社会手段的配合。

“福田模式”主要引入了以下两种社会治理手段：

其一，社会组织参与社会多元治理。社会组织相对于政府有其特点，例如，更少规则的约束，更为灵活变通，规模较小而领域集中，专业化程度较高等。这些特征使社会组织在处理某些公共事务中，具有一定优势。福田区和有资质、有公益意愿的律师事务所建立合作关系提供人民调解服务，就充分发挥了律师事务所较为专业、灵活的优势，解决了在现有法规框架下，政府难以独自提供充足的、高质量的人民调解服务的难题。

其二，社会志愿服务的激活。社会志愿服务是蕴涵在公民社会内部的一股巨大的公共服务能量，如果有适当的制度平台，科学的激活机制，志愿服务能够替代政府提供较多的区域性公共服务。“福田模式”为这种治理能量汇聚到公共服务供给体系，提供了有益的尝试。随着深圳经济的快速发展，区域公民社会也在逐渐成形，并从中分化出了一部分有内在志愿服务需求的成员，这部分成员在物质需要得到满足的基础上，精神的需要在苏醒和高涨，包括服务社会的需要也在增长。“福田模式”中参与到人民调解服务提供的某些非公职法律专业人士，之所以能够在低于自身人力市场价格的情况下热情工作，很重要的一个原因就是福田区人民调解服务供给体系给他们提供了一

---

① 多中心治理滥觞于英国著名哲学家迈克尔·波兰尼(Michael Polanyi)的著述，大成于美国公共管理学家埃莉诺·奥斯特罗姆(Elinor Ostrom)的理论体系。奥斯特罗姆将多中心治理范式改造、推广到广泛公共事务的治理分析中，并以此成为第一位获得诺贝尔经济学奖的女性学者。相对于传统的公共事务治理纠结于政府和市场两种机制的互斥性选择，奥斯特罗姆独辟蹊径，认为社区作为一种自组织机制也能够持续高效的生产和供给公共服务，而政府、市场和社区在治理公共事务中也并不是互斥、排他的关系，而是相辅相成和相反相成的关系(不过，相较于政府和市场，奥斯特罗姆更推崇社区在公共事务治理中的优越性)。如果整体的公共事务治理框架能够建立在一个由政府、市场和社区三类机制、多个中心按照某种合宜的方式组合的基础之上，则可以有效遏制“搭便车”和机会主义风险，从而降低成本、减少卸责、消除腐败。多中心治理框架迎合了放松规制、权威下移、自治参与的公共管理趋势，也适应了社群主义兴起的社会潮流，因此，成为一种广受推崇的公共治理工具。详见〔美〕埃莉诺·奥斯特罗姆：《公共事物的治理之道：集体行动制度的演进》，余逊达、陈旭东译，上海译文出版社2012年版。

个满足自身服务社会需要的平台。

四、建立和健全多元化人民调解公共服务供给机制

在“福田模式”中，政府购买人民调解服务，契合了经济发达、人口众多、民间纠纷复杂和调解需求旺盛的深圳特区的需求，运行以来，亦取得了良好的效果，在社会转型期间，格外具有重要的推广价值。发达地区基层政府的财政能力相对较强，以一定的财政支出向社会购买人民调解法律服务，行之有效。只要转变观念，能从服务型政府理念出发，以民为本，和谐施政，建立健全制度体系，取得类似于“福田模式”的社会效应并不困难。虽然如此，人民调解公共服务的供给仍然不能由政府部门“单打独斗”，而应发挥综合的力量。人民调解公共服务供给机制必须坚持多元化方向，在激励市场供给、培养社会力量的基础上，强化政府责任，从根本上解决人民调解公共服务的供给不足问题。

（一）激励市场供给

市场供给优势明显，只要产权结构明晰，责任体系明确，在非垄断竞争中，利用价格机制约束成本，对供给者具有极强的激励效应，促使其提供低成本高质量的社会产品。引入市场竞争机制，向市场主体以政策优惠的方式间接购买，如给当地有实力的企业一定的冠名权，让企业出资向社会购买公共服务，政府负责质量设定和监督以及过程监控。① 一方面，可以激发市场主体的社会责任意识，为人民调解提供经费保障；另一方面，则可以分散政府的压力，减轻财政负担。

（二）培育社会力量

人民调解是基层群众实现自治的重要形式，是基层群众自治制度的组成部分，需要激励、培育社会力量参与公共服务的供给过程。对于人民调解这种特殊的公共服务，由于其专业化的需求和公平公正的价值导向，社会组织或者非政府组织的参与供给，就显得弥足珍贵。倡导发扬公共精神，通过相关的政策优惠，建立人民调解志愿组织，也有助于形成持续的人民调解服务供给。

---

① 这种调解与目前企业内部存在的调解有本质的区别。企业内部设立的调解组织，主要用以调解企业内部职工之间、职工与组织之间的矛盾冲突和纠纷，其本身是一种内部调解，是企业内部行为，其受益范围仅限于企业内部员工及组织，其经费支持由企业自身提供。

（三）强化政府责任

“福田模式”的可贵之处是基层政府积极行动，通过政府购买人民调解公共服务，转变政府职能，开拓人民调解公共服务的供给渠道，取得了明显的成效。虽然福田区是经济发达地区，基层政府财政状况良好，与其他地区比较，具有得天独厚的财政有利条件，但是，没有政府职责强化作为条件，缺乏政府职能的明确定位，公共财政对公共服务的投入就只能停留在口号上，难于取得实效。因而，强化政府职责是解决人民调解公共服务供给不足的根本出路。

打造人民调解的多元化供给体系，是确保有效供给的可行思路。充分发挥政府的力量、市场的力量、非政府组织的力量，进而形成一个良性的供给体系，是解决人民调解公共服务供给不足的可行之路。当前，积极培养基层政府部门的服务理念，促使其转变职能并加快服务型政府建设的步伐，才能为公共服务的有效、持续供给奠定基础。

第五章 “福田模式”对社会资本优化配置的促动

人民调解“福田模式”引起了官方和学者们的广泛关注。本书尝试引入社会资本的研究角度，剖析“福田模式”运行机制，探索其取得成功的社会资本因素。根据影响其运行的社会资本因素，找到更好挖掘社会资本的途径。

一、社会资本的含义与界定

“社会资本”是20世纪80年代随着经济社会学，特别是新经济社会学的发展，成为了社会科学中应用最广泛的概念和理论。这个概念为经济社会学家解释为什么有些行动者在获取资源或实现工具性行为时会比其他行动者更成功。过去的二三十年中，政治学、管理学、法学、历史学等学科的学者们，也纷纷借用该概念及其理论与方法，解释各种人类行为和社会现象。虽然如此，由于“概念界定的不统一、测量方法的差异和分析层次的不同”[①]，学术界对社会资本的概念界定和理论分析，也显示出不同视角：个体和群体视角；微观、中观和宏观视角等。[②] 本书主要从个体和群体视角出发，对社会资本概念和理论进行简单梳理和阐述。

（一）社会资本的个体视角

在国外，从个体层面对社会资本进行研究的代表学者包括林南、弗兰普、罗纳德·博特和亚历詹德罗·波茨等。他们关注“个人对社会资本的使用”，即个人如何获取和使用嵌入在社会网络中的资源，以获得工具性行动中的回报和保持情感性行动中的收益。这个层次的社会资本，类似于人力资本，因为个人进行投资是为了其自身的回报。

个体视角分析的焦点是：(1) 个人如何在社会关系中投资；(2) 为了产生回报，个人如何获得嵌入在关系中的资源。林南认为，个人可以获取和利用

---

① 张文宏：《社会资本：理论争辩与经验研究》，载《社会学研究》2003年第4期。

② 同上。

的资源有两种类型，即个人资源和社会资源。社会资源存在于个人的社会网络和社会关系中。随着行动者社会关系网络的延伸，范围和类型多样性的变化，行动者所能意识到的和获取与使用的社会资本的数量和类型，也会发生变化。因此，社会资本是“行动者在行动中获取和使用的嵌入在社会网络中的资源”。根据这一定义，可以将社会资本理解为：(1) 它是一种社会资源，它植根于行动者所处的社会结构中；(2) 行动者能够有意识、有目的地获取和动用它去获益。也就是说，“社会资本植根于社会网络与社会关系之中，是在目的性行动中被获取或被动员的嵌入在社会结构中的资源。一般而言，社会资本包含结构和行动相互交叉的三个组成部分：结构（嵌入性）、机会（通过社会网络的可获取性）和行动（使用）方面”①。

弗兰普、罗纳德·博特、亚历詹德罗·波茨等人的研究，也反映了这一视角。弗兰普认为，“社会资本是与自我有强关系的他人提供的资源”。在个人的社会网络中，个人的关系数量越多，强关系拥有的资源越丰富，个人的社会资本就越丰富。罗纳德·博特认为，社会网络是一种社会资本，关系网络是一种投资。网络位置代表并创造了竞争优势，他提倡个体占据有利的网络位置——结构洞，获取有价值的社会资本。亚历詹德罗·波茨直接将社会资本看作作为行动者的个体，在已有的社会网络中获取资源的能力。社会资本是“个人通过他们的成员身份，在网络中或者在更宽泛的社会结构中，获取稀缺资源的能力。获取能力不是个人固有的，而是个人与他人关系中包含着一种资产。社会资本是嵌入(embeddedness)的结果”②。

（二）社会资本的群体视角

从群体层面（包括组织层次）研究社会资本的学者，主要包括皮埃尔·布迪厄、詹姆斯·科尔曼、罗伯特·D. 普特南等。他们的研究集中在：(1) 某些群体如何发展和维持或多或少的社会资本，作为其集体资产；(2) 这些集体资产如何增加群体成员的生活机会。

布迪厄认为，社会资本由某种持久的社会网络组成，“它是现实或潜在的资源的集合体”，这些资源与拥有或多或少制度化的共同熟识和认可的关系网络有关。换言之，与一个群体中的成员身份有关。社会资本的积累和投资，依赖于行动者能够有效使用的社会网络的规模和投资的深度，以及该网络中群体成员所拥有的经济、文化和符号资本的数量和质量。在这种意义

---

① 〔美〕林南：《社会资本——关于社会结构与行动的理论》，张磊译，上海人民出版社 2004 年版，第 20—40 页。

② 朱国宏、桂勇：《经济社会学导论》，复旦大学出版社 2005 年版，第 182 页。

上，社会资本也是群体中整个社会网络成员的公共财产，群体成员通过相互的义务和重复交换生产和维持。本书发现，在布迪厄的研究视野中，社会资本首先是基于群体的而非个体的，它是一种持续性的、体制化的、较为稳定的社会网络所具有的潜在的资源，存在于群体成员特有的联系之中，并通过习惯性和制度化的社会交往活动进行创造、维持和加强。行动者只有在拥有某个群体或组成成员身份或资格的时候，才能获取、调动和使用，以得到某种回报。“布迪厄将社会资本，视为一种社会网络或群体成员所拥有的资本形式。”①

科尔曼关注的核心问题是“社会系统如何运行的”。他将社会系统分为两部分：“行动者”和“资源”。“行动者”为了从某一行动中获取自己感兴趣的资源，将自己控制和拥有的资源与他人进行交换和转移，形成多种特有的持续性社会关系。这种关系包括权威关系、信任关系以及作为社会规范基础的关于权利分配的共识。这些社会关系既是社会结构的组成部分，在社会结构内部又作为个人的资源，便于个人实现自己的目标。因此，社会资本是从社会关系中获取的、现实的或潜在的资源，是个人或个人活动无法代替的。但是个人可以通过社会关系的投资，积累和增加社会资本。据此，科尔曼将社会资本界定为“个人拥有的社会结构资源”，“它并不是一个简单的实体，而是由具有两种特征的多种不同实体构成的：它们全部由社会结构的某个方面组成，它们促进了处在该结构内的个体的某些行动”②。他认为，社会资本存在于两个或多个参加者之间关系的结构中，表现为人与人之间的“义务与期望”关系、信任关系、权威关系、信息网络、规范和有效惩罚、多功能组织等，属于公共物品；而且是生产性的，并非完全可被替代。

布迪厄和科尔曼的讨论，都围绕群体性社会资本展开，认为社会资本存在于社会网络中，保持紧密的社会网络，是维持和创造集体社会资本的主要手段；强调个体如何通过投资社会关系等方式，获取和维持社会资本。普特南则通过美国公民的参与状况等经验性研究，如《使民主运转起来》《独自打保龄球》等书，论证了“社会资本可以生产和维持集体福利”的观点。他认为，社会资本是群体、组织和社会良性运行的前提条件，有助于促成群体社会行动和生活目标的实现，能有效化解集体行动困境，是促使民主得以运转和提高制度绩效的关键因素。在社会资本的概念界定上，普特南认为：“社会资本指的是社会组织的特征，例如网络、规范与信任，它们能够通过促进合作行

---

① 〔美〕林南：《社会资本——关于社会结构与行动的理论》，张磊译，上海人民出版社 2004 年版，第 22 页。

② 张文宏：《社会资本：理论争辩与经验研究》，载《社会学研究》2003 年第 4 期。

为，来提高社会的效率。”[①]社会资本（特别是规范、普遍信任和公民参与）既影响经济发展、组织和社区职能行为有效性，也影响居民生活质量和幸福指数。可见，以布迪厄、科尔曼和普特南为代表的群体视角的研究，其兴趣主要集中在两个方面：一是探索集体性社会资本的创造和维持的要素及过程，二是一个群体的规范、信任、制裁和权威等成为群体的社会资本，得以创造和维持的基本要素的原因。

综上所述，无论是从个体视角出发还是从群体视角出发，研究者们的共识是：社会资本是嵌入于社会结构和社会网络中的资源；行动者在需要的时候能够主动调动社会资本，提高其目的性行动的成功率；社会资本需要通过社会交往进行投资、使用和转移。这些共识在林南关于社会资本的概念界定中都有所反映，所以本书借鉴林南的社会资本含义：社会资本植根于社会网络与社会关系之中，是在目的性行动中，被获取或被动员的嵌入在社会结构中的资源。这也是一个最为普遍的定义，既适合运用到个体层面，也适合运用到组织、社区等群体层面。根据社会资本的这一含义，本书既可以研究社区中作为制度的“福田模式”本身，也可以研究“福田模式”中的个体行动者。

二、“福田模式”中的社会资本运用

毋庸置疑，“福田模式”有其良好的政治、经济、社会环境。福田区是深圳市的行政、文化、信息、国际展览和商务中心，为“福田模式”的运行提供了丰富的政治资源和经济资源。2014 年，福田区实现地区生产总值 2958.85 亿元，同比增长 8.9%，居全市第三位。[②]

与此同时，福田区在社区建设方面的成绩，也为“福田模式”的运行提供了良好的社会环境。福田区政府重视社区建设，通过整合社区居委会、设立社区工作站和社区服务站、实施“五个一”工程[③]，从社区组织、社区服务、社区卫生、社区文化、社区环境、社区治安、社区安全、社区教育、社区计生、社区

---

① Robert D. Putnam, The Prosperous Community: Social Capital and Public Life, *American Prospect*, 1993(13): 35—36。

② 详见深圳市福田区统计局：《深圳市福田区 2014 年国民经济和社会发展统计公报》，载福田政府在线：http://www.szft.gov.cn/zf/zwgk/tjxx/tjgb/201504/P020150413527515787033.pdf，访问日期：2015 年 9 月 13 日。

③ 即规划建设一个社区服务站、一个社区康复中心、一个文化广场（公园）、一个图书室、一条安全文明示范路（街）等，并通过建立和健全义工服务队伍、家政服务队伍、文体队伍、法律科普宣传队伍以及治安联防队伍等社区“五支队伍”，实现社区服务网络化。

统计等10个方面着手，全面推进福田区社区建设、管理与服务。① 在社区建设过程中，他们重视法律宣传和培训，推进“法律服务进社区”。例如，出台《福田区法制宣传教育工作规定》和《福田区法制宣传栏五项管理制度》，创构“4＋5＋10”普法模式和公职人员法律知识培训②；以“群众参与、群众创造、群众享受”为基本理念，加强文化建设，形成具有布局合理、功能完善的三级文化设施和文化服务网络③，组织各种社区文化活动；建立良好的治安环境，引进和培育良好的群体和组织进入社区；响应深圳市民政局、市社区建设促进会的号召，承办在社区引入以居民需求为先的公益性便民服务。为了保证专业性，福田区政府2014年开始通过政府购买服务的方式引入大量的专业社会工作中心进入和参与社区建设，提供社区服务。这些活动不仅让福田区成为“全国文化先进区”“深圳市文明区”，创造了大量的文化资本和符号资本，而且提高了公民参与的积极性，加强了公民对社区的归属感和信任感，增强了社区的能动性。公民参与，影响集体资本存量。④ 公民参与的积极性越高，集体活动参与率越高，集体资本存量就会越丰富。丰富的集体资本存量，能够促成合作行为的发生，提高群体或组织行为的效率。福田区公民对社区事务和活动的广泛参与，提高了“福田模式”运行效率和政府行为的绩效。

人民调解的“福田模式”在司法救济和法律援助领域取得显著成绩的直接原因是，它通过政府购买专业服务，在不同的部门与机构设立人民调解室，向社会提供法律服务的同时，成功地利用和创造了信任、制度、规范、网络等社会资本。

（一）充分调动和创造法律资源

“福田模式”中运用的法律资源主要包括两种形式：公民的法律意识和律师资源。“福田模式”通过调动福田区既有的法律资源得以运行，通过自身的运行又创造了大量的法律资源。

---

① 《福田十新举措加强社区建设》，载新华网：http://www.gd.xinhuanet.com/newscenter/2003-02/21/content_234948.htm，访问日期：2015年8月2日。

② 详见《福田区着力创构“4＋5＋10”普法模式和2010、2011年福田区司法行政工作总结》，载福田政府在线：http://www.szft.gov.cn/ft/zfbm/sf/ndgzzj/201203/t20120330_317864.html，访问日期：2015年8月2日。

③ 即市、区层面上的“中心区经济文化圈”、街道办层面的“一公里文化圈”和社区居委会层面的“社区文化网络圈”。详见《福田模式：深圳文化自主创新的引擎》，载南方网：http://www.southcn.com/nflr/llzhuanti/whjj/zhjd/200605310824.htm，访问日期：2015年7月3日；《从福田文化发展过程透析“福田模式”》，载新华网：http://www.gd.xinhuanet.com/newscenter/ztbd/2006-05/18/content_7022498.htm，访问日期：2015年7月3日。

④ 详见〔美〕罗伯·D.特普特南：《独自打保龄球——美国社区的衰落与复兴》，刘波等译，北京大学出版社2011年版，第41—60页。

截至2012年12月，福田区共有律师事务所205家，占全市律师事务所的一半；有律师4802名，占全市律师近70%。律师业务的种类涉及所有诉讼和非讼专业领域。[①] 公民的法律意识强，人们依法行为的可能性增加，通过法律维护自身权益的意识较强，社会的法律服务需求也比较旺盛。

为了满足人们对法律服务的需求，福田区政府通过各种形式的普法宣传，积极推进“法律进社区”活动，营造良好的法治社区环境，提高人们的法律意识。同时，还通过各种途径促进律师队伍的建设、优化律师资源。例如，响应深圳市律师参与“法律进社区”的号召，动员律师参与社区常年法律咨询活动，参与社区法制宣传活动，指导和参与基层人民调解工作，担任社区以及各类组织、企业的法律顾问，通过法律援助为社区居民提供公益性、便民性的法律服务，参与“律师进民企”服务，设立便民联系点；“创设‘福田律师发展论坛’，举办专题讲座和研讨活动；通过组织文娱活动，加强律师事务所之间的联系；开展司法所和律师事务所“所所结对子”活动等；向律师事务所购买专业的法律服务、以人民调解的方式调解各类社会矛盾和纠纷，提高了司法所和律师事务所的资源整合力度和共享程度。2015年福田区又在法律援助处、公证处、人民协调指挥中心、社区矫正监管教育服务中心、律师发展服务中心、司法鉴定司法考试工作联系点、法治文化图书馆等法律服务机构引入公共法律服务。[②] 这使得“福田模式”的运行及持续拥有了丰富的法律资源。

“福田模式”创造了大量的法律资源，主要表现在以下三个方面：

(1) 专业的法律人才进入人民调解领域，为法律资源流入基层社会打通了渠道，人们能够相对容易地获得专业的法律服务和信息。从调解室的分布(图5-1)看，福田区在派出所、医院、交警大队、法院、信访局、区劳动局和住建局都设立有人民调解室。2014年，福田区在地铁、汽车站和公交站也设立了人民调解室，2015年增加区调解委员会人民调解室。通过这些人民调解室的设立，法律资源顺利流通到了基层纠纷和矛盾较突出的大部分领域，更为

---

① 资料来源于福田区政府和深圳市司法局。

② 详见福田区司法局:《“福田区公共法律服务中心安排进驻以下法律服务机构”的通告》。该《通告》内容如下:“福田区公共法律服务中心安排进驻以下法律服务机构:1. 福田区法律援助处;2. 福田区公证处;3. 福田区人民调解协调指挥中心;4. 福田区社区矫正监管教育服务中心;5. 福田区律师发展服务中心(深圳市律师协会福田工作委员会、福田区法律顾问服务团、普法讲师团、青年律师服务团);6. 司法鉴定司法考试工作联系点;7. 福田区法治文化图书馆;8. 福田区人民调解协会(筹建);9. 福田区社区矫正协会(筹建);10. 中国政法大学社区矫正创新研究基地(筹建);11. 西北政法大学人民调解福田模式研究基地;12. 福田区维德法律服务中心(人民调解委员会、“新雨计划”普法行动);13. 福田区‘青春启航’青少年教育基地;其他根据需要引进法律类心理矫正类等社会组织。”

方便、快捷地为人们提供了日常生活中所需的法律服务。

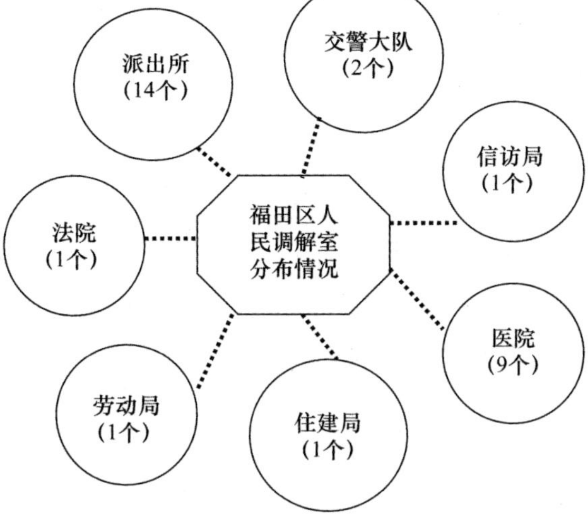

图 5-1 福田区人民调解室分布情况图

(2) 培养和锻炼了律师人才,增加了人力资源。进入人民调解室的专业人员通常都是接受完学校教育、刚刚进入社会的年轻律师助理,他们通常缺乏实际的工作经验和社会经验。在调解室,他们往往能够得到很好的锻炼,从而快速地成长为优秀律师。驻华富派出所人民调解室的调解员告诉我们,在调解室工作不仅需要法律知识,还需要心理学、社会学等知识;不仅需要丰富的专业知识,还需要丰富的社会经验和实际调解技能;不仅需要耐心,还需要爱心。通过在调解室的工作,他们不仅真正理解了理论知识和法律条文,也学会了在特定的社会情境中使用理论知识和法律条文,学会了各种调解和谈判技巧。这些都有助于他们日后在律师岗位上的成长和发展。

(3) 解决具体纠纷的同时,人民调解增强了法律在社区的规范和引导作用。“福田模式”对法律规则的适用,强调了规则的作用,教育公民更理性地面对纠纷和矛盾,做到依法办事,有效预防矛盾纠纷。而且,通过调解案例,形成了协商解决纠纷的范例。纠纷的协商解决,本身构成了强化规则效力和约束力的良性循环。

(二) 通过制度化和规范化,重建和获取信任

信任、网络和规范是社会资本的重要组成部分,它们能通过促成合作,提高效率。群体或组织的信任度越高,社会资本的数量就会越多,质量也会越高;社会网络越完善、关系越密集,越有利于社会资本的生产和流动;规范和制度保证权利和义务的实现,从而促进社会资本的创造与转换。社会资本与

人民调解是一种正相关关系。而且，信任是其主要的作用机制。社会资本存量越高，人民调解越容易获得人们的信任；人们的普遍信任，有利于调解的成功。① 在“福田模式”中，也存在这样的信任机制。

长期以来，中国社会都被看作是一个“熟人社会”“关系社会”。人们根据费孝通先生概括的“差序格局”，由亲到疏建立自己的社会关系，安排自己的生活。在社会秩序的维持上，人们遵从“礼治”，奉行“无讼”②，坚守“人情”，重视关系资源。这种积淀在民众内心深处的传统和习惯，在社会秩序的建立和维持中，很大程度上排挤了法律的实施空间，在农村甚至使得“法治”成为国家的“一厢情愿”。加之诉讼在时间、经济、社会心理上的高成本，人们在遇到纠纷和矛盾的时候，更加相信调解、私了与和解等办法。③

福田区大部分是混合型社区，人们之间的社会关系，同时显示出非正式的、情感性社会关系和正式的、工具性社会关系并存的特征。因而，乡土社会的“无讼”文化和现代法律诉讼的高成本，也共同影响着福田区的居民处理纠纷和矛盾方式的选择。“福田模式”综合考虑到这些因素，通过政府购买专业的人民调解，很好地满足了人们的社会心理和低成本需求，获取了人们对政府的信任，积累了大量的社会资本。

1. 制度化

“福田模式”采取了制度化的人民调解方式。人民调解是一种中国特色的化解纠纷和矛盾的方式，有着深厚的文化传统和悠久的历史背景。它体现了国人传统的处事习惯，以及和解纠纷、息事宁人、和睦相处的美德。人民调解所体现的文化传统和道德，也是一种重要的精神资源：首先，人民调解本身就具备一定的程序利益，成本低、行为迅速和便利。采取这种方式提供法律服务，人们更容易接受。其次，“福田模式”通过政府的支持和介入，制定和颁布《构建社会矛盾纠纷大调解体系实施方案》等相关文件，设立专门、专业的调解室，实现“调解人员专业化、调解机制规范化、调解方式法制化、档案管理标准化”，将人民调解方式制度化。制度与规范是极其重要的社会资本，它们通过惩罚行动者利己主义的违规行为，奖励利他主义的公益行为，规劝和引导行动者以集体目标和公共利益为行动准则，从而促使行动目标的实现。“福田模式”使得人民调解规范化，确保了调解的有效性，重建和提高了人民

① 宋黔晖：《社会资本视野下的社区调解》，载《贵州师范大学学报》(社会科学版)2011年第2期。

② 费孝通：《乡土中国 生育制度》，北京大学出版社1998年版，第24、54页。

③ 曾长进、苏敏：《乡土社会的“无讼”文化：一个法社会学解释》，载《社会》2001年第8期。

调解的公信力。

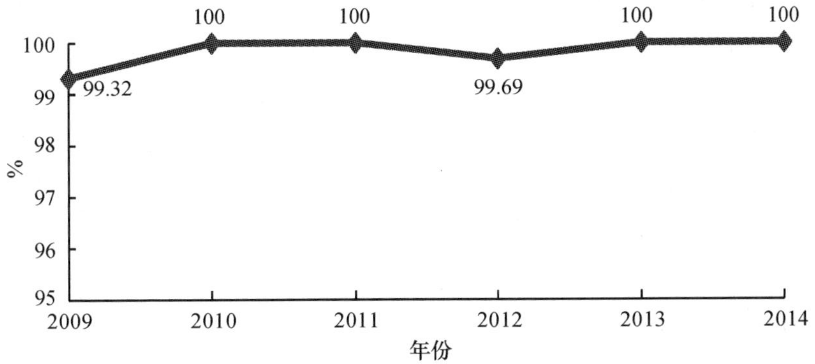

图 5-2 2009—2014 年福田区驻交警队人民调解室成功调解纠纷情况

调解成效最大的是交通事故纠纷。如图 5-2 所示,驻交警大队的人民调解室,调解成功率在近六年的时间中一直接近 100%。其中,驻福田交警大队人民调解室调解金额共计人民币 3422 多万元,单宗调解金额最高达 128 万元。而且,调解成功的纠纷,大部分都是当场履行调解协议,少部分不方便现场履行的,约定履行日期,在调解员的监督下履行。如图 5-3 所示,就 2010 年至 2012 年福田区各类人民调解室的调解情况看,由于存在纠纷的复杂性和特殊性等因素,驻法院和驻医院的人民调解室的调解成功率相对较低,但也达到 70%左右,分别为 70.45%和 68.09%。

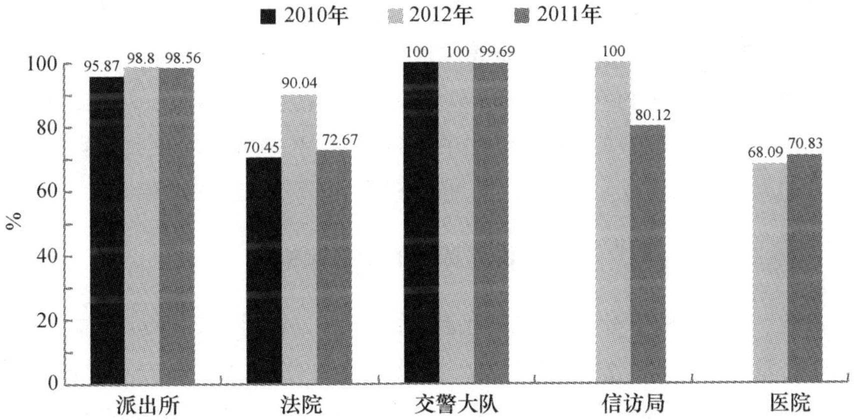

图 5-3 2010—2012 年福田区各类人民调解室调解成功率

2. *政府资助*

“福田模式”采取政府购买服务的方法,通过政府资助,影响社会资本的创造和维持。政府是社会中最具权威的组织,掌控着大量资源。政府对个体、组织和社区的资助状况，涉及政府资源的公平性和政府威信，涉及公民对政府的满意度和信任度。政府进行了资助或者资助较多，公民对政府的满意度就会越高；公民对政府的满意度越高，就会对政府产生一种普遍的信任，进而增加社会资本的存量。在“福田模式”中，政府出面购买专业的法律服务，免费提供给社区居民，既增强了公民对法律的信任度，也增强了公民对政府的信任度。在信任机制的作用下，公民参与的积极性普通提高，遇到纠纷和矛盾首先通过人民调解来解决。人民调解对矛盾与纠纷的快捷、高效处理，进一步赢得了公民的信任，而公民的高度信任，又促使了调解的达成。于是，“福田模式”进入了良性循环。

3. 专业性

“福田模式”引进专业的律师作为调解员，专业不仅代表着权威，还代表着效能。任何一个行业的从业者，都会因为专业才能获得权威性和信任。在人们日常生活和工作中，从家庭矛盾到劳资纠纷，无一不涉及法律问题。而律师既熟知相关的法律、法规，懂得沟通技巧，又具有从业资格证、身份中立，能够更好地保证公平。因此，“福田模式”中的调解员，无论在权威性上，还是调解的有效性上，都获得了人们的信任。

调解员的调解技能、耐心等个人魅力也是成功的关键因素。调解员的讲话方式和耐心程度也影响当事人的信任程度，从而影响调解的效果。在对当事人的访谈中可以发现，有的当事人其实并没有在调解中解决自己所面临的问题(在一定程度上，这类问题是无法通过调解解决的)。调解员的善意和关爱，使当事人放弃了再次发生纠纷和冲突的念头。因此，在培养和提升调解员专业调解技巧和法律素养的过程中，培养和提升调解员的社会心理素养和爱人、助人之心也是获取人们信任、解决纠纷和冲突的重要途径。

(三) 建立持续的社会网络

社会资本植根于社会结构和社会网络中。“福田模式”通过设立人民调解室，在政府、律师事务所、社区居民以及医疗等其他社会机构之间，建立了一个持续性的社会网络和社会关系，形成了一个稳定的“福田法律服务提供网络”(详见图 5-4)。社会资本是嵌入在社会网络与社会关系中的资源。布迪厄关于资本的范围，认为包括经济资本、社会资本、文化资本及符号资本，它们可以相互转化。经济资本是指钱、财物等经济资源，社会资本是指社会关系网络资源，文化资本是指包含知识、技能、教育在内的任何一种可以赋予个人权力和地位的资源，符号资本是指影响信用、名望和认可的资源。在“福田模式”中，政府为律师事务提供了以资金为主要形式的经济资本；律师事务所通过人民调解室，为社区提供专业的法律服务为主要形式的文化资本；社区居民和交通、医疗等组织与机构，则向以人民调解室为代表的政府，提供以信任为主要形式的符号资本。通过调解和相关法律知识的咨询与普及，个体之间、组织之间以及个体与组织之间的权利（权力）与义务，受到了明确、权威的规定，行为受到约束，合作成为主要的互动形式。

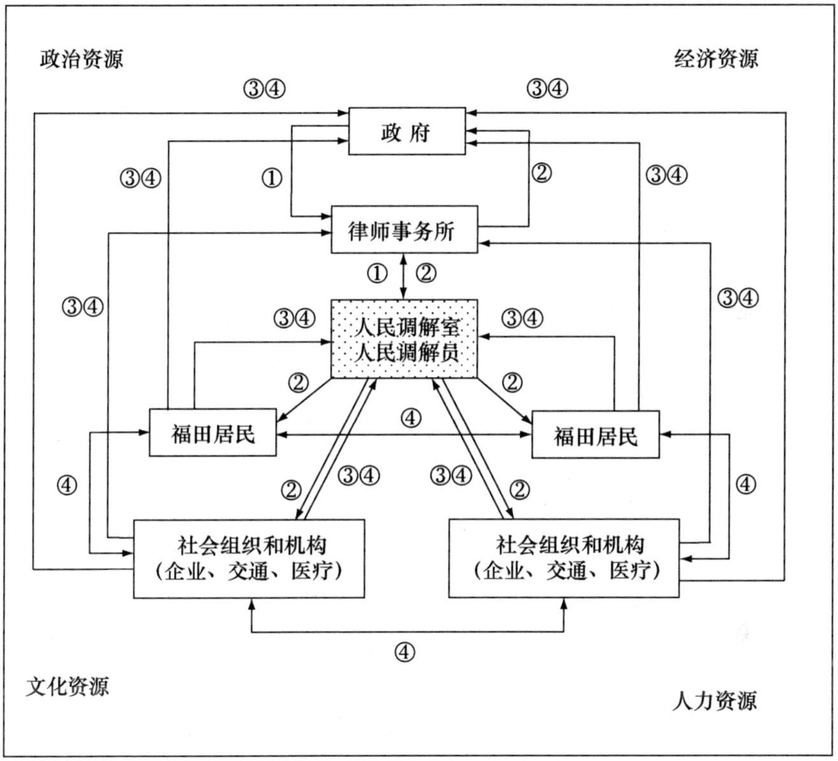

图 5-4　福田区法律服务提供网络示意图

备注：(1) 箭头方向表示资源流动方向。

(2) 带圈的数字表示资源：① 表示资金、物质设施等资源；② 表示法律、规范等资源；③ 信任、支持等资源；④ 表示合作、互助等资源。

福田区法律服务提供网络中的核心要素是人民调解员。借用博特的结构洞理论，人民调解室占据了网络中的最优效率的网络位置。作为网络中的结点，人民调解室将社区居民、社区组织与机构和政府、专业机构有机地联系在一起，形成一个完整的网络，创造和维持着持续的社会关系资本，传递着以信息和服务为主的符号资源。可以说，“福田模式”的实施效果，主要体现在人民调解员的服务和服务效果上。无论是政府和社区对专业法律机构提供服务的数量、质量、效果和满意度，还是社区对法律服务的接纳情况、评价和政府工作的效能，都集中在调解员的角色中。

表 5-1　福田区部分人民调解室受理和成功调解纠纷表(2008 年 10 月至 2015 年 2 月)

年份		人民调解室					
		派出所	交警大队	法院	劳动局	医院	信访局
2008.10—12	受理数(宗)	829					
	成功率(%)	93.61					
2009.1—12	受理数(宗)	6834	293				
	成功率(%)	90.89	99.32				
2010.1—12	受理数(宗)	7507	433	132	205		
	成功率(%)	95.87	100.00	70.45	\		
2011.1—12	受理数(宗)	9907	481	656	40	94	1
	成功率(%)	98.80	100	90.04	\	68.09	100.00
2012.1—12	受理数(宗)	11219	289	1954	\	48	161
	成功率(%)	98.56	99.69	72.67	\	70.83	80.12
2013.1—12	受理数(宗)	9223	174	2243	\	31	\
	成功率(%)	98.95	100.00	43.83	\	47.83	\
2014.1—12	受理数(宗)	10094	138	420	\	10	1016
	成功率(%)	95.24	100.00	100.00	\	100.00	100.00
2015.1—2	受理数(宗)	1500	27	61	\	\	185
	成功率(%)	96.50	100.00	100.00	\	\	100.00
2008.10—2015.2	合计(宗)	55613	1858	5466	245	183	1202
	成功率(%)	96.11	99.99	79.49	\	64.48	\

“福田模式”目前的成效，特别是 85%的平均调解成功率证明，人民调解员在调解各类矛盾和纠纷中发挥了重要的作用(如表 5-1 所示)。如前所述，这一点提高了人们对“福田模式”的信任度，增加了网络中的社会资本。2013 年开始到 2015 年 2 月之间稳定增长的成功调解率(如图 5-5 所示)也从侧面反映了人们对“福田模式”认知和接纳程度的提高，促进了社区信任。

此外，人民调解员还承担了信息传播的作用，促进了社会资本在社会网络中的流动。调解员在调解纠纷的过程中，自然会向双方当事人介绍相关的法律规定，普及法律知识。因此，调解员也承担了普及法律的工作，向社区居民提供法律信息。信息是一种重要的资源，它不仅本身具有极强的使用价值，能够满足人们的精神需求，促进经济的发展和物质的进步，而且可以增值。通常来说，社会网络中的信息越丰富，社会资本也就越丰富。行动者通常通过信息获取、使用和传播，实现个人或群体的某种工具性和情感性需求。例如，求职、参与集体活动。法律信息是一种文化符号，也是一种规范符号。从社会资本的角度，法律也是一种社会资本，是群体创造和维持其他社会资

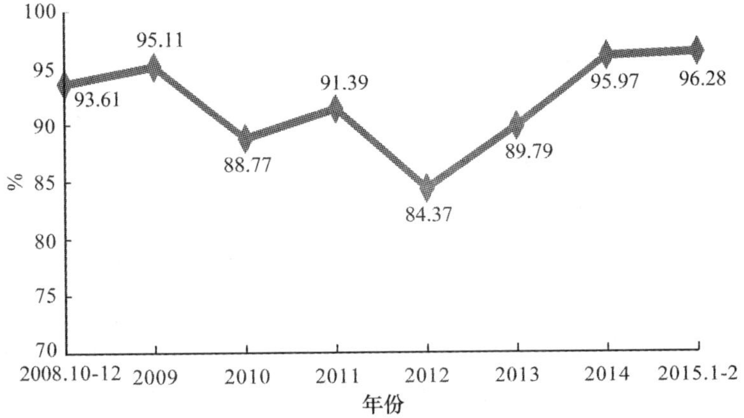

图 5-5 2008 年 10 月至 2015 年 2 月福田区人民调解室调解成功率

本的基本要素。它的普及和扩散,不仅能为个人和群体提供基本的行为准则,也能促成合作行为的实现,预防、减少矛盾和纠纷。

人民调解涵盖了人身纠纷、财产纠纷、损害赔偿纠纷、劳动纠纷、婚姻纠纷、医疗纠纷等广泛的领域(如图 5-6 所示)。调解过程涉及的法律、法规和政策,既为社会成员在生产劳动、婚姻家庭、财产和人身保护等各个方面提供了个体行为依据,也为社会成员在经济、家庭等各种类型的社会互动中提供了准则,为人们能够有序地生活、依法处理矛盾和纠纷提供了保障,预防和避免了“失范”与“越轨”的发生。

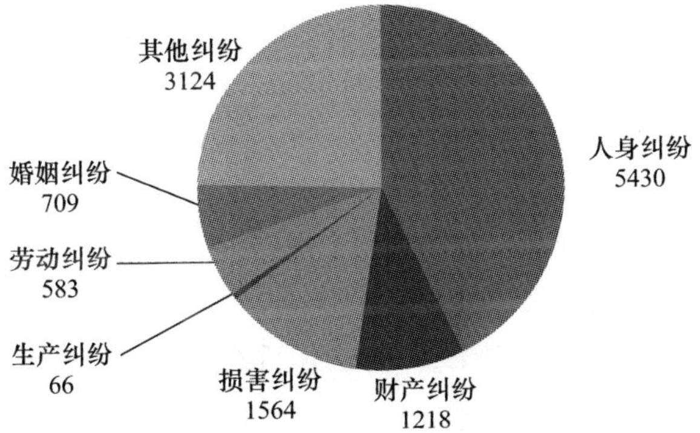

图 5-6 2012 年福田区人民调解室受理纠纷类型图(宗)

通过人民调解,当事人及其他社会成员对自身行为准则的认知度和法律意识进一步提高,很大程度上促进了合作行为的发生,增加了社区中的社会资本存量。社区成员规则意识和法律意识的提高与积累,又进一步提高了社区成员的能动性,人们主动影响和积极决定社会生活事务的能力提高,促使社区整体的能动性增强,社区的活力越来越足。

(四) 调动社区民间组织的力量,提升社会资本存量

民间组织的数量及其活动是承载和体现该社会或社区社会资本存量的重要指标。民间组织是现代社区生活的重要参与者,它的存在与运行也增加和创造了大量的社会资本要素。“福田模式”在发展过程中,创建了 130 个“爱心调解站点”,将辖区专兼职人民调解员、服务律师和义工调解队伍、志愿者服务队伍及其他公益组织等民间组织引入社区公共法律服务体系中。目前,“爱心调解站”已经有 800 多人,人员构成有律师、社区心理咨询师、退休法官、检察官等,分布在街道、社区调解委员和派驻调解室。如图 5-7 所示,他们已经受理矛盾纠纷 10480 宗,成功调解 9894 件,调解成功率为 94.4%。[①] 预防纠纷、排查纠纷和防止群体械斗、上访,为维持社区秩序做出了贡献,降低了管理和社会成本,节约了资源。此外,这一举措在进一步整合和调动律师资源的同时,还充分挖掘与动用了民间组织及其人力资源和社会资本要素。

第一,爱心调解队伍,为社区创造和扩展了信任。爱心调解队伍由民间力量和民间组织构成。民间组织具有非营利性、志愿性和公益性,还具有由此吸引和建立起来的社会网络,因此也是社区社会资本的重要占有者。较之于政府,他们在社区开展普法宣传、法律援助等活动更容易获取社区成员的信任。进入爱心调解队伍之后,随着他们参与的一系列活动的成功,一方面,不仅原有社会关系网络中的人员对他们的信任程度越来越高,而且拓展了社会关系网络的规模,获取了更大范围社会公众的信任。另一方面,他们的行为又在政府的支持下进行,政府的公信力也进一步提高。

第二,爱心调解队伍,为社区创造和积累了制度与规范。根据爱心调解站的职责,协助街道、社区人民调解委员会开展人民调解只是爱心调解队伍的工作内容之一,他们还需要协助街道开展综合治理工作、普法宣传教育和法律咨询、受理法律援助申请、开展社会矛盾纠纷排查、协助息访息诉,甚至参与辖区公益活动。通过这些活动,他们不仅在社区成员中注入和强化了一种理性和秩序的意识,以及助人、利他等公益理念,而且带领其他社区成员执行具体的行为规范和制度。

第三,爱心调解队伍的活动,提高了社区居民的参与率。一方面,作为社区社会资本存量的衡量指标,民间组织的数量和参与的社区活动越多,社区

---

① 统计资料来源于福田区司法局。

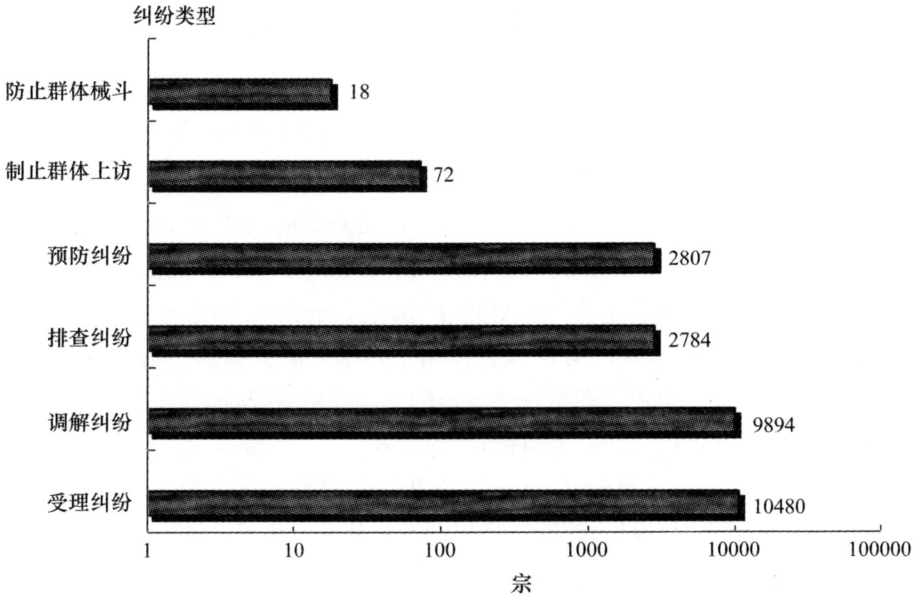

图 5-7 福田区爱心调解站工作成效示意图

的社会资本就会越丰富。爱心调解队伍通过整合不同的民间组织，在社区开展了大量的服务性和公益性活动，本身就丰富了社区社会资本。另一方面，爱心调解队伍引入义工、退休的法律人士等民间力量和志愿性团体，构成了一个公民广泛参与的服务团队，能够吸纳不同背景、不同社会阶层、不同价值观的人员参与其中，促进了居民对公共事务和社区生活的关注程度和参与程度。

值得一提的是，在调动现有社区民间组织力量的同时，福田区也非常注重培育和支持新的民间组织力量的成长，如青年律师服务团队和维德法律服务中心。这也是值得关注的另一个主题。

三、“福田模式”对社会资本的优化

福田区的经济、社会发展状况与制度、网络和信任等，在“福田模式”的运行中，发挥了重要的支持和促进作用。但是，社会资本创造与维持，也受到各种因素的影响。社会网络、人们的意识和观念、政府的行为等因素[①]，都影响社会资本的数量、类型和质量。本书主要从三个方面介绍影响“福田模式”运行的因素。

---

① 朱国宏、桂勇：《经济社会学导论》，复旦大学出版社 2005 年，第 110—112 页。

(一)对制度的稳定实施和持续宣传

社会资本的获取与调动,与群体的成员身份有关。当行动者作为群体成员,为群体中其他成员提供了一定的服务,并根据群体规则和义务,确信其他成员会为此对自己承担起义务的时候,就拥有了社会资本。因此,社会资本的获取,需要持续性的、稳定的网络互动。社会资本的创造与流转,通常是在特定社会网络中进行的。作为现代化的城市社区,人口具有“高流动性”。人们通常为了较高报酬的工作和较好的工作环境而迁移。[①] 这种迁移会影响人际关系的稳定性,破坏既有的社会网络。在法律服务提供网络中,社区居民和组织也不可避免地会产生各种各样的流动与更替,从而影响法律服务的知晓度和信任度,进而影响“福田模式”的成效。

因此,为了保证信息的有效传递,必须认真、持续性做好相关制度的宣传工作,保证人们对“福田模式”的较高程度的知晓度。由于社区人口的流动与更替较快,需要建立长效机制,始终如一,保证其效果。

(二)社会工作者的积极有效参与

在法律服务提供网络中,主要提供法律的信息资源,这使得其在面对某些特殊的矛盾和纠纷时,显得资源贫乏、力不从心。例如,医疗纠纷具有极强的专业性和复杂性,由于其常常涉及生死攸关的问题,人们对其有着特殊的关注。但是,消费者却会因为严重的信息不对称,很难判断服务的质量。外行人士也很难对其进行监督和管理。[②] 作为医疗机构的工作人员,无论是医生还是护士,由于专业的垄断性赋予的极强权威性,他们也并不是能够彻底地接纳另外一个同样极具权威性的专业人士。这也是医疗领域的纠纷调解成功率相对较低的重要原因。因此,驻医院人民调解室的调解员就需要既具有专业的法律知识,又具有专业的医学知识。但是,医学知识的具备,需要接受专门的教育和训练,是无法像法律条文一样通过大力宣传作为一种规范让大众知晓的。因为这方面知识和信息的缺乏,医疗纠纷成为最常见的一种纠纷,也成为调解难度最大的一种纠纷。此时引进专业的医务社会工作者,或者与医务社会工作机构合作,调解的效率和成效就会得到很大的提高。

因此,为了丰富网络资源,增加网络中的信息类型,“福田模式”也可以根据实际工作的需求,引进相应的专业社会工作者,协助人民调解员的工作。社会工作者是社会福利服务的提供者之一,他们不仅能够“帮助人们提高解

---

① 黎熙元:《现代社区概论》(第 2 版),中山大学出版社 2011 年版,第 193 页。

② 黄晨熹:《社会政策》,华东理工大学出版社 2008 年版,第 233 页。

决问题的能力，帮助人们获得所需要的资源"，还能"促进个人之间以及人与环境之间的相互作用"，"把人与提供资源、服务和机会的系统联系起来"。①社会工作者在主动助人和缓冲政府、社会同个人之间的矛盾及促进社会稳定中发挥着重要的作用。目前，中国政府也将其作为社会建设的重要力量，进行社会工作队伍的建设，并设定了社会工作者的主要工作岗位和就业领域。例如，包括街道和居委会在内的社区，按照标准，社区服务中心和社会工作站等社会工作机构大量设置社工岗位，使用社工。社会工作者不仅坚持助人、爱人等基本理念，还拥有专门的社会工作实践方法。他们常常具备积极和主动获取资源，并运用资源的能力。"福田模式"作为一种法律服务提供方式，引进相关的社会工作者或与社会工作者合作，既可以增加人力资源和信息资源，又可以促进社会资源的良好流动，对提升"福田模式"运行所需要的社会资本，意义重大。

（三）调解权威性的重视和加强

权威性是保证组织和制度效率的重要社会资本要素。调解的权威性，决定着调解的效力。保证调解的权威性，是获取人们的信任和促使当事人履行调解协议的基本途径，也是保证"福田模式"能够持续发展的主要措施。

"福田模式"较高的成功调解率，很大程度上来自于调解员的专业性、努力工作和当事人内心对法律威慑力的敬畏。但是，调解员的"晓之以理，动之以情，诱之以利"，借用法律和警察的威严进行威慑，并不是对于所有的矛盾纠纷及其当事人都有效。由于人民调解权威性的限制，无力应对一方当事人接受调解或者不履行调解协议的情况，而该矛盾纠纷又没有达到通过国家司法审判制度去解决的标准，导致另一方当事人无法获得补偿，甚至一直处于纠纷之中。为了确保调解的效力，进一步提高调解的成功率，需要在保证福田模式调解优势的基础上，加强专业性、规范性建设和人民调解成效的宣传工作，树立和巩固其在民众心目中"低成本、较便捷"解决纠纷的权威形象。

前面提到，"爱心调解站"动员了大量志愿者和民间力量进入调解，虽然为"福田模式"的发展创造了良好的资源环境和社会环境，但是从理论角度出发，他们以志愿性、辅助性身份受理和调解各类纠纷，参与人民调解工作，也可能在一定程度上削弱调解的权威性。当然，这只是一个假设，它是否成立还需要实践来检验。

---

① 〔英〕查尔斯·H. 扎斯特罗：《社会工作与社会福利导论》（第7版），孙唐水等译，中国人民大学出版社2005年版，第50—60页。

第六章 “福田模式”对人民调解制度的完善

人民调解的发展面临着诸多的考验与挑战。其中,公众法治意识的普遍提高、对纠纷解决效率的要求,纠纷解决与纠纷预防并重的理念,以及基层群众自治制度的落实等,都需要人民调解制度创新发展。“福田模式”在发掘社会资源解决纠纷、增强人民调解制度的自治性等方面,对人民调解制度进行了有益的探索与创新。“福田模式”为人民调解制度的完善启迪了方向。

一、人民调解制度的历史演变

在当代中国,调解制度呈现出多元化发展的格局,主要包括政府主导的行政调解、法院主导的司法调解和依托于基层群众自治组织的人民调解。人民调解是指在人民调解委员会的主持下,以法律、政策和社会公德为依据,对当事人进行说服教育、规劝疏导,促使纠纷当事人互谅互让、平等协商,从而自愿达成协议,消除纷争。

(一) 人民调解制度的形成和沿革

中国传统法律文化以“和为贵”“无讼”“中庸”为特征。因此,自古以来,调解就在社会纠纷解决中,发挥着重要作用。新中国成立后,在借鉴传统调解文化并对之进行了一定的改造基础上,于 1954 年颁布了《人民调解委员会暂行通则》,规范了人民调解制度。[①]

新中国的人民调解制度,既具有群众性、自治性、民间性等特性,又同基层政权保持着密切联系,是基层社会治理系统中的一个重要环节。作为一项具有中国特色的纠纷解决制度,人民调解具有扎根基层、贴近群众、便民利民,以及不伤感情、不收费用等特点和优势,被称为化解矛盾纠纷、维护社会稳定的“第一道防线”,也享有“东方经验”的美誉。

据统计,截至 2012 年 2 月,全国共建立人民调解委员会 81.1 万个,其中

---

① 新中国的人民调解制度,源于陕甘宁边区革命根据地的人民调解。详细的论述,参见汪世荣等:《新中国司法制度的基石——陕甘宁边区高等法院(1937—1949)》,商务印书馆 2010 年版,第 240—269 页。

村民委员会、居民委员会设立的人民调解委员会有67.8万个，企事业单位设立的人民调解委员会有6.5万个，乡镇（街道）设立的人民调解委员会有4.2万个，行业性、专业性人民调解组织有2.6万个，人民调解员达到433.6万人，形成了覆盖全国城乡、厂矿的人民调解组织网络。① 近年来，我国人民调解组织的形式不断丰富，一些企事业单位根据需要，也设立了人民调解委员会，还出现了一些区域性、行业性的人民调解委员会，包括在流动人口聚居区、消费者协会、集贸市场、经济开发区、物业管理小区、房地产开发区等建立的人民调解组织。

与此同时，人民调解对于预防化解矛盾纠纷、维护社会稳定、促进经济和社会发展，起到了十分重要的作用。资料显示，1981年至2006年间，我国人民调解解决纠纷的总数为16783万件，而同期人民法院一审民事案件的收案数量为8004万件，只相当于前者的一半。② 可想而知，如果不是人民调解制度在发挥作用，这些民事纠纷都涌入法院，法院将面临不能承受之重负。

（二）人民调解制度的改革与发展

人民调解制度的历史贡献和现实作用，毋庸置疑。然而，随着时代的变迁、社会的转型，以及由此引发的日趋纷繁复杂的社会纠纷，我国人民调解制度的发展，也面临一些障碍和困局，其功能和作用甚至一度弱化。我国的人民调解制度，已经走到了一个历史关口，挑战与机遇并存。人民调解制度自身的改革与创新，刻不容缓，只有这样才能顺应时代发展的潮流，延续其旺盛的生命力，保持其不可替代的社会地位和作用。

进入21世纪以来，人民调解工作面临的问题得到了高层的关注和重视，一系列旨在保障和促进人民调解工作的文件先后出台。2002年，中共中央办公厅、国务院办公厅转发了最高人民法院、司法部联合制定的《关于进一步加强新时期人民调解工作的意见》以及《关于进一步加强人民调解工作切实维护社会稳定的意见》；同年，最高人民法院发布了《关于审理涉及人民调解协议的民事案件的若干规定》，以司法解释的形式明确了人民调解协议的合同性质。司法部还与财政部联合下发了《关于制定基层司法行政机关公用经费保障标准的意见》《关于进一步加强人民调解工作经费保障的意见》，将人民调解指导管理经费、人民调解委员会工作经费、人民调解员的补贴经费，纳入地方财政保障体制。值得注意的是，2010年8月28日，全国人大常委会审议通过了《人民调解法》，使人民调解制度步入了法制化、规范化的轨道。《人

① 《全国共建人民调解委员会81.1万个》，载《法制日报》2012年10月30日。

② 朱景文：《中国诉讼分流的数据分析》，载《中国社会科学》2008年3期。

民调解法》在总结我国人民调解经验基础上，以国家立法的形式，规定了人民调解的性质、任务、原则、调解组织形式、调解员选任、调解的程序、效力等内容。该法加强了对人民调解工作的指导和保障，规定县级以上地方人民政府对人民调解工作所需经费，应当给予必要的支持和保障。此外，该法规定了人民调解协议的司法确认制度，即对经人民调解达成的调解协议，当事人可以共同向人民法院申请司法确认，经法院确认有效的调解协议，一方当事人拒绝履行或未全部履行的，对方当事人可以向人民法院申请强制执行。司法确认制度的立法化，对于提高人民调解制度的权威性，促进调解协议的履行，更好地发挥人民调解的功能和作用具有积极意义。

二、转型社会中人民调解制度面临的挑战与机遇

转型社会背景下民间纠纷出现了主体多元化、内容扩大化、诉求多样化、表现形式复杂化等特点，人民调解出现了弱化现象。但是，人民调解制度在面临挑战的同时，基层群众自治制度、全面依法治国战略、多元化解矛盾纠纷机制的建设等，为人民调解制度的发展完善迎来了契机。

（一）转型社会背景下民间纠纷的特点与趋向

随着20世纪70年代末、80年代初改革开放帷幕的拉开，中国掀起了一场全面而深刻的社会大变革，开始从计划经济走向市场经济，从人治社会走向法治社会，从封闭社会走向开放社会。进入21世纪以来，随着以数字化、网络化、全球化为主要特征的信息时代的来临，更是大大推动了中国社会的开放程度。如果用两个词概括当代中国社会最显著的特征，那就是“开放”与“转型”。

随着改革开放的深入进行，政治国家与市民社会适度分离的趋向初露端倪，个人自由和社会自主的范围不断拓展，政府逐渐退出对公民日常生活的直接干预，其对社会的控制，更趋向于宏观层面。与此同时，社会中的利益格局、利益主体不断朝多元化方向发展，而社会道德价值也出现了多元化趋势。改革开放前，主流道德一统天下的局面逐步发生了转变，人们价值选择日趋多样化。同时，权利、自主、选择、竞争等逐步成为开放社会中的基本价值要素。开放激发了经济的活力与社会的繁荣，推动了民主与法治的进步，但同时也增加了社会中各种冲突与纠纷发生的几率。中国社会面临的转型期特征，使得社会利益关系更为复杂，各种社会矛盾增多。国外学者的研究表明，一国人均国内生产总值从1000美元向3000美元迈进的时期，往往也是社会

中不稳定因素增加、社会矛盾多发的时期，不少国家的发展经历证明了这一论断。而我国目前正处于这样的特殊时期。可以说，当前我国既处于“发展机遇期”，又处于“矛盾凸显期”。社会的变迁，导致现阶段我国的民间纠纷出现了一些新的特点与趋向。

1. 纠纷主体的多元化

在传统社会中，纠纷的主体主要是家庭、社区或者单位内部的成员，往往是“一对一”的纠纷。在现代社会中，还包括大量的个人与法人、法人与法人、个人与政府、法人与政府等之间的纠纷，如城市扩建过程中因征地、拆迁补偿费用发生的纠纷，村民与村委会发生的纠纷等。

2. 纠纷内容的扩大化

过去的纠纷类型，以婚姻、家庭、邻里、借贷、侵权等一般性纠纷为主，法律关系比较简单，涉及的专业性不是很强，处理难度相对较小。但随着经济社会的发展，一些新的领域，如村务管理、农民负担、土地承包及流转、征地拆迁和补偿、城市建设、施工扰民、劳动人事、消费者权益、医疗纠纷、物业管理、环境污染等方面的纠纷越来越多，法律关系日趋复杂，专业性更强，处理难度更大。

3. 纠纷诉求的多样化

在传统社会中，当事人对纠纷解决的态度，普遍是“息事宁人”，要求给一个解决问题的“说法”。在现代社会中，当事人对纠纷解决的诉求更加多元，不仅要求解决问题，更要求依法解决。但是，有一些人不是提出有关自身权益的合理要求，而是力图在与政府的“博弈”和“较量”中，实现利益的最大化。

4. 纠纷表现形式的复杂化

在表达利益诉求时，理性与非理性行为、合理与不合理行为、合法与非法行为、个体与集体行为、自发与自觉行为等诉求，交织在一起。有的采用自杀、自焚等过激行为表达诉求，有的因情绪激烈而伤害报复他人，导致民事转刑事案件的发生。在司法实践中，相当一部分伤害、纵火、投毒、杀人等刑事案件，是由民事纠纷引发的。此外，群体性、突发性、牵涉面广的矛盾纠纷大量出现，有的涉事人员动辄几人、十几人，甚至上百人。

（二）新时期人民调解制度面临的问题与挑战

进入 20 世纪 90 年代以后，我国人民调解的作用一度被弱化。一方面，调解组织通过调解解决的纠纷数量下降；另一方面，调解所解决的纠纷与法院诉讼案件的增长，形成鲜明对照，调解与诉讼的比例持续下降。有关数据显示：调解纠纷的数目呈下降趋势，从 1990 年的 741 余万件降至 1998 年的 527 余万件，而同期法院受理的案件数目，却增长了约 10 倍，1998 年平均每个调解员调解的纠纷不足 1 件。2003 年受理调解案件 740 余万件，2007 年受理调解案件 622 余万件，2008 年受理调解案件 612 余万件。同时，调解与诉讼的比例，在 20 世纪 80 年代为约 10 ∶ 1（最高时达 17 ∶ 1），至 2001 年已降到 1 ∶ 1。[①] 有学者指出，自此以后，中国进入了“强诉讼、弱调解”的时代。[②]

我国人民调解制度弱化的原因是多方面的，既有宏观的原因，也有微观的原因；既有外在的原因，也有内在的原因。

1. 宏观与外在原因：社会转型导致调解功能弱化

随着市场经济的发展，社会结构也悄然发生变化，传统的以血缘、居住地或单位为基础形成的“熟人社会”，正逐步演变为一个“陌生人社会”；社会成员也逐步摆脱了单位的高度控制，实现了从“单位人”向“社会人”的身份转化。在“熟人社会”中，紧密的人际关系，决定了“舆论、人情和面子的治理乃是最佳的治理模式，也是省俭（经济）的治理模式”[③]，这也决定了调解方式更受人们的欢迎。但在一个“陌生人社会”当中，调解赖以支撑的地方性资源，如人际关系、社区舆论、乡规民约、地方习俗等，对当事人的约束力大大减弱，调解人员无法获得成功调解所不可缺少的、足够的组织权威和社会资源，从而导致调解的权威性降低，成功率下降。另外一个重要因素是，传统调解所依据的伦理、道德等基准，在价值多元化的过程中，已经难以获得纠纷各方的认同。随着公众权利观念的普遍增强，情、理在调解中的作用逐渐弱化，许多人不再勉强接受“和稀泥”的折衷调解方案。此外，在一定范围内存在的情、理与法律、政策的冲突现象，使得调解的操作难度加大，成功率不高。

伴随着工业化、城市化过程的加速，行政权因拆迁、征地等原因，与公民个人利益的冲突加剧。由于这类纠纷与政府行为有关，而自治性的人民调解组织对此无能为力。在我国推行法治的进程中，公民的法治意识和权利意识不断增强，传统的“耻讼”“厌讼”观念有所改变，越来越多的人倾向于选择诉讼方式来解决纠纷。这本无可厚非，但也有一些人存在对法治的误解，过分

① 陈刚：《民事诉讼法制的现代化》，中国法制出版社 2002 年版，第 157 页。

② 狄小华：《中国传统调解制度的现代转型》，载《东南大学学报》（哲学社会科学版）2008 年第 6 期。

③ 徐忠明：《如何思考中国传统法制的现代意义》，载范忠信主编：《中西法律传统》（第 4 卷），中国政法大学出版社 2004 年版，第 266 页。

推崇诉讼的作用,将法治简单理解为:有纠纷,进法院;事无巨细都对簿公堂。甚至有人倡导,为一元钱打官司,致使大量本可调解处理的纠纷涌向法院。

2. 微观与内在原因:人民调解制度自身存在缺陷

人民调解制度本身存在的一些缺陷与不足,也是导致其调解纠纷能力下降、社会功能弱化的重要原因。主要表现在以下方面:

(1) 组织定位存在误区。人民调解制度行政色彩过于浓厚,人员角色错位,影响了调解的公信力。根据有关法律规定,人民调解委员会是在基层人民政府和基层人民法院指导下调解民间纠纷的群众性自治组织。然而,在人民调解实践中,行政化手段占据着重要的位置,政府指导实际上变成政府主导,许多地方将调解委员会视为政府的一个派出机构,工作理念与方法偏离了社会化、自治性的要求。同时,从事人民调解工作的人员,几乎都是身兼数职,角色错位,立场不清,很多调解员具有的官方身份,难以取得调解工作所必须的中立地位,也直接影响了调解的社会公信力。正如有学者所言:“随着中国调解的制度化,调解已经越来越相似于审判了。”①

(2) 调解组织不健全。尽管我国目前有遍布全国、数量可观的人民调解委员会组织和人民调解员,基本形成了镇(街)——村(居)——村民小组的三级调解组织网络,但各地仍在不同程度上存在人民调解组织不够健全的问题,不少调解组织依附于居委会、村委会等基层组织,缺乏专门的经费保障,调解员大多为兼职甚至挂名,基本的待遇难以落实,影响了工作的积极性和调解的效果。

(3) 调解人员整体素质有待提高。人民调解基本上是非专业化的模式,调解员更多的是凭经验、靠情理展开调解,调解成功与否,在很大程度上取决于调解员的个人威信、人格魅力,以及所代表的基层组织的权威。但在基层组织权威弱化,公民权利意识不断发育的情形下,调解的效果难免受到影响。目前,各地基层人民调解队伍普遍存在年龄结构老化、文化程度不高、法律知识有限、调解能力较弱等问题。许多调解员虽有工作热情和工作经验,但没有经过正规、系统的业务培训,既缺乏相关的法学、心理学等知识,也缺乏必要的调解技巧,导致调解过程过于粗放,质量难以保证。例如,有的调解员习惯于依靠思想教育和道德感化来解决纠纷,而不是依靠法律、制度和政策;有的调解员不注重引导纠纷各方进行沟通与协商,而是利用权威、人情、面子等进行压服;有的调解员不问是非,“两头哄、两边瞒、压住问题就算完”,简单采

① 强世功:《调解、文化与治理——中国调解制度研究的三个范式》,载强世功编:《调解、法制与现代性:中国调解制度研究》,中国法制出版社 2001 年版,第 44 页。

取“和稀泥”的做法平息事态，使当事人的合法权益受到不同程度的损害；有的调解员受业绩考核等因素的影响，一味追求调解结果而忽视了调解的自愿性和平等性。

（4）财政支持力度不够。人民调解相对于诉讼等纠纷解决机制而言，固然具有成本低、效率高等优点。但是，人民调解工作也需要经费支持和物质保障。尽管党和政府对人民调解工作高度重视，但具体到地方层面，各地财政状况不一样，重视程度不同，对人民调解的支持力度也不同。此外，一些地方对人民调解工作的指导和监督也未落到实处，人民调解工作松散、低效。

（5）法律保障与规制不足。我国现行《宪法》《民事诉讼法》均对人民调解有原则性规定，1989 年国务院颁布了《人民调解委员会组织条例》，2002 年司法部发布了《人民调解工作若干规定》，尤其是 2010 年全国人大常委会审议通过的《人民调解法》，对人民调解组织的设置及运行作出了较为系统的规定。但是，以上法律文件针对性不强。由于立法滞后、操作性差，一方面，“其负面影响就是调解软弱化、无序化，调解工作开展如何，主要依赖于领导是否重视、法院是否关心等诸多不确定因素”①。另一方面，导致人民调解工作存在一定程度的不规范现象，这都不利于人民调解的健康、持续发展。

（6）法院对于人民调解工作的指导作用有限。依据有关法律、法规的规定，基层人民政府和基层人民法院应当对人民调解工作进行指导。但实际上，很多法院对指导调解工作并未给予足够重视，同时也未形成合理、有效的指导工作机制。某些地方行之有效的经验，诸如诸暨市枫桥法庭建立的“四环指导法”，未得到足够关注和重视。② 一般而言，人民法院对人民调解工作的指导，没有形成规范有效的机制，效果不佳。

---

① 何兵：《从“枫桥经验”谈诉讼与调解的互动》，载《人民法院报》2012 年 8 月 6 日。

② “四环指导法”是定位人民司法对人民调解指导方式和途径的方法，也是规范司法与人民调解关系的方法。“四环指导法”具体包括：第一，“诉前”环节普遍指导，即建立法律指导员工作制度，对人民调解员就典型案例进行宣讲指导讲解法律知识，提供法律咨询使三级人民调解委员会与法庭之间建立起稳定的联系。第二，“诉时”环节跟踪指导，即通过建立纠纷告诉引导制度，尽量发挥人民调解的作用。对一些因家庭邻里纠纷、伤害赔偿以及群体性事件等民间纠纷，对群众及时、妥善地引导，向其讲明人民调解的优点、调解协议的效力以及诉讼的风险，妥善、引导他们选择人民调解方式解决纠纷。第三，“诉中”环节个别指导，即如果纠纷进入诉讼程序，建立特邀陪审、旁听制度。在审理人民调解委员会调解未果的民间矛盾纠纷时，枫桥法庭邀请相关调解人员到庭旁听，学习审判人员说理讲法的特点和调解技巧，进一步提高他们调解矛盾纠纷的能力和水平，实现诉讼与人民调解制度的有机衔接。第四，“诉后”环节案例指导，即建立人民调解委员会调解协议审理结果反馈制度。针对人民调解未果、进入诉讼程序的案件以及调解协议没有履行、需通过诉讼程序确认法律效力的案件，将判决书送达给相关的人民调解组织，对人民调解组织进行具体的案例指导，案例指导间接发挥了司法与调解相互的监督和制约。详细的论述，参见汪世荣主编：《枫桥经验——基层社会治理的实践》，法律出版社 2006 年版，第 142 页。

(三)人民调解制度的发展契机和改革方向

人民调解一度面临着功能弱化现象,是否意味着这一制度与现代法治不能相容,而开始走向式微?答案是否定的。本书认为,人民调解制度契合现代社会人本、和谐、民主、效益等多元价值理念,是弥补诉讼制度缺陷、回应社会现实需求的有效路径。可以预见,人民调解制度的生命力不但不会衰竭,而且将在重构和完善的基础上,获得更大的发展空间,其同诉讼、仲裁等制度一道,将共同构筑起现代社会的多元化纠纷解决机制。

1. 转型社会中纠纷激增的现实,要求强化人民调解的功能

在西方法治化程度比较高的国家,一度受到“诉讼爆炸”和“司法危机”的困扰,诉讼案件急剧增长,法院审理久拖不决,高额的诉讼费用与漫长的诉讼过程,使司法的公正和效率皆受威胁。于是,人们开始对传统的法治理念和司法制度进行反思和检讨,进而发现,诉讼制度虽然在法治社会发挥着支撑性作用,但并非完美无缺,而是存在一些固有的弊病。例如,过度的形式化和技术性妨碍了实体公正的实现,高度的专门性阻碍了当事人的参与,法官的消极中立纵容了当事人之间力量的不均衡,“非黑即白”的判决方式难以达到双方都能满意的妥善解决。在此背景下,20 世纪 70 年代,西方兴起了所谓的 ADR(替代性纠纷解决机制)运动,即倡导纠纷解决的替代化模式、多元化模式,而不是过分依赖于传统的诉讼方式。例如,在美国,为缓解“诉讼爆炸”的压力,从 20 世纪 60 年代开始,联邦政府资助设立了全国性的“近邻司法中心”。同时,在州政府、教会、慈善团体和其他地域组织的资助下,各地纷纷设立了社区调解中心。1998 年由前总统克林顿签署颁布了专门的《解决纠纷法》。2001 年美国统一州法全国委员会批准了《统一调解法》,并且推荐给各州立法机关,据此制定相应法律,从而大大推动了 ADR 运动的发展。目前,美国至少有 90%的民事案件是以和解或撤诉的形式终结的,ADR 模式在诉讼的任何阶段都可采用。在英国,自 20 世纪 90 年代中期开始的民事司法改革的基本思路和目标之一就是尽可能减少诉讼,引导、鼓励当事人使用 ADR 方式解决纠纷,将诉讼作为最后的救济手段。①

在我国,如前所述,伴随着改革开放以来社会矛盾纠纷的激增,审判工作不堪重负。同时,审判存在的“花钱费时”和“一刀两断式的裁判方式未必能

---

① 齐树洁:《接近正义:英国民事司法改革述评》,载中国民商法律网:http://www.civillaw.com.cn/article/default.asp? id=9356,访问日期:2015 年 8 月 10 日。

真正解决纠纷的问题”[①]。在此情形下，调解的功能和优势重新受到关注。通过简易和灵活的方式化解纠纷，是人民调解的重要优势。人们期望通过强化人民调解制度的功能，弥补司法制度的缺陷，现代社会对调解提出了更高的要求。

2. 以人为本、构建和谐社会的执政理念，要求进一步完善人民调解制度

进入21世纪以来，面对社会转型期矛盾纠纷激增、社会稳定压力加大，而地方政府和司法部门不堪重负的局面，中国共产党提出了构建和谐社会、创新社会治理方式的思路和目标。在此背景下，人民调解又一次受到了人们的青睐，其价值、地位和作用得到前所未有的关注。相对于诉讼而言，人民调解更有利于促进和谐社会的建设和社会公平的实现。调解作为一种典型的非诉讼争端解决方式，其基本特征是当事人的“合意”，这是私法上的意思自治原则在纠纷解决领域中的延伸。它可以使当事人在心理压力较小的情况下，更好地发挥“沟通的理性”，由对抗走向对话。而且，调解一般不需公开，有利于保护个人隐私和商业秘密。对于双方当事人来说，成功的调解所获得的结果，可能比诉讼得来的“非对则错”“非赢则输”“一刀两断”的“胜负判决”(win-lose verdict)，往往会更加令人满意，也更能体现“当事人主义”的原则，彻底解决矛盾纠纷，更有利于减少“后遗症”，更有利于双方和谐相处，便于今后继续合作，实现社会稳定。因而，调解被称为“双赢的解决办法”(win-win solutions)。可以断言，以强调协商、对话、合作的模式解决纠纷，致力于社会关系的修复为特征的人民调解，其与和谐社会的理念有着内在的契合性。只有对之进行合理重构，方能激发其潜能和活力，以适应社会发展的要求。

3. 社会转型的时代背景，是人民调解制度创新和完善的契机

研究我国人民调解制度如何抓住机遇，应对挑战，通过制度创新实现自身的转型与发展，是时代赋予我们的一个重要课题。学术界已经提出了一些颇具价值的见解。例如，有学者认为，我国的人民调解制度，应当在借鉴全球其他国家调解制度的基础上，实现以下几个方面的转型：(1) 由国家调解转向社会调解，实现人民调解的真正自治。人民调解应当适度去行政化，应朝着高度社会化和完全自治的方向发展。在具体的路径上，可以采取“依靠政府购买服务”和ADR等多种形式。(2) 由粗放调解转向规范调解。在借鉴

① 〔日〕棚濑孝雄：《纠纷的解决和审判制度》，王亚新译，中国政法大学出版社2004年版，第46页。

已有人民调解经验的基础上,完善人民调解制度,包括调解原则、调解范围、调解人员的资格及行为准则、调解程序和调解规则等。(3) 由精英调解转向职业化调解。促进调解主体的多元化发展,建立以“仲裁调解、律师调解为主体”的民商事调解组织;以既有村民委员会、居民委员会为主体的社区调解组织;以退休法官和其他法律职业人员为主体的司法附设调解组织等。①

另外,还有学者在系统考察和研究人民调解的形成和历史发展之后,指出人民调解制度进一步完善的主要方面包括:其一,保证调解的自愿性,杜绝强制调解。其二,提高调解员的素质。人民调解是一门艺术,调解员应具备心理学、博弈论等方面的知识。其三,注重调解的时效性。久调不决,容易造成双方关系的破裂。其四,应当增强调解运作的透明度。②

三、各地推行人民调解制度的实践和经验

人民调解多样化的实践,受到了理论界的关注,得到了中央政府的首肯。鼓励各地大胆创新的政策,是对人民群众首创精神的充分肯定。本节通过对浙江诸暨市“枫桥经验”人民调解模式、福建省厦门经济特区多元化纠纷解决人民调解模式和陕西省丹凤县诉调对接模式的比较,总结各地推行人民调解制度的实践和经验,通过比较分析说明“福田模式”的优势。

(一) 浙江省诸暨市“枫桥经验”人民调解模式

浙江省诸暨市创立的“小事不出村,大事不出镇,矛盾不上交,就地化解”的“枫桥经验”,产生于 1963 年,历经 50 余年的发展完善,业已成为人民调解的重要模式,对全国基层县域的社会矛盾化解具有示范作用。综治中心主导的人民调解注重村级调解委员会的建设,重视发挥驻村法官对人民调解委员会的指导,重视“三级调解组织”的协调。综治中心是调解制度正常运作的中枢,人民调解服务于综合治理,是地方治理的中心环节。③

诸暨市积极探索和完善“党政主导,部门协调,各司其职,社会参与,多调衔接”的多元化矛盾纠纷调解工作体系,有力促进了社会和谐稳定。2015 年 1—6 月,全市各类人民调解组织化解矛盾纠纷共 6170 件。其中,化解成功的案件达 5961 件,成功率达 96.61%。综治中心主导的人民调解模式,突出

① 王福华:《中国调解体制转型的若干维度》,载《法学论坛》2010 年第 6 期;吴俊:《人民调解制度的再完善》,载《学习与探索》2012 年第 1 期。

② 余钊飞:《人民调解的历史形成研究》,西北大学出版社 2011 年版,第 213 页。

③ 有关人民调解“枫桥经验”的论述,参见汪世荣主编:《“枫桥经验”——基层社会治理的实践》,法律出版社 2008 年版。

特点是政法委牵头的综合治理中心起关键和枢纽的地位，人民调解覆盖了全市各乡镇、所有企业以及行政村。诸暨市建立了多元化的调解网络、调解力量和调解机制，形成了综治中心主导的“枫桥经验”人民调解模式。

1. 调解网络多元化

形成了以人民调解为基础，专业、行业调解为依托，行政调解、仲裁调解、司法调解等多种调解相互配合、分工合作的多元化矛盾纠纷化解网络，现有各级人民调解组织共 757 家。

(1) 面上多层调解上下联动。成立由市委书记、市长挂帅的社会矛盾纠纷“大调解”工作建设领导小组，领导小组下设办公室，牵头协调市级层面的疑难复杂纠纷。建立了市调解工作指导中心，27 个镇乡(街道)也全部建立以人民调解委员会为基础的大调解中心，大调解中心下设一个或多个专业调解组织，负责调处辖区内专业性、综合性、疑难复杂矛盾纠纷。村(居、企)以社会服务管理站为平台，建立人民调解委员会，完善矛盾纠纷排查调处工作机制，抓好矛盾纠纷属地摸排和就地化解工作。

(2) 线上专业调解实效明显。建立了法院诉前、医疗纠纷、婚姻家庭、劳动争议、消费纠纷、交通事故、学生伤害纠纷、总商会、环境保护等九大专业性调解委员会，并选派专业调解员“坐堂问诊”，创造性地将“专家门诊”制度引进到化解专业矛盾领域，实现了人民调解、司法调解、行政调解的“三调联动”。2015 年 1—6 月，专业性调解委员会调处矛盾纠纷 2992 件，调处成功 2837 件，标的额达 11305.55 万元。

(3) 点上品牌调解精益求精。在健全调解网络的基础上，充分发挥调解员个人素养和人格魅力，培植了一批品牌调解工作室，如枫桥镇的老杨调解工作室、璜山镇的老朱调解工作室、陈宅镇的人民调解工作示范点、暨阳街道江新社区的江大姐调解室等，此举为社会力量参与矛盾纠纷化解迈出了重要一步。

2. 调解力量多元化

建立了专职、兼职、志愿者构成的人民调解员队伍，共 3378 人。

(1) 配强专职调解队伍。聘用 63 名工作人员担任专职人民调解员和辅助人员，为 9 个重点镇乡(街道)各选聘 2 名专职人民调解员。

(2) 配齐兼职调解员队伍。聘请 62 名法律服务人员担任各级调解组织兼职调解员，组建由 37 名骨干律师、13 名优秀基层法律工作者、1 名公证员组成的“维稳解难促和谐”法律服务专家团队，聘请医学等方面 30 名专家担任兼职调解员，建立人民调解专家库，积极参与人民调解、重大疑难案件办理。

(3) 配好调解志愿者队伍。探索党代表、人大代表、政协委员等参与调解的工作机制，吸收公道正派、热心人民调解的社会贤达、大学生“村官”、人民陪审员、退休政法干警、法律工作者以及不同行业的社会志愿者参加调解，现共有人民调解志愿者队伍 27 支，共 189 人，作为人民调解工作队伍的必要补充。

3. 调解机制多元化

结合工作实际，健全、完善了多项工作机制，实现人民调解的规范化、制度化和长效化。

(1) 建立了矛盾纠纷预警排查机制。健全完善以 3624 名信息员为主体的矛盾纠纷信息网络，及时发现可能导致矛盾纠纷的潜在因素，采取有针对性的防范措施，从源头上预防减少矛盾纠纷。特别是每逢重大活动、敏感时段和重要节庆日，对可能影响社会稳定的热点、难点问题都组织集中排查，进行快速调处。建立矛盾纠纷信息资料库，动态掌握矛盾纠纷总体状况和个案进展情况，实现矛盾纠纷化解横向、纵向信息的共享。

(2) 建立了矛盾纠纷调处化解机制。坚持抓早、抓小、抓苗头，做到第一时间介入，依法就地化解。对矛盾纠纷做到随排查、随登记、随化解，变被动调解为主动化解，变事后调处为事先预防，做到早发现、早处置、早解决，努力把矛盾纠纷化解在萌芽状态。针对排查出来的重大矛盾纠纷实行“定牵头(责任)单位、定人员、定时间、包调处”的“三定一包”办法，集中力量调处解决。如 2015 年发生在王家井镇“4·17”重大火灾事故的善后调处工作，就是采用的该种调解方法。

(3) 深化人民调解“以奖代补”机制。出台《关于调整人民调解“以奖代补”政策的意见》，根据纠纷疑难复杂程度确定奖金，对于重特大疑难矛盾纠纷调解成功的给予每件 1000 元的单奖。

(4) 完善律师参与市领导下访接待制度。出台《关于建立律师(基层法律服务工作者、公证员)参与排查化解社会矛盾纠纷工作制度的通知》，确定 27 名律师每月随市领导到镇乡(街道)接访。仅 2015 年 1—6 月，法律服务人员参与诸暨市领导接访 135 人次，参与化解信访、调解案件 60 件。

(二) 福建省厦门经济特区多元化纠纷解决人民调解模式

福建省厦门市经济特区人大常委会于 2015 年 4 月 1 日通过了《厦门市

经济特区多元化纠纷解决机制促进条例》(以下简称《条例》),于 2015 年 5 月 1 日起施行。作为全国第一个促进多元化纠纷解决机制建设的地方性法规,厦门经济特区率先进行实践和探索。在厦门经济特区多元化纠纷解决机制中,人民调解具有突出特点:

1. 多元化纠纷解决机制中定位人民调解

《条例》遵循有关法律、行政法规的基本原则,结合厦门经济特区实际,旨在“完善调解、仲裁、行政裁决、行政复议、诉讼等有机衔接、相互协调的多元纠纷解决机制,及时、便捷、有效地解决纠纷,维护社会和谐,促进公平、公正”。而实现多元化纠纷解决机制的主要途径,便是在诉讼和各种非诉讼解决方式之间,构成纠纷解决体系,“配置社会资源”,实现不同机制之间的相互衔接和相互协调,为当事人提供便捷和适宜的纠纷解决途径。

《条例》肯定了浙江“枫桥经验”关于综合治理部门的宏观统筹与领导作用,规定“社会治安综合治理部门会同司法行政部门,推进多元纠纷解决机制的建设和完善,制定发展规划,指导、推动工作开展”,也肯定了深圳“福田模式”关于政府财政投入的保障作用,规定“市、区人民政府及其有关部门应当依法制定相关规定,加强社会矛盾纠纷预防和化解能力建设,提供必要的公共财政支持,促进各类纠纷解决组织的发展”。对于社会力量的作用也给予了充分的重视,规定“鼓励社会力量依法提供公益性的纠纷解决服务”。《条例》以地方立法的形式,将包括调解在内的纠纷解决服务,定位在公共服务的高度,第五章专章规定了“纠纷解决保障措施”,规定各级人民政府对人民调解、劳资争议仲裁、人事仲裁、农村承包经营纠纷仲裁工作所需经费应当纳入财政预算予以保障;行业主管部门应当将所设立的调解组织的工作经费纳入本部门预算,提供必要的工作条件;对其他公益性调解组织按照规定给予补贴,提供必要的物质保障和经费支持;鼓励社会各界为公益性纠纷解决服务提供捐赠、资助。另外,《条例》肯定了政府购买公共调解服务的形式和做法,规定行政机关、人民法院、群团组织可以通过购买服务的方式,交由调解组织以及其他具备条件的社会组织、机构等社会力量承接纠纷调解。购买调解服务应当进行绩效评价,评价结果向社会公布,并作为以后选择购买服务承接主体的重要依据。

2. 明确了纠纷解决的一般程序

为了构建多元化纠纷解决机制,《条例》对各类纠纷解决途径从六个方面进行了列举:(1) 协商和解;(2) 人民调解、行业调解、商事调解以及其他具有调解职能的组织和个人调解；(3) 行政调解、行政指导、行政裁决、行政复议以及行政机关处理纠纷的其他方式；(4) 仲裁；(5) 诉讼；(6) 法律、行政法规规定或者当事人认可的其他方式。各类渠道之间的关系如何？《条例》的定位是：鼓励和引导当事人优先选择成本较低、对抗性较弱、利于修复关系的非诉讼方式解决纠纷。实际上，纠纷的解决方式总体包括诉讼和非诉讼途径，对于非诉讼途径解决纠纷的优势的正确评估，是人民调解制度发展的前置条件。

鼓励当事人积极参与纠纷的解决，将纠纷的解决作为当事人的权利和义务。《条例》规定：鼓励当事人就纠纷解决先行协商，通过磋商、谈判、第三方斡旋等方式，达成和解协议。当事人主动参与纠纷解决，表明当事人对解决纠纷具有主动性，既是纠纷合理解决的基础，也是当事人权利义务履行和实现的体现；当事人不仅是参与者，也是纠纷解决方案的制定者和实施者，是最终结果的决策者。纠纷解决中强调当事人的作用意义重大，人民群众的主体作用首先表现在纠纷解决中当事人的参与权和决定权。

为了保障纠纷解决的质量，《条例》规定了当事人的广泛权利：委托律师、相关专家或者其他人员参与协商；将纠纷交由共同委托的律师、相关专家或者其他中立第三方，对相关事实、法律依据和处理结果进行评估，评估意见作为协商和调解的参考依据；可以委托律师、相关专家或者其他中立第三方对纠纷进行实时调查，或者对专业技术问题提供意见。

为了充分发挥调解的作用，《条例》规定了程序开启的两种方式：当事人可以向调解组织申请调解及调解组织可以主动调解。同时还规定：一方当事人拒绝调解，不得强制调解。

3. 突出了行政调解的示范作用

行政调解是一项重要的公共服务，《条例》规定了行政机关应当根据当事人申请，进行调解的事项范围：(1) 法律、法规规定由行政机关调解的公民、法人或者其他组织之间发生的与行政管理相关的民商事纠纷；(2) 行政机关与公民、法人或者其他组织之间发生的依法可以调解的行政争议；(3) 具有管理公共事务职能的组织与公民、法人或者其他组织之间发生的依法可以调解的行政争议；(4) 市人民政府规定的属于行政调解范围的其他纠纷。另外，《条例》规定对于某些特殊的民事纠纷，行政机关依职权主动进行调解，包括资源开发、环境污染、公共安全事故等方面的民事纠纷，以及涉及人数较多、影响较大、可能影响社会稳定的纠纷。

为了加大行政调解的力度，保证效果，《条例》规定行政机关在其法定职权范围内，可以通过建议、辅导、规劝、示范、约谈等非强制性的方式，实施行政指导，引导当事人协商解决纠纷；行政机关可以通过提供实时调查结果、专业鉴定或者法律意见，作为当事人协商的依据，促使其达成和解。

鉴于行政调解具有专业性强、资源占有充足等特点，《条例》有针对性地扩展了行政调解的范围，规定行政机关可以根据当事人的申请，依法对与行政管理相关的民商事纠纷进行审查并作出裁决。

4. 规范了不同纠纷解决机制之间的程序衔接

构建多元化纠纷解决机制的重心，是不同纠纷解决渠道之间形成合力，尽可能避免相互之间的壁垒与损耗，克服人为障碍。《条例》通过不同纠纷解决渠道的相互渗透、相互支撑、相互借力，追求最大化效果。

多元化纠纷解决机制体现在五个方面：(1) 调解组织在调解过程中，可以要求相关部门、人大代表、政协委员以及其他人员参与调解。对于疑难复杂、专业性强的纠纷，可以要求相关领域专家参与调解。(2) 行政机关依职权处理具有民事权利义务内容的纠纷时，经双方当事人同意，可以委托、邀请相关调解组织调解。(3) 公安机关对可以调解的民间纠纷、治安案件和轻微刑事案件，经双方当事人同意，可以移送或者委托人民调解组织调解。公安机关依法调解治安案件和轻微刑事案件，可以邀请人民调解员参加。人民调解组织调解民间纠纷，可以邀请公安机关参加。(4) 人民检察院在办理轻微刑事案件、民事检察案件、行政赔偿检察案件过程中，经当事人同意，可以邀请相关调解组织共同促进当事人达成和解。(5) 人民法院对已经立案的民商事案件，经双方当事人同意，可以委托行政机关、调解组织调解，或者按照有关规定邀请符合条件的组织或者人员与审判组织共同调解。

为了保证调解协议的履行，《条例》规定了各种情况下人民法院强制执行调解协议的途径和渠道。对符合情况的执行申请，《条例》规定受申请的人民法院“应当依法执行”。

5. 重视各类纠纷解决机制的组织建设

调解组织建设确立了行业自治的原则，《条例》规定鼓励成立调解员协会，吸纳个人和团体会员。调解员协会应当实行行业自律管理，维护调解员的合法权益。市、区司法行政部门应当加强对人民调解工作的指导，推进人民调解组织规范化、网络化建设，发挥人民调解及时就地解决民间纠纷、维护社会稳定的功能。

地方立法通过倡导的形式，为多元化纠纷解决机制建设提出了组织建设的思路，主要措施包括：(1) 鼓励和支持调解员、法律专家、法律工作者以及其他专业人员设立调解工作室；调解工作室可以起字号。(2) 鼓励行业主管部门、社会团体和组织设立行业、专业调解组织，调解涉及行业性、专业性及特定类型的民商事纠纷；鼓励行业协会、商会发挥行业自治和行业服务功能，调解成员之间以及成员与其他主体之间的民商事纠纷。(3) 鼓励律师协会、律师事务所建立律师调解员队伍，提供调解服务。

调解组织是实施调解活动的主体，调解组织建设成为推动调解工作高效开展的重要保证。调解组织建设中的多元主体，不仅贯穿了多元化纠纷解决机制的要求，而且体现了调解主体多元发展的思路。民间纠纷的复杂多样，是调解主体多元的客观要求。发挥多元调解主体的作用，对于有效开展人民调解工作意义深远。

(三) 陕西省丹凤县诉调对接模式

丹凤县的诉调对接机制被学者称为"丹凤模式"，即由司法机关主导，政府相关机构和民间组织支持、参与，当事人及其社会关系配合，以协商、调解等非诉讼方式解决纠纷的机制。将司法机制与民间机制加以整合、贯通，就形成了诉、调之间的对接模式，调解或协商是诉调对接的基本表现形式，主要由一定的调解组织来负责展开，但并不排除司法机关(法院或具有司法职能的行政机关)的参与，甚至法院在其中还可能居于主导地位。"诉前调解"和"先行调解"均是诉调对接的具体运作方式。[①]

1. 丹凤模式由丹凤县人民法院龙驹人民法庭首创

丹凤模式的创始部门为丹凤县人民法院龙驹人民法庭，作为最先开始诉调对接探索的乡镇法庭，龙驹法庭建立了法庭、乡镇、社区"三位一体"的诉前调解网络，完善调解机构，落实责任，在辖区 48 个社区(村)挂牌设立了"诉前纠纷调解室"，聘请了 22 名诉前调解员，法庭每年为每名诉前调解员发放 150 元奖励。

龙驹法庭还为每个社区(村)配备了 2 名包片协助调解法官，并将法官照片、电话号码、诉前调解工作制度挂牌上墙，同社区(村)共建"以人民调解组织为主导，协助调解法官为指导"的诉前纠纷调解机制。[②]

---

① 赵旭东主编：《诉调对接的理论探索——以丹凤模式的考察为基础》，法律出版社 2015 年版，"一种经由司法的非正式控制(代序)"。

② 详细的内容，参见赵旭东主编：《诉调对接的理论探索——以丹凤模式的考察为基础》，法律出版社 2015 年版，附录一。

根据龙驹法庭驻社区(村)调解室工作制度，驻社区协调法官必须与社区(村)调解委员会保持联系，经常深入基层，调查掌握民间纠纷状况，对于发生的民事纠纷提前介入，开展调处工作；协调法官要热情接待，充分尊重双方当事人的人格权，调解地位平等权，达成调处意见的自由权；在调解过程中，协调法官必须坚持中立原则，在查明事实的基础上对当事人耐心细致作思想疏导和转化工作，不得简单粗暴，力争使当事人达成求同存异、相互谅解、达成共识；调解法官对于调处情况向村调解委员会和村委会汇报，并接受村委会和调解委员会的建议，相互配合，促进社会和谐稳定。

就案件范围而言，对于应当立案但考虑该案立案后短时间内难以查明事实、纠纷难以及时处理，或因法律规定不够明确而难以下判，或判决后可能难以执行，或判决后难以案结事了可能引发上访的案件，认为该案适合村、社区人民调解委员会调解的，在征得当事人同意后，暂时不予立案而进行收案登记，将案件交由人民调解组织调解。

2. 丹凤县人民法院对丹凤模式进行了运用和推广

2008年，丹凤县法院提出了“矛盾纠纷关口前置，法官工作阵地前移”的工作思路，于2009年1月制定了《关于进一步加强和规范诉前调解工作的意见》(试行)，在全县范围内对诉调对接的丹凤模式予以推行。

《关于进一步加强和规范诉前调解工作的意见》对诉前调解的主体进行了明确规定：诉前调解的主体是人民法院以外的其他组织，以村(社区)调解委员会为主，也可以是乡镇司法所、双方当事人所在的单位等。对诉前调解的范围，规定11个方面：婚姻家庭纠纷中除身份关系以外的纠纷；财产纠纷；继承纠纷；宅基地纠纷；房屋租赁纠纷及房屋扩建等引起的其他纠纷；相邻关系纠纷；人身损害赔偿和财产损害赔偿纠纷；涉及群体利益，人数众多的共同诉讼、集团诉讼纠纷；案情复杂，当事人之间情绪严重对立，且双方都难以形成优势证据的纠纷；敏感性、社会关注程度大，且相关法律法规没有规定或规定不明确，难以下判，难以案结事了的纠纷；其他适合人民调解组织进行调解能够达到案结事了、定分止争的纠纷。

根据《关于进一步加强和规范诉前调解工作的意见》的规定，丹凤县法院建立了“人民法院与人民调解组织的诉前联席会议制度”，规定人民法院应当定期或适时召开由辖区乡镇领导、人大代表、村干部、调解员等参加的联席会议，总结诉前调解工作经验，互通辖区纠纷状况，分析辖区治安形势，保证诉前调解工作的良性互动发展；利用联席会议对调解员进行法律知识、调解技能、协议制作等业务培训。

为了调动法官从事诉前调解工作的积极性,《关于进一步加强和规范诉前调解工作的意见》规定诉前调解程序到位、材料齐全、经评查合格的,每件补助办案经费 200 元。虽然强调法院在诉前调解中的作用,《关于进一步加强和规范诉前调解工作的意见》仍然明确规定:“正确处理诉前调解中基层组织与人民法院的关系,诉前调解达成的协议,应由基层调委会以其名义制作调解协议并送达当事人。”

3. 丹凤县委、县政府加强了诉调对接机制实施的基础建设

2013 年 8 月,丹凤县委、县政府发布了《关于成立丹凤县矛盾纠纷调解工作领导小组的通知》《关于进一步加强矛盾纠纷诉调对接联动机制建设的实施意见》,成立由县委副书记任组长,常务副县长、县政法委书记任副组长,县委办、政府办、法院、检察院、公安局、司法局、信访局、财政局、民政局、县综治办、县政府法制办、卫生局、教育局等单位负责人为成员的领导小组,并从人民调解组织建设和经费保障等方面对诉调对接提出了具体的“工作要求”:“人民调解组织是化解矛盾纠纷、维护稳定的第一道防线,有着遍布基层、贴近群众、了解民意、基础好等多种优势。县级主管部门和各镇党委、政府要高度重视人民调解组织建设,积极落实村、社区调委会机构、人员和办公设施,选配调解工作经验丰富、群众亲和力强、热心调解工作的人员担任调解主任(调解员),并建立相应的工作考核和激励机制,更好发挥人民调解组织职能作用”;“建立经费保障机制。县财政每年给县法院拨付一定工作经费,保障诉调对接工作正常开展”。

关于诉调对接“丹凤模式”的意义和局限,学者进行了客观分析:它是“一种逆向思维逆向工作模式,即是让民间发生的纠纷回到民间去,让社区用民间熟人社会处理民间纠纷的方法去化解纠纷,法官协助调解,一方面履行人民法院对基层调解组织的指导职责,另一方面为社区民间组织调解民间纠纷提供法律支撑和法律帮助,使民间调解解决纠纷的方法和法院法律解决纠纷的方法优势互补,相得益彰,互相促进纠纷的快速化解,使社区民间纠纷调解逐步迈向法治,使国家治理与乡村治理逐步有效对接,是一种全新的工作模式”。至于其局限性,主要表现在部分律师认为“法院分流案件没有法律依据,有推诿立案之嫌”,“法院这样做是不务正业,超越了自己的职权范围”,研究者担心“法官的工作量不能进入法院系统的单向考核或综合考核,不利于

调动法官或其他法院仿效的积极性”①。

(四) 比较视野中“福田模式”的突出特点

人民调解制度必须通过理论和实践的双重创新，才能取得长足的发展。理论源于实践，理论也可以指导实践。理论研究成果只有和实践有机结合，关注实践中的问题，并总结实践经验，才能指导实践。理论与实践的结合，是人民调解制度发展完善的途径。学术研究应当充分关注中国的现实问题，面向司法实践，面向基层社会，将真实的基层社会纳入研究和考察的视野，将具体纠纷的解决作为观察和思考对象。学术研究成果要实现服务社会、指导实践的目的，必须研究和解决实践中的问题，体现浓厚的实践色彩。与其他地区的纠纷解决模式相比，“福田模式”的突出特点表现在以下方面：

1. 肯定了政府对人民调解的主导地位，但通过购买服务的方式满足需求

作为服务的购买者，政府的主要职能是监督调解服务供给的质量，评估人民调解的效果，从调解服务供给的主体转变成为监管服务质量的主体，有效转变了政府的职能。国家和地方通过向公共法律服务领域的财政投入，以购买服务的模式避免了国家权力对基层自治的过度渗透，促成政府职能的转变。注重公共服务的质量和效果，成为“福田模式”的显著特色。

2. 有效回应人民调解面临的经费短缺、队伍建设滞后、资源贫乏等挑战

通过政府购买人民调解服务的方式，创新了公共服务供给方式。国家法治在基层社会的实现，需要充分发挥基层自治组织的作用，律师事务所作为社会组织，提供调解法律服务，有效参与社会建设，对全面推进依法治国意义深远。直面并积极解决人民调解面临的困境，是“福田模式”的可贵之处。

3. 通过律师事务所的专业化管理，实现人民调解规范化发展

“福田模式”通过有效发挥律师事务所等社会机构的作用，推动了基层社会治理方式的改革。充分发挥已有社会组织的作用，实现专业化的社会管

---

① 杨成哲：《丹凤模式：创新诉调对接机制的成功实践——以丹凤模式龙驹人民法庭工作模式为重点》，载赵旭东主编：《诉调对接的理论探索——以丹凤模式的考察为基础》，法律出版社 2015 年版。

理，对提升社会治理水平意义重大。其所蕴含的基层社会治理改革内涵，表现出浓厚的法治意蕴，值得特别予以关注。

四、“福田模式”强化人民调解功能和作用的措施

基于中国的现实国情，人民调解工作在遵循法治原则的前提下，在操作层面可以因地制宜，充分考虑各地的具体情况，形成多元的运作模式。但是，一些体现了现代调解制度发展趋向的理念、经验和做法，值得各地加以学习和借鉴。“福田模式”强化人民调解功能和作用的措施，对于丰富和完善人民调解制度，具有积极的借鉴意义。

（一）发掘社会资源参与纠纷解决

现代社会是一个政治权力与市民社会相对分离的二元结构社会。我国从改革开放之后，也逐步朝着二元社会的方向迈进，所谓“大社会，小政府”的发展趋向初露端倪。在西方发达国家，普遍重视发挥民间力量在社会事务管理中的作用，而政府购买服务就是其中一种重要手段，这已成为现代公共行政的有效途径。在纠纷解决方面，很多国家也引入了政府购买服务等社会化、市场化的运作机制，大力鼓励律师等专业人士，通过各种渠道积极参与民间调解服务。

在美国，1996 年美国律师协会（ABA）设立了争议解决特别委员会，目前已有 6000 名成员。加利福尼亚州设置有公共援助中心（Center for Public Resources，CPR），是美国最著名的 ADR 公司之一，超过 3000 家公司以及 1500 家律师事务所（其中包括全美 500 家最大律师事务所中的 400 家），目前已加入 CPR，并保证在与其他 CPR 成员发生纠纷时，首先选择适用非约束性程序。这些机构为当事人提供 ADR 的规则、条款、中立者、法律顾问等。在英国，律师主要通过两个民间机构参与 ADR 的运作。其一是全国律师多元化纠纷解决网络（ADR NetLord），是处理商事纠纷的最早和最重要的机构，创建于 1989 年，受理保险公司、会计师以及产业界委托处理的纠纷，拥有 120 名从全国各大型的律师务所招聘来的、受过专门培训的调解人或律师。作为专业调解人，该机构还与国际性的 ADR 保持合作关系，在解决海事、破产、消费者保护和劳动争议等方面相互协作，进行调解、小型审判等。其二是争议公平解决中心（Center for Equity Dispute Resolution，CEDR），是 1990 年建立

的民间性纠纷解决机构，是由财团和专家支持的非营利性的团体。①

党的十八大强调，要加强和创新社会管理，改进政府提供公共服务方式。2013 年 9 月 30 日，国务院公布了《关于政府向社会力量购买服务的指导意见》，明确要求在公共服务领域更多利用社会力量，加大政府购买服务力度。在十八届三中全会通过的《中共中央关于全面深化改革若干重大问题的决定》中，明确提出要鼓励社会力量参与，以改进社会治理方式、创新有效预防和化解社会矛盾体制，并做了具体安排和部署。该《决定》指出：“坚持系统治理，加强党委领导，发挥政府主导作用，鼓励和支持社会各方面参与，实现政府治理和社会自我调节、居民自治良性互动。坚持依法治理，加强法治保障，运用法治思维和法治方式化解社会矛盾”；“坚持源头治理，标本兼治、重在治本，以网格化管理、社会化服务为方向，健全基层综合服务管理平台，及时反映和协调人民群众各方面各层次利益诉求”；“激发社会组织活力。正确处理政府和社会关系，加快实施政社分开，推进社会组织明确权责、依法自治、发挥作用。适合由社会组织提供的公共服务和解决的事项，交由社会组织承担”；“建立畅通有序的诉求表达、心理干预、矛盾调处、权益保障机制，使群众问题能反映、矛盾能化解、权益有保障”。

我国律师业的发展面临诸多问题，其中一个普遍问题就是在案源、收入等方面存在严重的两极分化现象。有人将之称为“二八现象”，即在律师行业中有 20％的律师，承揽了律师业 80％的业务和案源，而余下的 20％的市场，则由 80％的律师来分享和竞争。刚入行的年轻的执业律师，更是为案源而焦头烂额、费尽心机。2009 年，西北政法大学 7 名大学生在西安做了一项题为“青年律师群体生存状况的调查”，调查对象为 40 岁以下、执业 5 年以内的律师，他们走访了全市 79 家省属律师事务所，发放问卷 435 份，并与 19 名青年律师面对面访谈，形成 9 万余字的访谈笔录。调查结果显示，青年律师的办案数量十分有限，过半的受访者 1 年来办案数量在 10 件以下，甚至有 28.4％的人不足 5 件。七成青年律师近 3 年的年均收入不足 3 万元，也就是说，平均一个月赚不到 2500 元，其中又有 1/4 的律师月收入在 1000 元左右。扣除案件成本、纳税、缴纳社保和上交律师事务所的必要提成之后，剩余的钱基本上都用于日常的生活开支和应酬，1/3 的青年律师甚至入不敷出。

由于律师职业面临的现实困境，导致目前法科学生在职业选择倾向上，普遍不把律师作为首选职业。长此以往，将会削弱律师职业对优秀人才的吸引力，不利于律师业的可持续发展。如何让律师、尤其是那些年轻律师摆脱

① 蒋颖：《域外民间调解制度对我国的若干启示》，载《北京化工大学学报》（社会科学版）2004 年第 2 期。

职业上的生存困境，获得足够的发展空间，是律师业面对的一个紧迫话题。通过政策引导和鼓励律师从事民间纠纷的调解工作，既是提升公共法律服务供给质量和水准的有效途径，也是拓展律师服务职能，提升律师发展空间的需要。

在“福田模式”的实践当中，律师充分发挥自身职业特点和知识优势，注重帮助纠纷各方选择适当、理性的解决途径和方法，更多地实现“多赢”结果。这无疑拓宽了律师工作的视界和范围。律师从事民间纠纷的调解，可以理解为一种非诉讼业务的开展，但并非解决那些发生在经济领域、商业领域的非诉讼纠纷，而是解决发生在日常生活中的民间纠纷。更为重要的是，此种情形下律师介入纠纷的化解，是根据同政府签订的购买法律服务的协议，以相对中立的第三方的身份开展调解工作。就此而言，在一定意义上超越了律师作为当事人一方的代理人、以维护当事人权益为职责的职业角色定位。有学者指出：“在现代法治理念中，如果仅仅从维护当事人合法权益视角来定位律师职责，则又是片面、狭隘的，因为律师必须有社会担当，不仅要维护当事人的合法权益，也要尽可能通过个案，维护法律的正确实施，维护社会公平和正义，实现个人利益和公共利益的有机结合。”①

政府购买法律服务是“福田模式”最主要的特色，通过由中标律师事务所派遣专业人员担任调解员，从而体现了调解服务的市场化、契约化、专业化和社会化，在破解传统模式在机构设置、人员配置及经费保障等方面困境的同时，释放人民调解制度的活力，有效提高矛盾纠纷化解的效能，促进社会公正与和谐。律师参与人民调解公共法律服务，拓展了法律服务渠道。追求多元共治的社会治理目标，是“福田模式”的显著特征。

（二）彰显人民调解制度的自治属性

人民调解就其基本属性而言，是一种群众自治的形式。司法行政机关担负着对人民调解工作进行宏观管理和业务指导的职能，但在具体工作中，不能包办代替。行政权力的过度干预，有可能侵蚀人民调解的民主性、自治性，损害人民调解的公信力。因此，人民调解应避免行政化，司法行政机关应当定位为人民调解工作的指导机关，而非领导机关。“福田模式”通过“政府购买服务”这样契约化的管理方式，较好地厘清了政府职能与民间调解之间的关系，避免了政府机关与民间社会之间的角色定位与组织功能混同。政府通过资金投入，对人民调解资源进行有效利用，在不改变人民调解原有性质和

---

① 刘行：《调解，以法律职业共同体的名义》，载《法制日报》2009 年 9 月 7 日。

运行方式的前提下，通过资金投入，提供其生存发展的条件。这种方式不同于政府财政拨款或直接投资的方式，而是通过出资“购买”，由政府资助、扶植、激励人民调解的发展，为当事人提供便捷、经济的纠纷解决方式，保障了人民调解的民间性和社会性，符合现代社会的治理原则。

调解天然具有自治的特性。“与仲裁和审判不同的是，调解程序中的第三方只拥有对纠纷解决进程的控制权，对纠纷解决结果的控制权仍然保留在当事人手中。所以，调解从本质上说是第三人辅助当事人以自治的方式解决纠纷。调解员为当事人提供了一个自主解决纠纷的平台，并通过对纠纷的主动介入改变谈判的力度，帮助当事人消除协商过程中的各种障碍。简言之，调解员通过对程序的合理掌控促进纠纷的合意解决。”[①]在我国，人民调解被定位为人民群众自我教育、自我管理的一种民主自治活动，同时也是实现人民群众当家做主的一种形式。

在现代社会中，国家、社会、个人应是相对分离又良性互动的关系，而相对独立的社会组织，是联系政府和公众的桥梁和纽带，是维护社会稳定的安全阀和缓冲器。进入 21 世纪以来，我国政府审时度势，提出了由全能政府走向有限政府的思路，以适应现代化进程的要求。所谓“有限政府”，是指政府的权力是有限的，政府的管理范围是有限的。凡是市场机制能解决的问题，一律用市场机制解决；凡是企业、中介组织、公民自己能解决的问题，一律由企业、中介组织、公民自己解决；凡是社会能自律的问题，一律由社会自律。而培育类似于人民调解这样相对独立的社会组织，寻求纠纷解决的社会自治机制，是构建“有限政府”的核心要义。

目前，我国市民社会发育尚不成熟，各种自治组织（包括基层社区组织、行业组织、业主组织等）还在发展过程中，其自治和自我管理能力相对较低。在此情形之下，由政府出面，积极推动人民调解的发展是必要的。但是，有必要将政府权力的渗透，维持在合理的限度内，以保持人民调解的自治性、灵活性。2002 年司法部发布的《人民调解若干规定》，确定在乡镇、街道办事处一级设立人民调解委员会，这有利于加强行政机关对人民调解工作的指导。但是，不能把乡镇、街道办事处的人民调解，直接办成司法所调解，否则就背离了人民调解的自治性。

近年来，我国提出了构建“大调解”机制的思路，并在实践中大力推动。各部门共同调解民间纠纷，调解范围扩展至各种经济、行政乃至群体性纠纷；手段从简单到复合，不局限于说服教育，还动用法律、经济、行政、政策等多种

---

① 李德恩：《现代调解员角色：转换与规制》，载中国民商法律网：http://www.civillaw.com.cn/article/default.asp? id=54835，访问日期：2015 年 8 月 10 日。

手段。实践表明,“大调解”机制由于政府的强力推动,有利于整合各方面资源,有效提高了调解结果的权威性,为稳定基层社会秩序起到了重要作用。但是,“大调解”在运作过程中,也暴露出一些问题。正如学者指出的那样,目前的“大调解”工作对党委、政府的依赖程度很高,自上而下行政主导,主要靠社会动员方式推动,不仅成本高,纠纷解决的能力和效果,取决于上级的重视程度。另外,“大调解”主要面对已经发生且大多数是已经激化的矛盾,属于事后型的“救火”而不是预防,不能充分体现“防微杜渐”的作用。①

因此,在“大调解”机制的运行中,如何发挥有关政府机构对人民调解的指导和推动作用,同时保持人民调解的自治性质,是一个值得关注的问题。“福田模式”所采取的政府购买调解服务的做法,使得政府对调解组织的管理从一种命令式管理走向契约式管理。通过协议的形式,明确双方的权利和义务,既能督促调解组织依照协议认真履行职责,又避免了对调解工作的过度干预。“福田模式”在有效规制了调解工作的同时,体现了自治性的路径。政府恰到好处地扮演了自己的角色,既不缺位也不越位,相关政府机构不再是调解的直接主体,而是转变为调解规范的制定者和调解行为的监督者,促进了人民调解向社会化和自治化方向的发展。

(三)提升人民调解的专业化程度

人民调解是一种“大众化正义”,即“一个遵循非正式礼仪,语言与人员与非专业的、本地化的、管辖权有限的规则的决策过程”。② 在这样一种调解模式中,习惯、伦理、情理乃至一定的感情因素,成为调解的重要依据。调解是否成功,在很大程度上受制于调解员个人的威信和声望。伴随着现代社会中纠纷表现形式的日趋多样化、复杂化,以及因法治进程的推进而带来的人们权利意识、规则意识的不断加强,单靠传统的以说服、教育、感化等为主的调解手段,已经不足以有效解决纠纷,也不能充分维护当事人的权益。在开放社会背景下,法律成为最权威和最经济的行为准则与纠纷解决依据,依法调解成为各方认同正当性的标准,这就要求调解员在调解时不仅要讲情说理,更要辨法明理,分清责任和是非。因此,调解方式应当实现从“威信型”向“法理型”转变,在法律的基础上参酌情理,融情理于国法之中。当然,这并不意味着传统的调解手段完全失去价值,在纠纷多元化的趋势下,调解模式与手

---

① 吴英姿:《“大调解”的功能及限度——纠纷解决的制度供给与社会自治》,载《中外法学》2008 年第 2 期。

② 刘思达:《法律移植与合法性冲突——现代性语境中的中国基层司法》,载《社会学研究》2005 年第 3 期。

段也应该呈现多元样态，这才能适应时代变化与社会需求。“福田模式”顺势而为，采取了多管齐下、专兼结合的路径。一方面，继续发挥传统的社区调解作用，另一方面，吸纳律师等专业人员担任调解员，以专业化促进权威性。

调解人员的专业化，成为世界各国普遍的发展趋势。例如，英国 ADR 机制中的 ADR 提供者即调解人员，是得到纠纷当事人双方认可的专业组织或人士，如专家协会（Academy of Experts）、ADR 集团（ADR Group）和争议公平解决中心（Center for Equity Dispute Resolution）；在奥地利，通过了专门法案，对民事案件调解员的职业资格规定了具体标准；在加拿大魁北克省，对家庭案件调解人员的资格，设置了严格的条件，要得到调解员的资格证书，那他必须是一名律师、公证员、心理学家、职业顾问、社会工作者等从业人员。此外，还必须经过家庭调解的正规训练，以及至少具有 3 年的职业经验。在美国佛罗里达州，将处理法院转交的家事纠纷的调解员，限制在具备下列资格的人士之内：在社会工作、精神健康、行为科学或社会科学领域获得硕士学位者、精神病医师、律师以及持有合格证书的公众会计师。①

“福田模式”的特色之一，就是鼓励律师等专业人员介入调解工作领域，这一做法顺应了调解专业化的趋势。而调解是一种与调解者个人经验、能力、知识乃至人格魅力密切相关的实践活动，调解员的素质直接决定了调解工作的质量和成效。因此，必须通过各种途径，吸纳优秀人才加入调解工作队伍；同时，制定合理的准入条件，以保障调解员的基本素质和业务水准。

对于经济欠发达的西部地区、农村地区、民族地区，资金和人才资源相对匮乏，很难吸收专业的法律工作者、社会工作者等参与调解工作。对此，一方面要加强对这些地区基层人民调解员的培训工作，以提高其法律意识、知识素养与业务能力，适应调解工作的需要；另一方面，可以制定一些优惠政策，吸引专业人士到这些地区从事人民调解工作。例如，鼓励相关专业的高校毕业生以选调生、大学生“村官”、志愿者等形式，到这些地区进行人民调解工作，通过设立专项基金等形式，对到这些地区从事人民调解的志愿者实行适当的补助制度；通过政府购买服务的方式，鼓励律师事务所及非政府组织等机构的专业人员，介入这些地区的人民调解工作。在我国，随着高校扩招带来的大学生就业难问题日益凸显，而法科专业大学生的就业形势更趋严重；另外，律师行业的竞争也日趋激烈，而律师事务所等法律服务资源集中在大中城市。如果国家出台优惠政策，鼓励“送法下乡”，构建激励机制促进法律服务资源的均衡配置，必将大大推动西部地区、农村地区和民族地区人民调

① 李德恩：《现代调解员角色：转换与规制》，载中国民商法律网：http://www.civillaw.com.cn/article/default.asp? id=54835，访问日期：2015 年 8 月 10 日。

解工作的发展。

还需要探讨的一个问题是,在鼓励律师等法律专业人士进入人民调解领域的背后,是否会因调解成功率的提高和诉讼的减少,冲击律师业务,进而影响律师的总体业务量和律师的整体利益?从目前国外的研究情况来看,这种现象并没有出现。如在英国,1999 年 4 月开始实施沃尔夫勋爵主导的民事司法改革方案。在改革之后的 2 年里,诉讼案件数量下降了 37%,但法律从业者的总体业务并没有减少,只不过更多的当事人要求律师早点介入以避免诉讼。随着改革的深入,诉讼的质量有了明显的改善,琐碎的、无足轻重的诉讼案件越来越少的同时,越来越多的被告在诉讼中愿意聘请律师,诉讼尤其是人身伤害诉讼的质量有所提高。①从“福田模式”的实践来看,律师业应是这一制度改革的受益者。律师介入人民调解,是增加了律师群体的总体业务量,而不是相反的结果。对于律师参与调解的大量基层民间纠纷而言,当事人多数处于社会的工薪底层,并没有优越的经济条件,他们之所以选择调解的方式处理纠纷,除了调解具有的高效、便捷、灵活等优点之外,一个很重要的因素就是人民调解不收费。这些人如果进入司法程序,相当一部分人可能会因费用问题而无法接受律师的有偿服务。因此,当事人和律师都是一定意义上的获益者。对于律师等专业人士而言,其更重要的收获可能在于他们因社会责任的担当而获得的成就感。

诚然,专业化是我国人民调解工作发展的一个趋势。但是,这并不意味着传统的社区调解模式失去了存在的价值。对于那些传统类型的民间纠纷,如一般的邻里纠纷、家庭纠纷等,涉及的法律关系并不复杂,社区内的普通调解员完全可以胜任调解工作,这些调解员包括村委会、居委会干部、村民小组长、退休教师、退休干部等,他们与纠纷当事人身处同一社区,对当事人及纠纷的成因等比较了解,自己在社区中有一定的威望和影响力,能取得较好的效果。尤其是在西部地区、农村地区,“乡土社会”的色彩依然浓厚,传统的社区调解模式,仍然占据着重要地位。因此,我国人民调解工作的发展,应采取“精英调解”与“大众调解”相结合、“社区调解”与“专业调解”相结合的路子。一方面,要鼓励专业人士从事人民调解工作,促进人民调解组织的专业化和社会化;另一方面,应当保留并健全村(居)民委员会及下属村(居)民小组两级人民调解组织,通过加强培训等途径,提高他们的调解技能,更好地发挥其作用。

人民调解的专业化程度不断提升的同时,传统的社区调解、大众调解并

---

① 齐树洁:《接近正义:英国民事司法改革述评》,载中国民商法律网:http://www.civillaw.com.cn/article/default.asp?id=9356,访问日期:2015 年 8 月 10 日。

没有受到冷落。在人民调解“福田模式”探索过程中，虽然该模式在矛盾调处方面发挥了巨大作用，但同时也存在局限性：这种专业化的调解服务难以完全延伸到社区，多数群众不能直接受益。为此，扎根社区的“爱心调解站”在福田区应运而生。另外，有的地方充分发挥“五老”即老干部、老党员、老模范、老教师、老军人等的积极作用，开展调解工作进机关、进企业、进学校、进社区、进乡镇、进农村、进营区、进家庭，力争小事不出村（社区）、大事不出乡镇（街道）、难事不出县（市、区）、矛盾不上交，以发挥人民调解在矛盾纠纷化解中的作用，将矛盾纠纷化解在基层、解决在萌芽状态。这些有益的经验和做法，应当继续推行。

（四）促进人民调解的规范化运作

由于组织机构不健全、经费保障不到位等原因，我国人民调解制度长期以来存在运作不够规范的问题，进而影响到调解工作的效果。“福田模式”在促进调解工作的规范化方面狠下功夫，从机构设置、人员配置、经费保障、工作机制、运行程序等多方面着手，建立了一套行之有效的规范化运作体系，为调解制度的规范化提供了一个可资借鉴的样本。

1. 组织体系的规范化

在福田区政府向律师事务所购买专业法律服务的同时，各街道均成立社会矛盾调解中心，10个街道办事处、94个社区工作站，建立了专职调解员制度。例如，建立了梅林农产品批发市场、华强北商业街等行业调解委员会，形成了“以专带兼，专兼结合”的调解员队伍网络化组织体系。

2. 经费与后勤保障的规范化

福田区政府落实了专项经费，为调解工作的开展提供了有力的资金支持。区司法局同派出所等有关单位积极协调，解决了驻这些单位的人民调解室的办公用房，每个调解室分设了调解员办公室和调解室，统一设计了牌匾和上墙制度。

3. 管理机制的规范化

福田区司法局编印了《福田区驻派出所人民调解室工作手册》等规范文件，内容包括制度汇编、法规汇编、工作流程和文书格式等，为调解工作的规范化打下了基础。此外，针对某些特殊类型的调解工作，还制定了专门的工作流程，如《道路交通事故损害赔偿纠纷案件人民调解衔接工作流程（试行）》

等文件。对于以业务外包形式参与调解工作的律师事务所，区司法局与其签订服务合同，明确了担任调解员的条件、工作岗位职责；中标律师事务所负责招聘和培训调解员，所有人员均具有大专以上法律专业学历，上岗前还需统一参加业务培训和考试。此外，还建立了多层次的绩效考评机制，对中标律师事务所、各调解室及调解员，定期进行业务考核，以明确责任、激励先进、鞭策落后。

4. 调解程序的规范化

严格遵循合法、自愿、尊重当事人诉权的原则，完善了联动调解工作程序。在调解工作中，要求调解员严格按照人民调解相关法律、法规规定的程序，做好纠纷调解，保护当事人合法权利。而且，还注重调解效果，确保调解协议的履行。

5. 档案管理的标准化

“福田模式”十分注重规范调解文书和档案管理，从调解的申请、权利义务的告知、调解笔录制作、调解协议书的签订和资料归档，都有一套标准的格式和内容，并建立和保存电子台账。

在促进调解工作规范运作的同时，“福田模式”保持了人民调解方便快捷、形式灵活的特色。规范化要求人民调解应当遵循一定的原则，有比较明确的工作流程和评价体系等。但对调解工作规范化的追求应当适度，尤其是不能让调解的过程过于程式化，否则就会损害调解工作的灵活性和机动性，而这正是人民调解不同于诉讼制度的特色和优势。在通过制度适当规范人民调解工作的同时，要给调解员留足法律范围内可自由发挥的空间，相关规定不必过于详尽；同时，对一些需由当事人进行选择的事项，也不必规定得过于周全，应留待当事人自行协商。

6. 人民调解员基本待遇和生活保障的解决

《人民调解法》第 4 条规定：“人民调解委员会调解民间纠纷，不收取任何费用。”免费的调解服务，具有一定的必要性和合理性。但是，政府应当为这一公共产品付费，即通过公共财政预算，购买人民调解服务；否则，人民调解经费的困境，必然制约调解活动的正常开展，影响人民调解作用的有效发挥。

在市场经济条件下，让人民调解员去做“义务劳动”性质的调解工作，不是长久之计，也不符合按劳分配的原则。从人民调解制度的可持续发展角度考虑，应当建立和完善人民调解员的基本待遇保障制度。在具体做法上，可以根据当地情况，采取招聘社区干部、招募政府雇员或者向非政府组织购买法律服务等方式，广泛招纳人才，把懂法律、有道德、能力强、素质高的人士选聘到人民调解队伍中来，解决他们的生计、安全、养老等后顾之忧，进而优化调解员年龄、知识结构，增强调解工作的活力。在落实基本待遇保障的同时，还应实行合理的办案补贴制度，以产生激励作用。《福田区基层人民调解员办案补贴试行办法》对人民调解员办案补贴原则、使用范围、对象、标准、申领发放、要求等都作出详尽的规定。如该《办法》第 5 条规定：人民调解委员会成功调解纠纷后，可以申领补贴经费。补贴经费按照一案一补的原则发放，补贴标准不低于简易纠纷每宗 100 元，疑难复杂纠纷每宗 200 元，重大、特大纠纷每宗 2000 元。同时，对案件类别的界定、经费的发放和审核及相关责任追究等也作出了明文规定。调解成功案件补贴列入区司法局年度预算，发放方式为每半年发放一次。“一案一补”制度的落实，对调动调解员的办案积极性起到了一定的作用。

对人民调解员的待遇保障不限于物质待遇方面，还要为其提供必要的培训机会，以提升业务素质和工作能力。随着社会的发展，对调解员的素质要求越来越高，除了要具备良好的品行和一定的知识、经验之外，优秀的调解员还必须掌握一些专门的技能。例如，良好的沟通技能、营造协商气氛的技能、仔细倾听的技能、引导当事人换位思考的技能、提供多种纠纷解决方案的技能、评估谈判成果的技能等。这就需要开展专门的培训项目，帮助调解员掌握和运用调解技能。福田区对人民调解员的业务培训高度重视，经常开展专家授课、业务研讨、经验交流、调解技能竞赛等多项活动，以提高调解员业务素质。

7. 人民调解员选任方式的完善

目前，我国人民调解员的选任主要有以下三种方式：

(1) 兼任。这主要是针对村(居)调解委员会，或者企事业单位调解委员会负责人的产生而言。我国村(居)调解委员会或者企事业单位调解委员会负责人，主要由村民委员会、居民委员会或者企事业单位负责人兼任，这样既有利于开展工作，又避免重复选举。

(2) 选举。从我国人民调解组织成员的组成来看，村(居)调解委员会或者企事业单位调解委员会负责人以外的人员，一般均由所在区域或所在单位的人民群众选举产生。通过选举产生的人民调解员，一般在当地有一定声望，能够取得群众的信任，便于开展调解工作。

(3) 聘任。这是指面向社会，通过笔试、面试等方式，择优录取，担任人民调解员职务。通过聘任方式产生的人民调解员，具有良好的素质，能够较好胜任人民调解工作，又能保证人民调解员的专职性、专业性。

上述三种方式，应当说是各有其优点。兼任制和选举制对于传统的社区调解工作而言，不失为一种简便、合理的人民调解员选任方式。但是，立足于长远发展，聘任制应逐步成为主要的人民调解员选任方式。因此，应当建立聘任制为主、兼任制和选举为辅的人民调解员选任机制。

8. 调解自愿原则的实现

人民调解工作必须在法治的轨道上运行，坚持依法、公平、自愿的原则。如果人民调解工作背离了法治精神，调解就可能成为“和稀泥”，甚至损害公民权利，损害法治权威。正如有学者指出：“调解不应是权威压制型或者违背法律精神的‘和稀泥’式的，而应当是当事人意思自治型的，尊重当事人意思自治应当是现代调解制度的核心理念。”①

在人民调解工作中，应当特别关注对当事人的权利保护。“只有在权利明确的基础上才能建立真正的和谐关系。”②否则，家庭暴力案件的调解中，如果不以是非为标准，在“宁拆十座庙、不毁一桩婚”的观念影响下，调解员为促成双方达成和解协议而使用一定的压服手段，弱者一方迫于压力，虽然一时达成协议，却可能导致加害一方变本加厉；弱者一方在忍无可忍后，双方矛盾更加激化，有些甚至闹出人命。这种状况事实上构成了对受害者的二次伤害。

“福田模式”在运行过程中，将传统调解文化与现代法治理念结合，强调遵守法律，尊重当事人意愿，实现“定分止争、案结事了”。在调解过程中，兼顾各方当事人的合法权益，平等协商处理矛盾纠纷，不得强迫，不得损害国家利益、公共利益和个人合法权益。只有这样，人民调解工作才能健康发展，取得实效。

人民调解作为一种柔性的纠纷解决方式，较之刚性的诉讼模式更具有灵活性。调解员享有较大的自由裁量空间，在贯彻国家法律、法规的同时，非正式的民间风俗、习惯、传统也可在一定程度上融入利益调节和平衡之中，只要其不直接、明显同法律规则相冲突。调解员在调解过程中，应当把情、理、法有机结合起来，通过摆事实、讲道理、析法律，以理动人、以情感人、以法服人，促成纠纷双方达成调解协议。在调解中既要尽可能查明事实、分清是非，又要使双方当事人明白事件背后的利弊关系，争取实现不伤和气的双赢结局。

---

① 刘武俊：《调解制度有助依法治国》，载《国际先驱导报》2004 年 1 月 12 日。

② 周永坤：《论强制性调解对法治和公平的冲击》，载《法律科学》2007 年第 3 期。

需要指出的是，人民调解工作虽然也要尽力做到“事实清楚”“是非分明”，但调解与判决的要求应当是不一样的。调解以当事人之间的合意为基础，与诉讼相比较，调解更彻底地体现当事人主义。当事人自愿选择调解方式解决纠纷，并自由处分自己的合法权利，只要当事人的合意内容不违反法律规定，又不损害第三人的合法权益，调解协议就应当有效。

（五）重视人民调解与司法调解、行政调解的衔接与配合

调审不分，“造成了程序和实体的双重软化”①，甚至有人担忧，法院正面临成为“调解院”的可能。一些学者的研究表明，司法政策对调解的过分尊崇，会导致下级法院制定调解率激励法官，从而导致法官有可能运用公共权力，强迫当事人调解。清华大学张卫平教授也认为，《民事诉讼法》要求法官应在事实清楚的情况下调解，但在各阶层利益冲突激烈、矛盾频发的现实中，法官为了追求维稳，就可能在调解过程中，忽视解决纠纷的正当性，模糊事实和权利义务，以致实体和程序正义都得不到保证。②

然而，一些国家和地区将民间调解作为特定类型案件（一般为家事案件、邻里关系案件、小额债务纠纷案件以及小额损害赔偿案件）的民事诉讼前置程序，如挪威的《纠纷调解法》、日本的《家事审判法》以及我国台湾地区的“民事诉讼法”等都有此类规定。我国现行《民事诉讼法》第 122 条规定：“当事人起诉到人民法院的民事纠纷，适宜调解的，先行调解，但当事人拒绝调解的除外。”这里规定的“先行调解”属于诉讼内调解，调解的主体应当是人民法院。但是，调解的具体方式是多样的，人民法院可以借助社会力量参与调解，如人民调解委员会、公民个人或其他组织等，实行协助调解、邀请调解、委托调解等。另外，包括福田区在内的一些地方，都在实践中探索了诉前调解的做法：原告就婚姻家庭、邻里纠纷、小额债务、小额损害赔偿等纠纷向法院起诉的，法院立案庭征得当事人同意，暂缓立案，请其到人民调解窗口申请调解。人民调解窗口按规定向双方当事人发放《人民调解通知书》，征求意见；如果双方当事人都同意调解，人民调解窗口受理调解。调解成功的，即出具《人民调解协议书》；否则，由法院审查立案。为了引导纠纷当事人选择人民调解，可通过在法院立案大厅放置《人民调解告知书》等方式，介绍和宣传人民调解；法官也可根据案情，告知当事人诉讼的风险和成本，适当进行引导。

在“福田模式”中，人民调解委员会在法院设立调解室，派驻专职人民调

---

① 李浩：《论法院调解中程序法与实体法约束的双重软化——兼析民事诉讼中偏重调解与严肃执法的矛盾》，载《法学评论》1996 年第 4 期。

② 黄秀丽、任楚翘：《调解越来越主流：法治忧思》，载《南方周末》2011 年 4 月 28 日。

解员进行调解，法院提供专门的办公室和办公用品，对纳入人民调解程序的案件，法官适时进行跟踪了解，掌握调解进程，对复杂疑难案件，及时给予帮助和指导。对未能调解成功的案件，调解员则引导、支持当事人向法院起诉。这种做法充分利用和发挥了法院和人民调解组织两方面的积极性，既缓解了法院的办案压力，又为当事人提供了方便、快捷、经济、平和的纠纷处理渠道，实现了司法调解与人民调解的无缝对接、良性互动。人民法院采取委托等方式，吸收人民调解组织参与诉讼调解工作，逐步使法官的工作重心转向了审判。驻派出所、交警大队等人民调解室，有效实现了人民调解与行政调解的衔接与配合，前文已有论述，此处不赘述。

五、“福田模式”对完善人民调解制度的启示

“福田模式”之所以在实践运行中卓有成效，首先得益于当地政府对人民调解工作的高度重视和大力推动。同时，“福田模式”体现了一种理性的态度和开放的思维，在充分发掘人民调解制度的资源优势基础上，顺应时代要求，进行变革和完善，在一定程度上弥补了人民调解制度的不足和缺陷，实现了制度资源的合理配置和工作机制的优化完善。从某种意义上讲，“福田模式”是特区人锐意进取、敢于探索、善于创新的结果，为人民调解制度的完善提供了借鉴。

（一）推进多元化解纠纷机制建设，适当拓宽人民调解的对象和范围

2015 年 10 月 31 日，中共中央全面深化改革领导小组第十七次会议通过了《关于完善矛盾纠纷多元化解机制的意见》，标志着多元化解矛盾纠纷受到党和国家的高度重视。多元中的“元”，主要包括五个方面，即协商、行政裁决、人民调解、仲裁、诉讼等。既然是多元，就应首先保持不同纠纷解决方式各自的独立性，充分体现不同方式的本质属性，发挥各自的特长和作用。在此基础上，实现不同方式之间的合作，发挥合力。

多元纠纷化解机制建设，首先应当切忌用一种方式统领其他方式，用一种方式代替其他方式。例如，以结果能否得到法院强制执行，衡量其优劣：“‘人民调解协议’的法律约束力，应当被理解为区别并高于、强于民事合同的法律效力，同时，仍未具备与法院的裁判或调解书以及仲裁裁决等同样的强制执行力。”①司法解释中不准确的表述，容易造成误解。例如，2009 年最高

① 王亚新：《民事诉讼法修改与调解协议的审查》，载《清华法学》2011 年第 3 期。

人民法院《关于建立健全诉讼与非诉讼相衔接的矛盾纠纷解决机制的若干意见》[法发(2009)45号]规定：“经行政机关、人民调解组织、商事调解组织、行业调解组织或者其他有调解职能的组织调解达成的具有民事合同性质的协议，经调解组织和调解员签字盖章后，当事人可以申请有管辖权的人民法院确认其效力”，“人民法院依法审查后，决定是否确认调解协议的效力。确认调解协议效力的决定送达双方当事人后发生法律效力，一方当事人拒绝履行的，另一方当事人可以依法申请人民法院强制执行”。也就是说，人民调解协议一旦依法达成，就具有“法律效力”，根本无需人民法院确认其“法律效力”。

司法作为“多元”解决纠纷中的“一元”，应当尊重人民调解和仲裁等不同解决纠纷的方式，支持这些纠纷解决方式有效化解矛盾纠纷。司法对于其他纠纷解决方式具有最终的审查权力，但是应当坚持严格的标准。动辄撤销仲裁裁决、确认调解协议无效，不仅损害和削弱了其他纠纷解决渠道的作用，同时损害了司法的权威。“有所为，有所不为”的司法，才是多元中既克制又有效的纠纷解决方式。

不同类型的纠纷，通过不同渠道化解。多元纠纷化解机制建设，应明确各类化解方式之间的界限，厘清不同化解方式的特性。同样，多元纠纷化解机制相互之间应当相互支持，发挥合力。调解制度虽然有诸多优点，但在实践运作中如果把握不好，其优点可能恰恰也是其缺点所在。所以，不能过分夸大调解的作用，对于某些调解难以奏效或者不适宜通过调解处理的纠纷，应该引导当事人通过包括诉讼在内的其他渠道寻求解决。

现代社会虽然倡导调解，但不能因此而忽视甚至否定诉讼和司法判决的价值。“判决是为社会建立一种秩序，判决也是构建和谐社会的重要方向。”①在日益开放的当代社会中，面对利益主体的多元化，纠纷种类的多样化，文化价值观念的差异化，必须致力于构建多元化的纠纷解决机制，而不能过分倾向甚至依赖于某种单一的纠纷解决模式。民间调解与诉讼应当是互动关系，法院严格依法办事，会使民间对于纠纷解决有一个合理的预期。同样，完善的民间调解机制可为法院减轻大量的案件负担，使法院集中精力解决疑难案件，提高裁判的品质。如果“一口唾沫找到两级法院，一堆垃圾打了两年官司”，则法院势必会被淹没于诉讼的汪洋大海中。②

在“福田模式”运行过程中，人民调解借助法院以外的力量，诸如派出所等的适当强制，达成并履行协议的案例：

① 黄秀丽、任楚翘：《调解越来越主流：法治忧思》，载《南方周末》2011年4月28日。

② 何兵：《从“枫桥经验”谈诉讼与调解的互动》，载《人民法院报》2012年8月6日。

【案例 6-1】 黄某 A 与黄某 B 人身、财产损害赔偿纠纷调解案例

2012 年 3 月 24 日，黄某 A 称其因故将车停于高尔夫花园进门处，被黄某 B 阻挡，双方发生口角，继而发生肢体冲突。黄某 A 左手拇指被打成轻微脱臼、表面皮肉拉开，缝了几针，其所有的别克汽车也被砸坏。2012 年 3 月 28 日，黄某 B 委托其朋友张某前来驻天安派出所人民调解室先行调解。

调解员核实了双方当事人的身份，告知调解的权利义务。事实调查之后，告知双方当事人，根据《中华人民共和国治安管理处罚法》第 9 条的规定，对本纠纷先行调解，如果调解不成，将移交给派出所处理，该拘留的拘留，该罚款的罚款，当事人可以就民事赔偿部分依法向人民法院起诉。

接下来，让双方各自陈述事情的经过，先由被害人黄某 A 陈述，然后由加害人黄某 B 的委托人张某陈述(加害人黄某 B 没有到场)。

通过查看案发现场摄像资料，双方对基本事实达成了共识。张某电话与其委托人黄某 B 商量后，表示愿意赔偿。受害人黄某 A 提出要求黄某 B 赔偿医疗费、误工费、车辆维修费、营养费等所有的损失共计人民币 1.5 万元，其依据为：医院的病历本上清晰的写明，建议手指脱臼不能负重，一周后复查。至于误工费，黄某 A 解释说其一天工资是 200 元，医生建议先休息一周，误工费为 1400 元。还要赔偿营养费、车辆维修费、精神赔偿费等，总计 1.5 万元。

张某与其委托人黄某 B 商量后，称对方 1.5 万元要价不合理，其委托人黄某 B 只承担 5000 元。黄某 A 用车堵住高尔夫花园进门口，过错在先；其只愿意承担合理的医疗费、车辆维修费用，而其他费用应由黄某 A 自行承担。鉴于双方对于赔偿金额相差太大，调解员决定采取“背靠背”的调解方法。

调解员要求黄某 B 积极承担民事赔偿责任，否则，双方达不成协议的情况下，公安机关将对其予以治安拘留。对受害人黄某 A 表示同情，支持其依法提出赔偿，说明如果其要求合理，对方不接受，就只能到人民法院起诉。双方均表示愿意协商解决纠纷。

最终，双方达成协议，由张某代表黄某 B 向黄某 A 赔偿 9000 元。当时，张某声称其没有带那么多现金，到附近银行取款，借故一走了之。调解员将此情况通知了派出所，并让受害人黄某 A 先行回去，待联系到黄某 B 后再通知双方处理，或通过司法程序解决。

2012 年 4 月 1 日上午 10 时许，在办案民警彭某协助下，调解员通过手机短信联系到加害人黄某 B。黄某 B 声称其很忙，还是不能亲自到场，要求再次委托张某前来。调解员立即回复黄某 B：“上次张某借故离开，恐怕对方不信任呀。"建议委托其妻前来处理此事。黄某B既不愿自己出面，又不愿委托其妻，办民警彭某接过电话，表示只有上门拘传，黄某B最终答应委托其妻丁某前来处理。

丁某当场代表其丈夫向黄某A道歉，双方最终达成协议：丁某代表其丈夫黄某B向受害人黄某A赔偿医疗费、车辆维修费等共计捌仟元整(￥8000.00)。调解协议当场履行。调解员通知派出所，对当事人黄某B不予处罚。[①]

在新形势下，我国民间纠纷呈现日益复杂化的特点，且出现了一些新型纠纷，解决难度较大，给社会增加了新的不安定因素。为此，应当创新工作模式，拓宽人民调解的领域和范围，积极参与新型矛盾纠纷的调解。"福田模式"在实践运行中，积极介入新类型矛盾纠纷的调解，并取得了显著成效，使人民调解的服务职能和范围得到不断拓展。2009年，福田区在福田交警大队设立了人民调解室，这是全省第一个专门调解道路交通事故损害赔偿领域纠纷的人民调解室。人民调解室还加挂"道路交通安全法律咨询室"的牌子，为交通事故民事赔偿纠纷当事人，免费提供法律服务和法律援助。由专业法律人士居中担任人民调解员，当事人对其"第三方"的身份和专业知识都比较满意，更能体现公平、公正，确保了交通事故处理的效率和效果。

2010年上半年，福田区又在全省率先成立了驻劳动局人民调解室，将人民调解工作拓展至劳资纠纷高发、关系群众根本利益的新领域。2014年9月28日，福田区八卦岭工业区劳动争议调解服务中心正式揭牌，标志着劳动争议调处"一站式"模式在福田区诞生。所谓"劳动争议调处一站式"模式，就是紧贴用人单位和劳动者实际需要，集中部门优势力量，在一个地点联合办公，形成"集成一体"的聚合体系，对劳资纠纷实行"事前预防、事中控制、事后调解"，大大强化纠纷化解的深度和广度，促进劳动关系的和谐稳定。八卦岭工业区劳动争议调解服务中心就集中了劳动监察执法、劳动仲裁、工会免费法律服务、街道综合化解等多项职能和资源，为区内员工和企业提供劳资纠纷"一站式"服务。针对当前我国医患纠纷频发、矛盾冲突激烈的现状，医患纠纷也进入了福田区人民调解工作的视野。2011年1月，福田区莲花街道人民调解委员会驻北京大学深圳医院人民调解室成立，区政府从律师事务所聘请3名法律工作者进驻调解室，为化解医患纠纷增加了新途径，实现了患者、医院和政府的多赢。

另外，调解员能否参与刑事案件的调解？如果可行，是限于刑事自诉案

---

① 驻天安派出所人民调解室调解员王谷城的调解案例。

件及刑事案件的附带民事诉讼部分，还是可以扩大到部分轻罪案件？[①] 对此可以借鉴我国台湾地区的做法，把《刑事诉讼法》中规定的自诉类案件，纳入人民调解的工作范围。此外，随着恢复性司法理念的兴起，近年来刑事和解在我国许多地方得到了积极的探索。我国《刑事诉讼法》明确规定了公诉案件的当事人和解程序，为刑事和解的推行提供了法律保障。刑事和解的具体模式各地不尽一致，有的地方采取了司法机关委托人民调解组织参与调解的做法。而《刑事诉讼法》对此问题没有明确规定，需要通过立法或者司法解释的形式予以进一步明确。

（二）坚持调解协议即时履行，充分发挥人民调解的作用

民间性是人民调解制度的本质属性。通过人民调解制度解决纠纷，是基层群众自治制度的必然延伸。所以，人民调解制度是一种独立的纠纷解决模式，人民调解协议的效力不容置疑，通过司法确认对人民调解协议的效力予以加固，实属误解。在司法实践中，人民法院对涉及人民调解的案件，承诺优先执行，在判决“执行难”没有得到根本解决的大背景下，“优先执行承诺”实际上无法兑现，有损人民法院的司法权威。[②]

人民调解立足于解决民间纠纷，一般事实比较清楚，标的额较小，数量庞大，与群众生活息息相关。只要双方达成了调解协议，强调协议即时履行，就可以从根本上化解纠纷；否则，难以取得好的效果。

人民调解协议的即时履行，还有其自身对纠纷解决适应性的体现。协议一旦履行，就标志着纠纷得到了化解；当事人双方的协议是对纠纷化解达成的合意，并不存在对与错的问题。相反，一旦协议无法得到执行，即便进行了司法确认，对法院的司法确认裁判，是否允许当事人提出异议，并且如何救济，也就成为本身存在争议的问题。当事人在调解中的适当让步，是为了及时实现权利。一旦对方反悔，自然而然申请人就要将纠纷还原。我国相关的立法和司法解释，也已经注意到了这一现象，并作出了明确的回应。《人民调

① 对此，许多国家和地区的规定不一致。有的国家或地区允许民间调解机构介入轻罪刑事案件的调解。如我国台湾地区赋予乡、镇、市调解组织可以调解包括“告诉乃论”在内的一定范围内的刑事案件。

② 当然，人民法院的审判也必须坚持自己的特性。2005 年 9 月，莆田市中级人民法院制定的《关于建立诉讼调解与人民调解衔接机制、发挥人民法庭调处农村矛盾纠纷主力军作用的工作意见》提出了全程、全员、全方位调解格局，具体包括：案件调解涵盖诉前调解、庭前调解、庭后调解以及复查调解、再审调解等，实行全程调解；重点难调案件由审案人、庭长和分管副院长乃至院长先后介入或相互间进行调解，实行“三级联调”；除民商事案件之外，对轻微刑事自诉案件、刑事附带民事案件以及行政案件、执行案件乃至涉诉信访化解等，实现全方位调解。法院对于调解过分倚重，可能削弱其中立裁判的地位。详细的介绍，参见张延灿主编：《调解衔接机制理论与实践》，厦门大学出版社 2009 年版。

解法》第31条和32条分别规定：当事人双方一旦达成了有效的人民调解协议，就意味着对原争议民事权利义务的变更。在请求履行调解协议诉讼中，当事人一方不得再以原纠纷起诉。当事人只能对调解协议履行或者内容争议，向法院提起诉讼。根据《民事诉讼法》第195条的规定，人民法院受理申请后，经审查，符合法律规定的，裁定调解协议有效，一方当事人拒绝履行或者未全部履行的，对方当事人可以向人民法院申请执行；不符合规定的，裁定驳回申请，当事人可以通过调解方式变更原调解协议或者达成新的调解协议，也可以向人民法院提起诉讼。

但是，在当事人一方业已作出让步之后，对方仍然不履行调解协议，当事人要求将作出的让步内容予以追加的，似乎并不违背调解协议的原则甚至调解化解纠纷的宗旨。一方无视业已达成的协议效力，不履行协议内容，却要求另一方不折不扣履行协议，这样的做法值得商榷。另外，人民法院审查人民调解协议的范围和标准，根据2011年最高人民法院《关于人民调解协议司法确认程序的若干规定》，主要是对调解协议的合法性审查。如前所述，各类化解纠纷方式，均有其独特的纠纷管辖范围，人民调解对适宜其化解的民间纠纷予以调解。但该《规定》第4条规定，不属于人民法院受理民事案件的范围或者不属于接受申请的人民法院管辖的，不予受理。类似的规定人为地将人民调解的范围与人民法院的收案范围等同，实质上淡化甚至削弱了人民调解的作用。

【案例6-2】 曾某与王某20万元债务纠纷判决执行调解案例

曾某与王某因商业合作，产生了经济来往，2009年经深圳市两级人民法院判决，王某应向曾某返还人民币20万元。但是，判决后王某躲避履行，判决未能执行。

2014年6月26日莲花派出所接到报警，从莲花北天心楼将双方当事人带回派出所，移交至调解室。当日，调解员主动向双方当事人的家属去电，希望协助调解。

通过双方陈述，调解员总结出双方当事人的意见：(1) 曾某认为王某多年来一直以老赖的行为逃避法定责任，如果不予执行，人民警察必须对其采取限制人身自由的措施。(2) 王某认为，当时是商业合作，已花费部分金钱，全额返还不公平，另外自身没有偿还能力。(3) 曾某对于王某商业合作时的人品是认可的，但对于判决后其逃避责任的态度十分恼怒。因为此案涉及金额较大，双方纠纷关系虽然单一，但意见分歧较大，曾某追索债务长达数年，已疲于奔命，并且向广东省人大写过上访信件。而王某如今已是一贫如洗，显然没有履行20万元债务的能力。调解员采用“背对背”方式进行调解。

调解员提醒曾某,“执行难”是人民法院一个“老大难”问题,很多当事人,真可谓是“赢了官司输了钱”。人民调解有助于在第一时间从源头上化解纠纷矛盾,希望曾某利用人民调解的机会解决问题,曾某表示了协商解决问题的意愿。

调解员提醒王某,《中华人民共和国民事诉讼法》第216条规定:“发生法律效力的民事判决、裁定,当事人必须履行。一方拒绝履行的,对方当事人可以向人民法院申请执行,也可以由审判员移送执行员执行。”《中华人民共和国刑法》规定了“拒不执行判决裁定罪”,如果王某不采取措施积极主动执行判决,公安机关可以对其采取限制人身自由的措施,查明其财产状况,王某也表达了希望协商履行判决的愿望。

经过多个来回的协商,双方最终达成如下协议:

(1) 根据深圳市福田区人民法院民事判决书(2001深福法经初字第9*1号)和深圳市中级人民法院民事判决书(2001深中法经一终字第1*70号)的内容,现双方协商由王某一次性支付曾某人民币壹拾万元(¥100000.00),双方的相应权利义务就此了结。

(2) 协议第一款之款项由王某通过其弟弟王小某于2014年6月26日下午转入曾某账户。

(3) 本协议经双方签字后立即生效。①

人民调解在当今社会中的角色和作用,有学者从调解与诉讼在纠纷解决中的地位及其相互关系出发,将法治演变过程分为“前诉讼时代”“诉讼时代”和“后诉讼时代”。② 在“前诉讼时代”,民事诉讼机制的作用很小,人们偏重于采取调解方式化解民事争议。在“诉讼时代”,民事诉讼机制上升为解决民事争议的主要方法和手段,调解制度逐步走向萎缩和边缘化。在“后诉讼时代”,人们意识到民事诉讼机制在解决民事纠纷方面的局限性,如解决纠纷的成本高、周期长、过于刚性化等,从而转向追求纠纷解决方法的多样化。

我国法治起步比较晚,司法的职能和作用仍有待于加强和完善,尚不能断言我国已经进入“后诉讼时代”。但是,完全有必要借鉴西方国家法治进程中的经验与教训,少走弯路。应当审时度势,重新认识和定位调解的功能和作用,使调解与诉讼相互配合、相得益彰,努力建构多元化的纠纷解决机制。正如有学者指出:“健全和完善人民调解制度,恢复和强化其在国民心目中的

① 本案例由广东首胜律师事务所提供。

② 张卫平:《人民调解:完善与发展的路径》,载《法学》2002年第12期。

地位、提高其利用率和解决纠纷的实效、实现纠纷解决体系的结构合理化，是应对挑战的理想路径。人民调解在后诉讼时代的回归，是保障当事人程序选择权的要求、是缓减法院压力，提升司法质量的需要。人民调解在后诉讼时代的回归，也必然会在21世纪创造全新的法治图景。”①

人民调解制度对于维护社会稳定、增进社会和谐，发挥着不可替代的重要作用。因此，必须高度重视人民调解工作，为其顺利发展提供必要的条件和保障。随着法治进程的加快和公民法治意识、权利意识的不断提高，对人民调解制度的功能定位，应注意融入法治元素，强调化解矛盾纠纷与保护公民权利并重。“一不跑远路，二不花本钱，三不伤感情”，这是群众对人民调解“福田模式”的真切感受。“福田模式”在设计和推行过程中，始终坚守“以人为本”“科学发展”的理念，发挥人民调解的积极作用，实现服务群众、保障民生、促进和谐的目标和宗旨。在充分发挥人民调解在纠纷解决中的巨大作用的同时，也要理性认识其功能。

人民调解也并不是完美无缺的，而是存在一定程度的局限性，主要体现在以下方面：(1) 调解的非规则性与非程序性。“就调解的过程来说，它本身没有一定的程式，一切都以当事人的和解协议为归指。调解内容的正当性不是来源于法律规则，而是双方的认同，这就势必造成结果对规则的偏离。”②(2) 调解不当，容易牺牲公正。西方学者对此问题有深入的论述。如贝勒斯就指出，程序正义的原则在协商式程序（包括调解）中不适用，因此，协商解决纠纷的方法，起码基于两条理由是缺乏公平的：“其一，一方当事人可能比另一方当事人拥有更大的讨价还价的能力（bargaining power）。其二，由于形式正义不适用，因此，与特定某人就相同问题进行协商的不同的个人，可能就无法得到比较正义。”③(3) 影响规则意识的形成。调解的重要特点是当事人让步。至于为什么这么做，不需要理由，调解文书也不公开。如果大量的纠纷只是调解，那么人们便无法从具体的案例中学习规则，约束自己。正如有学者指出：“调解相对于判决，因为避免了事实认定与法律评价等环节，从而也具有模糊权利义务规则，容易使权利打折的特点，这可能弱化社会的权利义务意识和规则意识，妨碍人们行为可预期性的建立。如果纠纷处置手段应用不当，对于正在建构中的中国法治，对于市场规则和市场秩序的建立，将产生不利的影响”。④

---

① 韩波：《人民调解：后诉讼时代的回归》，载《法学》2002年第12期。

② 周永坤：《警惕调解的滥用和强制趋势》，载《河北学刊》2006年第6期。

③ 〔美〕迈克尔·D.贝勒斯：《程序正义——向个人的分配》，邓海平译，高等教育出版社2005年版，第216页。

④ 龙宗智：《关于“大调解”和“能动司法”的思考》，载《政法论坛》2010年第4期。

(三) 建立财政预算制度及经费分级保障机制,破解人民调解的困局

政府购买人民调解公共服务的形式,有效解决了人民调解经费投入不足的问题,为人民调解长期发展奠定了良好的基础。但是,“福田模式”中存在的人民调解员队伍稳定性不强、吸引力不足等问题,制约着人民调解事业的发展。主要原因是基层政府控制的资源有限,财政能力不能完全满足人民调解的客观需求,建议建立中央政府主导的财政预算制度和人民调解经费的分级保障机制,克服人民调解发展的困局。

1. 单纯依靠基层政府购买人民调解公共服务不能完全满足需求

将矛盾纠纷化解在基层,不只需要基层政府积极作为。化解矛盾纠纷首先是基层政府的职责,因为基层政府在化解矛盾纠纷方面,具有天然的优势,他们能够在纠纷发生的第一时间介入纠纷的化解,熟悉纠纷的背景,选择最佳的纠纷化解方式,迅速平息矛盾纠纷。维护稳定的思维与上访解决纠纷的模式,存在张力:一方面各级政府要求将矛盾纠纷化解在基层,另一方面基层群众自我解决纠纷的能力不足。

“福田模式”表明,福田区委、区政府对化解矛盾纠纷具有高度的认识自觉,积极投入财政经费,将律师事务所引入人民调解公共服务领域,充分发挥社会组织的作用。但问题是,中国基层政府占有和管控的资源有限,“福田模式”运行中存在的主要问题是人民调解员的稳定性不足,难于将优秀人才留在人民调解员队伍之中,难于形成长期稳定的人民调解员队伍。这主要是因为作为人民调解公共服务的基层政府,财政投入有限,尚不能从根本上满足社会的需求。

如果说福田区属于经济发达地区,尚能够保证基本的公共法律服务资金投入,那么,对于经济欠发达地区的基层政府,就无法仅靠自己的力量解决这一问题。中国地方政府实行层级管理制度,区县政府受省市政府制约。在地方政府中,省级政府具有最强的资源控制能力。因而,地方政府公共服务的重心,应当落实在省级政府。地方三级政府对于包括人民调解在内的公共服务的投入,应当与其控制资源的额度保持正比。包括人民调解在内的公共服务的改善,省级政府不能是旁观者,而应当是积极的行动者、示范者。

2. 中央人民政府向人民调解进行专项财政预算的必要性和重要性

中央人民政府不仅有责任进行制度的顶层设计,监督调解制度的贯彻实施,而且应当身体力行,通过中央财政专项预算,推动人民调解制度的健康发

展。人民调解制度与审判、仲裁等制度共同构成了化解矛盾纠纷的多元机制。在国家已经实施司法经费中央和省级统筹的同时，还应积极作为，解决好包括人民调解在内的公共服务问题。

贯彻和实施《人民调解法》是各级政府的职责。统筹全国范围内人民调解的协调发展，从整体的角度满足公共服务需求，意义深远。中央政府财政经费的支持，是经济欠发达地区人民调解经费投入的重要保障。

【案例 6-3】 华女士倒车时惊吓林女士母亲(76 岁)而致其摔倒受伤赔偿纠纷调解案例

2014 年 7 月 11 日晚，林女士来到派出所调解室，称其母亲(76 岁)在新洲花园闲逛，被一个华姓女子在倒车时惊吓而摔倒受伤。经医院检查，发现林女士母亲手腕骨折。林女士称，双方协商多次无果，才到派出所调解室请求调解。

调解员听完林女士的陈述后，给华女士打电话，对方称自己在倒车时没有任何触碰，对于老人摔倒，自己一点责任都没有，不愿意出面协商。调解员指出，有无责任，双方应该当面说清楚，以防造成法律上的麻烦。经过劝说，华女士同意与林女士一同到派出所调解室调解。

到调解室后，双方各执一词。调解员根据双方陈述的情况，对责任进行了明确：华女士虽然没有直接碰到林女士的母亲，但是车辆在行驶时应该礼让路人，何况伤者是一个 70 多岁的老人。虽然没有直接碰到，但是对其摔伤负有间接的责任。而林女士的母亲在行走时没有走在小区的人行道上，而是走在了小区的车辆行驶道上，也应该承担部分责任。

双方都认识到了自己的过错，表示愿意跟对方进行调解。最后，华女士愿意赔偿林女士母亲人民币 3000 元的医药费用，林女士也同意了。双方在调解员拟定的协议书上签名，当即履行了协议，消除了矛盾。①

“福田模式”作为地方政府购买公共服务的创新，对于各级政府公共服务的财政投入，具有启示作用。创新政府职能，改善公共服务，是国家治理体系和治理能力现代化的需要。在经济发达地区，人民调解经费保障应以地方财政投入为主，中央财政投入为辅助。在经济欠发达地区，人民调解经费应以中央政府财政投入为主，地方财政投入为辅助。

---

① 驻沙头派出所人民调解室调解员胡奕毅的调解案例。

3. 因地制宜科学确定各级财政负担人民调解经费的合理比例

人民调解组织的民间性，并不影响政府对其进行财政投入的必要性。而且，政府购买服务不仅为社会提供了专业化的调解服务，也是鼓励律师参与社会建设的重要途径。现行的诉调对接模式中，法院、法官过于主动的作为虽然源于其案件压力，是一种“条件反射”，但法官而非律师向社区深入，向社会提供法律咨询，是社会建设滞后的权宜之计。以裁判为中心的审判职权行使，要求法院的活动具有中立性和被动性。

建立财政预算及经费分级保障机制，并不排斥来自其他方面对人民调解组织的支持。推动人民调解事业的发展，除应继续依靠工会、妇联等人民团体以及居民委员会、村民委员会等基层自治组织外，还应吸收相关非政府组织。非政府组织(NGO)，也被称为非营利组织、公民社会组织等，是指在家庭、政府、市场之外、为了满足个人需要、由自由结社形成的各种形式的社会组织。西方学者的研究表明，民间社会的发达，是社会稳定的重要保证。尤其在现代社会中，非政府组织不但对公共领域非常重要，而且是国家权力合理化运行的补充。在人民调解工作中，非政府组织的参与有很大空间。另外，志愿者队伍也是人民调解员的重要组成部分。

“福田模式”的实践表明，采取政府购买服务的办法，“养事不养人”，是新时期人民调解制度改革和完善的重要路径。矛盾纠纷多元解决机制建设，是国家治理能力和治理体系现代化的要求。建立财政预算及经费分级保障机制，将从根本上解决制约人民调解制度健康发展的困局。应逐步将人民调解委员会改造成为解决矛盾纠纷的“社会第三组织”，切实完善中国特色的基层群众自治制度。

第七章 “福田模式”对人民调解专业化的拓展

人民调解的专业化，既包括专业人员从事人民调解，提升人民调解调处和解决矛盾纠纷的专业水准，也包括通过对人民调解员的培训，提高其调解技能基础上，保证调解效果。“福田模式”通过将律师引入人民调解员队伍的方式，形成了人民调解专业化的新模式。专业化改善了调解员职业道德和技能，并保障了调解员队伍的相对稳定性。

一、基层社会对纠纷解决专业化的需求

基层具有特殊的含义，但在中国的语境中，明显存在着城市和乡村差异导致的两种不同的基层类型。与此相适应，基层社会的纠纷虽然均表现为民间纠纷，但是其差异仍然十分巨大。

首先，发生在大城市、经济发达地区的民间纠纷，从形成上具有如下的特点：地域上超越了邻里和熟人之间，需要通过制度与法律规范作为解决的依据；时间上超出了传统社会人们的生活规律，从而容易发生在下班后的休闲时间、上网结束之后的凌晨或周末等。传统的纠纷解决机关单位遵循上班和下班作息时间，已经不能适应对这些纠纷的解决。如果纠纷发生和纠纷解决的机构在时间上正好是错位的，则必然影响纠纷解决的有效性。

其次，发生在乡村的民间纠纷，主要是婚姻、赡养、邻里纠纷、简单的债务纠纷或者人身、财产损害赔偿，完全不同于城市。就纠纷解决的渠道而言，乡村通过司法审判解决纠纷的比例远远不如城市高。如果在案件数量上存在压力，也主要是指城市地区的法院，或者大城市的法院最为明显。如何为民间纠纷的有效解决寻找到切实可行的路径，防止这类纠纷性质的演变，是本书的主旨所在。

民间纠纷涉及社会文化、风俗和身份等传统伦理，纠纷的存在是社会变革的反映，纠纷的解决是维系社会良性运转的前提和基础。由于民间纠纷的性质，决定了对这类纠纷应当运用独特的方式、方法予以有效解决。在司法介入解决民间纠纷时，不免发生由于程序、条件等制约所导致的问题解决效

果不佳的局限。而人民调解在解决这类纠纷时,具有得天独厚的优势。

现代社会对纠纷解决最基本的需求是调解员的专业化。经过专门训练的调解员,不仅能够有效识别纠纷的性质,而且能够采取及时的措施,预防纠纷的激化,通过调解活动使纠纷得到解决。就人民调解的现状而言,缺乏专业化的调解员队伍,是制约各地人民调解工作健康发展的根本因素。例如,2012 年 6 月 16 日发行的《华商报》报道:“12 年调解 1600 余起社区纠纷,没经费没专职调解员,全国‘标兵调解委员会’面临‘瘫痪’。”新闻报道揭示了在西安市基层社区 748 家基层社区,调解室资金和人员不足制约了人民调解作用与功能的发挥,社区调解举步维艰。经过记者调查发现,社区调解室由于受到经费和人员不足影响,调解功能面临“瘫痪”,而且是一种普遍存在的“通病”。“社区没有专职调解员,都是社区工作人员兼职调解员。”人民调解员这种现实状况如何得到有效改变。福田区引入专职调解员的机制,成为解决这一问题的成功尝试。专业化的人民调解员队伍建设,对发挥人民调解的有效作用,意义深远。

识别纠纷性质是调解的技能之一。对不同类型的纠纷分类处理,对不同类型的纠纷从解决渠道上分类予以解决,是正确认识人民调解的前提。纠纷的调解必须追求有效性,保证纠纷的解决,取得良好的社会效果。衡量纠纷解决有效性的因素包括对纠纷解决问题的识别和定位、解决的途径和方式的选择、衡量的标准以及效果的评价等三个方面。其中,效果的评价包括:纠纷的解决不仅需要充分考量纠纷解决中当事人的经济成本支出,还需要兼顾当事人参与纠纷解决的条件,纠纷解决中当事人时间和精力的付出,以及纠纷解决后当事人之间关系的变化。民间纠纷解决的关键,是需要建立有效的纠纷解决渠道。有效的渠道有利于节约当事人经济成本的支出,便利当事人的参与,有利于节约当事人的时间和精力付出,并有利于恢复当事人之间的和睦关系。专业化的调解队伍,能有效发挥化解纠纷的作用。

(一) 调解职能的准确定位,需要多层面达成共识

调解的根本职能是化解矛盾纠纷。但是,化解矛盾纠纷机制的建立和运行,需要满足多层的社会心理需求。例如,矛盾纠纷的解决、是非责任的区分、当事人的参与和表达权利的实现。

专业化的调解员队伍,有助于实现上述职能。诚然,政府管理部门、社会组织和大众、纠纷的当事人对调解解决纠纷,抱有不同的期望。这些期望相互之间存在既一致又冲突的关系。但是,对之进行创造性定位、理解和执行的,只能是具有专业服务精神和能力的律师群体。律师群体参与公共事务的

基础，又是政府的公共服务发包政策和措施。所以，"福田模式"首先是实现了对调解职能的专业化定位。

如何实现具体调解活动中纠纷的化解、是非责任的区分、当事人参与的有机结合？这需要调解员根据纠纷本身的因素进行判断、权衡，予以处置。这就要求调解员具有识别纠纷的专业素养，并有针对性地采取措施。

1. 明确当事人的身份以及对调解事项的权限

申请调解的当事人，应当提交能够证明自己身份的文件和资料，诸如身份证、驾驶证等信息。调解员应当将当事人的身份证件进行复印存档，如果当事人一方或者双方是法人或者经营实体，该机构的代理人应当出具该机构的营业执照、法定代表人身份证明以及授权委托书。代理人只能在自己所授权的范围内从事代理活动。

调解机构应当将调解注意事项公开，以便利当事人和群众了解，主动遵守。

【案例 7-1】 邓某与其所在公司工资结算纠纷调解案例

人民调解员受理的是一起拖欠工资的纠纷。申请人邓某与其所在公司因当月工资支付发生纠纷，申请人邓某要求按月结清当月工资，申请人某公司则认为邓某的任务完成后才能结算工资。调解员首先询问了调解双方参与人的身份，其中一方是公司委托处理工资拖欠纠纷的代理人。但是，由于该代理人没有提交有关公司的相关证件资料及委托书，调解员要求该代理人首先办理授权委托事项，之后才能进行具体的调解活动。①

对调解程序的维护，有助于保证调解的质量；否则，如果代理人授权范围不够明确，可能导致调解结果无效。

2. 对调解原则、规则等的解释

调解员应当向当事人解释调解的原则和规则，让当事人明白，调解是在人民调解员主持下，当事人自己协商解决自己的纠纷。正因为当事人是自己协商解决纠纷，当事人就有义务尊重调解程序，尊重对方当事人，不能采取有意拖延时间的做法，不能打断对方陈述，应积极履行业已达成的调解协议，等等。

---

① 这是项目组成员于 2013 年 11 月在驻华强北人民调解室调研时现场观摩的调解案例。

调解员也应该向当事人解释调解的具体程序，诸如双方当事人有平等的发言权。但一般是其中一方申请人首先发言，另一方申请人随后发言；发言的过程中当事人应当重点表述自己的感受和诉求，不能进行人身攻击、侮辱、谩骂等，双方都应当站在解决问题的立场上参与调解活动，等等。

调解员还应当提醒当事人，有权申请人民调解员回避，有权提出对某些程序或者特定程序的保密要求，有权就某些特定领域的专门知识或者业务向专门人员进行咨询，等等。

3. 要求当事人承诺的事项

当事人应当承诺，在调解期间不采取任何激化矛盾的行为，承诺为矛盾的解决作出积极的努力。

当事人应当承诺，不拖延调解期限，不滥用调解程序。

当事人应当承诺，对业已达成的协议，采取积极主动的措施，保证其得到履行。

总之，明确的调解规则有助于提高调解程序的质量，促进调解协议的达成，尤其是调解协议的履行。

（二）调解职能的实现，有赖于调解员专业技巧的掌握与运用

调解员应当具备专业的调解技巧，以及把握纠纷现状、预见纠纷趋势并具备如何采取措施的能力。

专业化的调解技巧，首先要求调解员准确把握调解的基本原则，准确定位调解在纠纷解决中的特点和功能，正确对待调解工作，不断改善和提高调解技巧，忠实履行一个调解员的责任和义务。

1. 调解属于当事人自愿选择的纠纷解决方式和途径

在当事人寻求调解解决纠纷的环节，需要建立当事人身份确认和对调解解决纠纷途径意愿的认可，以及对调解结果的遵守。所以，调解程序首先应当将双方当事人愿意通过调解解决纠纷的意愿，以书面的形式明确约定。调解程序的明确化和具体化，不仅对调解活动的顺利进行，而且对调解协议的达成和实际履行，都有积极的意义。调解人员首先应当主持双方当事人签定《寻求调解解决纠纷协议书》。

2. 调解员应当鼓励当事人积极通过调解方式解决纠纷

如果纠纷不适宜或者不能通过调解途径得到解决，调解员应当向当事人

说明其他的纠纷解决渠道，鼓励当事人通过诉讼途径解决纠纷。调解与诉讼的根本区别在于，调解讲“道理”，诉讼看“证据”。调解主要是对是非、对错进行区分。调解建立在一个前置性的判断基础之上，即当事人对事实最清楚，当事人对纠纷的解决具有潜在的能力。因此，在调解过程中，当事人双方仅仅对各自主张的事实进行阐述和说明，并无举证证明的必要。如果当事人一方或者双方提出了证据，可以在调解员主持下，让对方当事人进行确认，发表意见。但是，这不是质证，当事人对这些证据也不负责反驳。

3. 调解的依据包括所有的社会规范和道德规范

调解过程当然需要进行是非判断，但是调解中进行的是非判断，主要依据法律、习俗和道德等。调解员应当注意对习俗本身内容的确认，即习俗是否真正为当事人双方所认可。在调解过程中，应当坚持当事人双方认可的习俗，维护其规范作用。调解员对是非问题进行正确判断的基础，是允许当事人双方进行充分的辩论。“真理逾辩逾明。”在充分辩论的基础上，容易区分是非责任。

4. 调解假设双方清楚争议的事实，并在此基础上解决纠纷

当事人是事实的亲历者，当事人了解纠纷发生前、发生过程中、发生后的所有重要方面，了解事情的前因后果。如果第一时间提交调解解决，本身就为纠纷的及时有效解决创造了条件。对于事实发生的经过和结果等客观方面，当事人的陈述一般基本一致，不一致的主要是不同当事人对原因的解释不同，对事件的感受不同。

调解时应当对当事人的感受等主观事实，也给予一定的重视。在事实陈述中，如果一方或者双方当事人强调自己感受的主观事实，调解员应当予以重视，并引导当事人进行陈述。感受事实作为主观事实，也是事实的重要组成部分。

调解员有义务提醒当事人感受的重要性，并引导当事人双方能够站在对方的角度，通过换位思考，改善相互关系。

5. 以当事人的诚信和意愿为调解解决纠纷的前提

调解协议的订立，应当体现即时履行原则。在不能即时履行的情况下，应当通过担保等方式，强化履行。借助司法强制履行调解协议的做法，值得反思。

借助司法的强制力，保证人民调解协议的履行，是指在人民调解协议中，

约定通过司法调解的渠道，保证和强化调解协议的履行，即人民调解协议经过人民法院的审查、确认，将之转变成为司法调解书，保证在当事人一方或者双方不履行调解协议的情况下，相对方能够申请人民法院强制执行。上述做法也被称为是调解与司法的"对接"。但问题是，人民法院对人民调解协议的审查和确认，实际上仅仅是程序上的；这样的审查和确认，是对人民调解协议性质和协议约束力差的变相认可。如果没有对人民调解协议性质的准确定位，人民调解很难走上健康发展的道路。

其实，司法调解与人民调解的对接，在实践中已经形成了一些成熟的做法，取得了许多成功的经验。20 世纪 60 年代发端于浙江诸暨的"枫桥经验"，通过司法与人民调解的"联动机制"，有效实现了人民调解和司法的对接。①

不同纠纷解决渠道各自具有不同的优势，也同时具有自身的局限。只有充分重视不同纠纷解决渠道的独立性，才能建立相互之间合作、共赢的机制。片面强调人民调解协议经过司法确认保证其效力，可能导致的结果是弱化甚至否定人民调解作为纠纷解决独立渠道的作用，表面上是在为人民调解寻找"靠山"和"支持"，实际上否定了人民调解的独立性和独特功能。

值得一提的是，应当坚持人民调解协议一旦生效即时履行的原则。对于不能即时履行的调解协议，可以通过担保等形式，强化协议的履行。在当事人没有担保条件且不能即时履行的情况下，应当终止调解程序，建议双方通过诉讼途径解决纠纷。实践中，业已存在的人民法院确认人民调解协议的效力，赋予人民调解协议以强制执行力的做法，由于损害了人民调解的自愿性，且加剧了"执行难"，在无法执行的情况下造成了当事人权益的损失，必须予以改革。

人民调解充分发挥作用的前提，当然是专门化的调解员队伍建设。调解员不仅是具体调解事务的实施者，而且是调解事业的践行者和推动者。只有在专业化的调解员队伍基础上，才能强调调解员的作用，并强化其义务和责任。在调解的过程中，调解员被认为是具有丰富知识的。他们有义务利用自己的知识，对公众进行调解工作的教育；有义务使愿意进行调解的当事人的纠纷得到调解；有义务纠正对调解的滥用；有义务提高自身的专业技巧和能力。

---

① 参见汪世荣主编：《枫桥经验：基层社会治理的实践》，法律出版社 2008 年版，第 141—142 页。

二、专业化调解中的调解技巧[①]

调解技巧包括事实调查的技巧、提出包容性的调解方案的技巧、运用专门领域知识的技巧等三个方面。具体调解技巧的运用，有助于调解员对冲突进行有效管理。

（一）事实调查

事实调查是进行调解的基础，但是，调解程序中的事实调查，不同于法庭审理中的事实调查。调解程序中的事实调查，受到各种主观和客观因素的制约：调解程序中的核心内容不是事实调查，而是解决双方当事人的问题；调解员无需传唤证人，仅仅通过双方当事人的陈述进行判断；如果当事人提供了书面证据，调解员可以就这些书面证据进行辩论。

1. 倾听的技巧

倾听的技巧包括积极的倾听、重新表述及适应矛盾等三个方面。

(1) 积极的倾听。积极的倾听即对别人所说的话进行复述，在内容和感情上都与原话相符，不增加任何内容。调解员试图理解当事人的想法，对当事人的表述进行复述，目的是证明其理解是否准确无误。对重要的信息更是如此。在调解过程中切忌猜测，因为容易导致信息判断的失误。

积极倾听还要求调解员通过专门的技巧，实现与当事人的交流。其中，专注地聆听是一项技巧，需要训练和实践。专注地聆听当事人回答问题，是指集中所有的注意力专心致志地聆听当事人说话，不能分心，不能走神。为了鼓励当事人陈述，调解员可以通过诸如点头、口头用语“嗯”“继续”让当事人知道自己在跟随，并且不想打断他们的陈述。而且，调解员可以通过提出问题，让当事人作出解释，使当事人的表述更加清晰。例如，“你觉得这个事情解决起来有点麻烦，你所说的麻烦是什么？”“你认为这个事情如果尽快解决，对谁都有好处，你所期望的时间是多少？”等。

为了准确理解当事人的话语，调解员必须反复确认，消除误解。双方当事人之间的交流，往往是由于许多大大小小的误解造成的。调解过程就是信息的传达、接收和理解过程，在交流的每个阶段都可能产生误解。误解导致

---

① 本部分写作参考了美国哥伦比亚大学调解课程的相关内容。2005年7月19日至25日，在西安进行了美国哥伦比亚大学与西北政法大学法律诊所课程教学研讨会，调解课程的建设，就是当时会议讨论的议程之一。

的矛盾或者矛盾加剧，是经常存在的现象。为此，调解员需要细致地确认当事人是否听懂了自己的问题，并且自己是否理解了当事人的回答。

（2）注意重新表述的使用。重新表述不同于复述，而是在倾听别人陈述的同时，针对威胁、侮辱和过分的表述，从表达别人真正想要表达的需要和利益出发，用中立的语言复述这种信息，包括调解员自己总结出来的需要和利益。重新表述基于有效交流的需要，因为当事人真正关心问题的处理。而且，富有成效的交流，是调解得以顺利进行的条件。调解员在调解过程中的作用，是积极的而非消极、被动的，重新表述就是积极作用的体现。

（3）适应矛盾。调解员应当注意矛盾的存在，并跟踪记录矛盾，但是不宜直接质问当事人。不同的人对同一事件的描述，差异可能很大，有些矛盾是交流不充分产生的。例如，当事人可能陈述说自己从不喝酒，而另一方当事人指出他喝啤酒的事实。这时，调解员应当询问“不喝酒”的意思，可能前一个当事人所说的不喝酒只是指白酒而不包括啤酒。又如，当事人可能说事情发生时自己“没有穿衣服”，而当时是穿着睡衣的，在当事人的叙述中，“衣服”并不包括睡衣在内。

2. 正确提出问题的技巧

调解员提出问题时，如果能够对问题背后的逻辑进行解释，有助于得到准确的答案。一个单独的问题可能引起对方的抵触情绪，一连串的问题又可能让人觉得是在接受审问。为了避免抵触情绪，在提出问题之前，对问题背后的逻辑进行解释和说明很有必要。例如，调解员需要知道双方当事人的住所方位，就应当向当事人解释自己了解住所方位对理解双方当事人陈述的重要性。为了引导当事人说出具体的细节，调解员可以提出引导性的问题。

通常当事人会做出宽泛的陈述。例如，“赵涛一直在做文具、纸张的生意”。调解员需要知道赵涛准确从事纸张、文具生意的具体时间，就可以提出这样的问题：“请你回忆一下赵涛开始做文具、纸张生意的具体时间？”又如，“他总是不征求我的意见，就把我家的东西送给自己的父母，我对此十分反感”。调解员可以提问：“能举两个例子吗？”

在具体提问时，调解员需要把握问题的不同类型，根据不同的目的，有针对性地提出不同的问题。不同的问题具有不同的作用，通过提问技巧，调解员可以实现不同的目的。根据不同标准，可以对问题进行不同的分类：开放性问题、封闭性问题和诱导性问题；而使用正确的提问方法，非常重要。

（1）开放性的问题及其运用。开放性的问题是指简洁的、宽泛的并且无固定答案的问题。通过提出开放性的问题，调解员可以了解更多的有价值的信息。例如，“能否告诉我们，你今天来这里的原因？”或者“请告诉我们与你相关的情形？”。

开放性的问题需要更为详细的回答，而不仅仅用“是”或“不是”以及时间、地点简单回答。开放性的问题可以使当事人运用他们自己的语言、自己的顺序，并且在不受干扰的情况下，表达自己的理解和感受。

提出开放性问题，有助于调解员收集更多的信息。开放性的问题表明，调解员和当事人在进行交流而不是审问，可以得到意想不到的信息。

(2) 封闭性的问题及其运用。封闭式的问题是指可以用“是”“不是”或者简单的事实来回答的问题。当调解员需要知道具体的信息时，可以提出封闭性的问题让当事人回答，以便核对是否准确。例如，“你是不是说两年前你购置了这套房？”又如，“根据你的陈述，你比较满意房子所处的位置，尤其是周边的环境，对吗？”等。

需要指出的是，调解员可能在接近调解的后期，提出更多的封闭性问题。

(3) 诱导性的问题及其运用。在问题中已经包含了答案，或者问题要求对方对自己的已经做出的判断表态，这样的问题就是诱导性的问题。由于这类问题对当事人所具有的强烈的诱导性，答案往往不太可靠。调解中应当尽量避免提出这类问题。例如，在交通事故的调解中，下列问题就属于诱导性的问题：“事故发生时，你根本没有看到从左边开来的车，对吗？”“你对突如其来的事故早有预感，是这样吗？”“事故发生后对方一直坐在车上拨打电话，是这样吗？”

为了全面、准确地了解信息，调解员应当提出一系列问题，并明确这些问题之间的关联性，先后提出的问题要有连贯性。例如，如果需要对某个特定的问题进行综合把握，可以从不同侧面提出不同问题，以得出准确的结论。例如，一方当事人认为自己与对方之间存在着“同居关系”，调解员就可以询问：“对方如何描述你们两人之间的关系？”“你们的亲戚朋友如何描述你们两人之间的关系？”①另外，可以通过追问式的对话，又称为反问式的对话，即重复刚才对话中的一部分，对刚才的对话做进一步的调整或进一步的表述，并请当事人进行确认。

---

① 在了解事实方面，调解员了解当事人的问题，与医生了解病人的病情，具有相似性。为了了解病情，初诊时，一个医生应当向自己的病人提出9个问题，以了解“完整的疾病史信息”：(1) 你有什么不舒服？(2) 这种不舒服有多长时间？(3) 除了这种不舒服，还有别的病状吗？(4) 你自己觉得引起这些不舒服的可能原因是什么？(5) 这种不舒服随时间发展有什么变化？(6) 以前治疗过吗？(7) 在哪里？怎么治疗的？(8) 你自己觉得效果怎样？(9) 你对这次治疗有什么样的期望？郑佳鹏：《了解“完整的疾病史信息”》，载《生命时报》2011年1月28日。

3. 有效沟通的技巧

调解员与当事人的沟通必须追求效果，实现有效沟通。“有效”是对沟通效果的要求，要实现沟通效果的有效性，必须借助一定的沟通技能。

（1）认识到沟通的重要性。在事实调查中，调解员必须谨慎对待自己的言行，赢得当事人的尊重和信任。调解中常见的错误是调解员说得太多。一般而言，调解员应当用 80％的时间聆听，只用 20％的时间说话。倾听使调解员获得更多有用的信息，有助于了解事情的真相，准确判断案情，赢得当事人的信任。

在与当事人谈话的过程中，调解员尽量少记笔记，只记录关键的信息，诸如时间、地点、相关的证人姓名，对事件的经过进行概括，对结果予以简要记录，等等。如果调解员埋头记笔记，可能影响与当事人的沟通，也会影响当事人的陈述。而且，当事人可能存在年龄、性别、民族、社会经济地位和文化的差别，调解员必须尊重所有的当事人。在案情调查过程中，有些事件可能引起当事人内疚、惭愧或者恐慌，调解员必须通过自己的肢体语言和语言间流露出的同情，取得当事人的信任，并让其放心地诉说。

调解员的经历可能造成自己的偏好和偏见，影响自己的判断。因此，在事实调查中必须保持精神高度集中，尤其必须认真、细致地观察当事人的言行，以及会见过程中发生的一切变化。

为了跨越任何与当事人之间存在的沟通障碍，调解员应当重视下列建议：

> 耐心克服沟通障碍，切忌心浮气躁；
> 遵守承诺，确保对当事人提供信息的保密性，建立当事人的信任；
> 在会见过程中保持平静，但一定要保持警惕；
> 保持感兴趣、富有同情心，但是不作结论；
> 以谦虚的方式，让对方知道你有能力妥善处理问题；
> 对当事人表示尊敬和礼貌；
> 耐心听取当事人的陈述。

（2）适时提出恰当的问题。通过提出问题，发现事情的症结，关注具体的细节。

【案例 7-2】 某电脑经营公司与其员工聘用协议纠纷调解案例

一个经营电脑的公司草拟了一份针对数位经理人员的聘用合同，内容主要包括两个方面，即聘用期为 4 年，并且离职后“禁止与原雇主竞争”。结果这一合同遭到了全部经理的反对，他们一致表示：拒绝签署这份聘用合同。

如何调解这一纠纷？

调解员应当明确公司幕后的顾虑与目的何在，公司到底想解决什么问题。为了弄清问题的真相，调解员向公司提出的问题包括：

(1) 你为什么突然决定要与公司服务多年的经理级人员签订这样的聘用合同呢？

(2) 你对这些经理们的工作表现满意吗？

(3) 这些经理们是公司不可缺少的人才吗？

(4) 他们忠心耿耿吗？

(5) 他们的工作士气旺盛吗？

(6)你想要调整他们的待遇吗？

(7) 你曾经和他们讨论过签订聘用合同的可能性吗？

(8) 你担心有朝一日他们会成为你的商业对手吗？

(9) 你对公司未来几年的发展有何打算？

通过会见，调解员发现，公司新近开发出了一项价值连城的技术，公司担心这项技术一旦泄露，自己的竞争力就会降低。而且，公司要求经理们签署“禁止与原雇主竞争”条款，目的也不是阻止经理们跳槽到别的公司去，而是希望能够防止公司技术机密外流。至于公司的新技术，是由公司外的顾问单位研究开发的，公司经理们对于技术的相关细节并不十分清楚，他们的离职也不会对公司的利益造成立即的危害。

然而，经理们认为，公司提出的条件无法接受，因为自己就是推销或者管理层的核心人物，即便离开公司，也可能从事的是类似的管理活动。

调解员认为，公司担心的只是新技术的保密问题，而经理们对公司这样的要求也能够理解，所以，调解员提出了签订保密条款的建议，得到了双方的认可和采纳。①

根据该案例，调解员可以恰当地提出以下解决问题的建议：

① 〔美〕苏珊·奥尼尔、凯瑟琳·斯巴克曼：《美国律师实务入门——从学生到律师》，黄亦川译，北京大学出版社 1998 年版，第 16—18 页。

解释自己的角色；
解释提出具体问题的原因；
使用简单朴素的语言；
把长的句子分解成围绕一个中心的短句；
避免使用法律术语或词汇；
核实当事人是否明白你所说的话；
避免抽象的问题；
使问题简短；
说明可以回答“我不知道”或“我不明白”，如果情况确实如此的话。

当事人的利益关系明朗化以后，调解员的任务就由确定问题转向了解决问题。这时，调解员应当提醒当事人，他们才是问题的解决者，他们有责任提出解决问题的方案。调解员可以引导当事人寻求解决问题的方案：“那么，你们有没有想过解决问题的方案？”或者“你们认为什么方法才能确保这种问题不再发生？”或者“能不能提供一些方法，以便将来处理这种问题？”

当事人都最清楚双方争执的焦点，也清楚解决问题的底线，对纠纷的解决最具有发言权。调解员必须充分发挥双方当事人在纠纷解决中的积极性和主动性。调解程序的最大特点，是在调解员的主持下，双方当事人协商解决纠纷。

（二）提出包容性的调解方案

调解员的主要责任，是尝试性地提出解决问题的方案，让当事人自由考虑接受或者拒绝。这些方案不能使当事人感受到威胁、丢面子、毫无选择，而应是出于更大的利益。

1. 调解战略是提出包容性的调解方案的基础

包容性的调解方案建立在诊断、预测和制定调解战略的基础之上。具体而言，诊断过去发生了什么事，或者现在正在发生什么事；预测将来可能发生什么事；制作和执行策略控制将来发生的事情。这就要求调解员寻找事件发生的原因，预测其他人对实践的反应，通过制订计划，实施调解的战略和策略。

2. 制定调解战略的步骤

调解员如何诊断、预测和制定调解战略，需要遵循以下六个步骤：

（1）辨别问题。通过会见当事人，调解员找到问题的症结，尤其是双方当事人的利益冲突、共同的利益所在。在辨别问题时，切忌猜测，不作不必要的假设。

（2）评估信息和素材。调解员对收集到的信息和素材进行分类评价，发掘出少数真正重要的因素。这些素材包括事实、证据、法律或者政策等方面；有些因素是解决问题的决定性因素，对这些因素应当给予高度的关注。

（3）制订解决方案。调解员通过预测，揭示尽可能多的潜在可能性，发现尽可能多的选择范围，扩大选择的领域。鼓励当事人双方自己提出调解方案，尤其是多个调解方案。调解方案的提出，也是当事人参与问题解决的重要途径。

（4）评估解决方案。只有在发掘出所有备选方案之后，调解员才能开始评估。对当事人的陈述，尤其是当事人双方所提出的调解方案，调解员应当进行细致的评估和分析。对比和对照相同之处和不同点，发现当事人所提出的调解方案的优点，充分肯定当事人对纠纷解决作出的贡献。引导当事人尊重对方的选择，通过换位思考，创造性地解决问题。但是，过早的评估往往导致不成熟的判断，欲速则不达。

（5）做出决策。调解员可以提出宏观的调解方案，供当事人讨论和选择。调解员提出的调解方案，可以具有一定的开放性、原则性，鼓励当事人进行补充和细化。决策是双方当事人在调解员帮助下完成的纠纷解决活动。

（6）付诸行动。调解员向客户报告自己的结论，并阐述理由。在征求和充分听取客户意见之后，付诸实施。①

3. 调解战略不同于调解策略

调解战略是指体现双方共同利益的纠纷解决计划，调解策略是指具体的实现计划的方式。策略的主要特点在于行之有效，策略的组合体现整体的战略选择。而且，不同的调解员可能具有自己独特的战略风格，扬长避短的战略风格的形成，需要一个长期的过程。良好的调解战略，能够包容各方的根本利益，体现双方的共同利益，实现共赢。

（三）运用专门学科领域的知识

专业化的调解技巧，要求调解员掌握和运用一系列社会学、心理学等知识。社会学知识主要是指社会交往的知识，包括确认当事人的诉求、尊重当

---

① 〔美〕斯蒂芬·H. 克里格、理查德·K. 诺伊曼：《律师执业基本技能——会见、咨询服务、谈判、有说服力的事实分析》，中伦金通律师事务所译，法律出版社2003年版，第32—34页。

事人的意思自治、与当事人进行有效沟通、识别当事人的利益、说服当事人接受调解建议、采取适当措施保证调解协议得到执行。心理学知识主要包括对当事人期望的预测和判断、对当事人感受的把握和运用及对当事人诉求的引导等。

1. 明晰和确认申请人双方各自的请求事项

明确申请人的请求事项，是进行调解的出发点。只有将当事人双方的请求事项进行了准确的把握，才能确定调解的重点、难点和双方争议的焦点，使调解有的放矢。为了把握双方当事人的请求事项，调解员应当从调解程序开始，首先确认请求事项。

请求事项的确认，遵循双方各自陈述，主要是调解员对双方陈述的确认、分析，对请求事项的说明，对争议焦点的分析，等等。在各自陈述阶段，调解员应当对陈述进行必要的引导；在当事人陈述的过程中，通过提问，使当事人明确请求的重点。在双方的请求事项得到确认后，调解员再进行必要的分析，归纳争议点，在征求当事人意见基础上，确定争议的焦点，并提出解决的方向，引导纠纷的解决。

2. 要求双方当事人对事情的发生经过进行书面的回忆和记录

在当事人不能或者不愿书面表达的情况下，在调解员的主持下，遵循先申请人、后被申请人的程序，进行口头陈述。对当事人的陈述，调解员应当进行书面记录，并对当事人没有陈述到的情况，通过提问的形式予以强调和引导。陈述的完整性是调解员遵循的原则，即无论哪一方当事人，都应当对事实做出完整的陈述，即便当事人一方对另一方陈述的某些事实表示认可。在一方进行陈述时，另一方不得打断，不能进行反驳。不过，调解员也应慎重判断，是否确有必要打断当事人陈述。

3. 调解员对双方认可的事实进行归纳和总结

在双方当事人陈述结束后，调解员应当征求双方的意见，对基本无争议的事实进行确认，对双方认识不一致的事实进行说明，并征求双方当事人的意见。只要基本事实取得一致，就可以听取双方当事人关于事情解决方案的调解建议和意见。调解方案的意见和建议，首先由被申请人提出，并由申请人确认；当双方产生分歧时，调解员可以通过单独调解的方式，与当事人协商，提出调解建议。

4. 对当事人的期望进行预测和判断

预测和判断当事人期望必须建立在调解员对双方信息已经有了一定的掌握基础之上，发生在双方当事人明确了请求事项、事实陈述之后。预测和判断当事人期望可以结合多种因素，但是，核心内容是对当事人心理的把握。为了增强调解的有效性，调解员应当加强对当事人预期和愿望的引导，确定当事人解决纠纷的合理的期望值。

在准确判断当事人期望的基础上，调解员可以提出自己的建议方案，供当事人讨论和选择。建议方案应当充分尊重调解过程中已经表明的关于当事人请求、事实以及关于纠纷解决的意见。

三、“福田模式”对人民调解专业化的推动

调解员是多种职业中的一种，是社会分工的结果。坚持调解员专业化，有利于建立高效、规范的调解员队伍，推进人民调解事业的健康发展。调解员既然是多种社会职业的组成部分，那么调解员的职业道德也就成为调解员职业得以建立及维护其职业生存和发展的基础。调解员职业道德成为调解员从事职业活动的准则，也成为调解员区别于其他社会职业的标志。在“福田模式”中，律师事务所作为投标并承担调解服务的主体，将调解员资格定位为法律职业人员，有助于通过律师职业道德的强化，保障调解的专业水准。

（一）专业化强化了调解员职业道德规范的作用

强调调解员的道德规范，主要是为了保证调解效果的有效实现，即建立对调解员的约束规范，同时保护调解员的合法权益。明确的职业道德规范，是调解行为的准则，是保证调解结果客观公正的前提，也是建立公众对调解员信赖的基础。只要调解员严格遵守职业道德规范，其行为就应当受到职业共同体的保护；相反，违反职业道德准则，则成为惩戒调解员的依据。调解员职业道德规范的建立，有助于实现以下三个方面的目的：作为调解员进行调解的指导原则，解决调解实践中出现的问题；让参加调解的当事人了解情况，帮助其更好解决纠纷；增强公众对调解作为一种争议解决方式的信心，保证调解解决纠纷成为更多社会成员的积极选择。

（二）调解员职业道德规范的核心内容是弘扬正义价值

调解员通过遵循诸如体现双方当事人自愿，尊重当事人意愿；遵循规范

的调解程序，追求公正的调解结果；公开调解程序和结果，接受双方当事人和社会的监督；避免利益冲突，保持中立；满足当事人对保密的合理诉求；公正、勤勉并保证程序的质量；提升自己的能力，满足当事人合理期望的资格等职业道德规范，追求、弘扬正义价值这一核心内容。

1. 体现意思自治，尊重当事人意愿

在调解过程中，调解员作为第三方参与并促使发生争议的双方当事人达成协议，解决他们之间的纠纷，核心的环节是当事人的自愿。调解是基于意思自治基础上对自身权利义务的处置，自愿是调解的根本原则，它要求当事人所达成的协议不能出于压力或者胁迫，任何一方当事人在任何时候都可以退出调解。

调解员应当立足于协助当事人解决纠纷，而不是对是非对错进行评判。调解员可以对程序进行说明，提出问题，帮助当事人寻求解决方案。调解员有义务帮助当事人寻找更多的解决方案，保证当事人选择权的实现。调解员有义务帮助当事人在充分了解情况的基础上作出决定。

为了保证自愿原则的实现，调解程序应当坚持即时性原则，即在第一时间开始调解程序。这样的调解程序设计，有利于纠纷的解决，因为调解解决纠纷最大的优点是“化早、化小、化苗头”。自愿原则要求调解员充分关注调解的成本支出，包括时间、精力、情感、经济等各个方面。在调解活动中，必须坚持纠纷解决投入成本与结果产出之间的对应关系。纠纷解决过程中的各种投入，必然加大调解解决纠纷的难度，增加当事人的期望值。所以，在纠纷发生的第一时间解决纠纷，有利于节约当事人解决纠纷的成本，真正实现自愿原则。

2. 遵循规范的调解程序，追求公正的调解结果

只有坚持公正，调解员才能对当事人的纠纷作出恰当的调解。如果出现了影响公正调解的因素，调解员应当通过回避的方式退出调解。除非双方当事人在了解到披露信息之后，继续要求该调解员进行调解。所以，调解员有义务将影响公正调解的因素向双方当事人公布，以维护调解解决纠纷的公正性。

调解员应当避免看起来偏向某一方当事人的行为。当事人对调解员公正性的认识，是调解机制建立和运行的基础。调解员应当对自己的言行进行自我约束，对调解的公正性进行自觉的维护。而且，对于其他调解员的行为，调解员相互之间也应进行监督和制约。只有调解员队伍形成了良好的职业

认同和职业荣誉感,调解事业才能得到社会的认同。

在调解员选拔、任用过程中,应当重视对调解员进行必要的监督管理。对调解员的监督管理,主要应通过行业自治组织完成。另外,调解业务的管理者对调解员也有监督管理的职责,但是,调解员只对当事人和调解程序负责。行业自治组织的监督管理是最根本和不可或缺的核心内容,如果缺少失行业组织内部的监督管理,外部的监督管理很可能与调解原则发生矛盾或者背离。例如,调解员可能面临来自程序以外的压力,强迫当事人解决争议。在出现这样的情况时,已经违背了调解的原则。

对调解员进行监督管理的依据,主要是调解员的职业道德准则。只有调解员本人和其同行,才最清楚调解员职业道德准则的内容。只有调解员积极主动遵循职业道德准则,其规范作用才能得到发挥。

另外,在调解过程中对双方当事人情感的关注,也是实现公正的重要方面。在许多纠纷中,当事人一方或者双方的感受需要予以表达,并得到对方的回应和理解。调解员应当对当事人的感受给予充分的关注,并重视这一因素在纠纷形成及纠纷解决中的作用。

3. 公开调解程序和结果,接受双方当事人和社会的监督

调解程序应当是透明和公开的,这有助于规范调解程序的同时,增加当事人对调解活动的认识,增强调解的效度和信度。除非特别情况下的单独调解,应当保持调解通过会议的形式面对面进行,这也是双方取得调解共识的前提。

如果调解员无法以公正的方式主持调解,那么调解员有义务退出。如果当事人对调解员的公正性有信心,则调解程序的质量会得到提高。如果调解员是由政府或者其他组织任命的,则该组织有义务保证调解员的公正性。首先,在调解员选拔环节,重视对其公正品行的考察,保证调解员具有良好的正直品格。其次,在任命调解员之后,应当重视对调解员的持续不断的培训;只有调解员具有满足当事人合理期望的必要资格时,调解程序的质量才能得到提高。

所以,教育和训练对有效的调解而言,是非常必要的。如果一个人愿意担任调解员,当事人和公众就会认为他有能力进行有效的调解。由受过必要训练的、具有经验的专业人员担任人民调解员,是完善人民调解制度的应有之义。

4. 避免利益冲突,保持中立性

为了实现公正,调解员必须披露他应当知道的一切与纠纷相关的利益冲

突。一旦调解员发现自己与双方当事人存在利益冲突，即应回避，除非当事人双方决定继续要求其进行调解。但是，调解员应当对业已存在的利益冲突进行评估，如果利益冲突非常严重，以至于使当事人对程序的公正性产生很大的怀疑，调解程序就必须终止。利益冲突原则适用于调解程序的任何一个阶段。

在调解程序开始后，调解员必须避免看起来会产生利益冲突的行为。如果没有相关当事人的同意，调解员以后不能在相关事件中担任某一方当事人的代理人；在可能影响程序公正的情况下，也不能在不相关的事件中担任某一方当事人的代理人。总之，调解员的中立性排斥了调解员在调解活动结束之后可能与当事人一方出于利益的任何关系的建立。一旦调解员存在利益冲突，出现了应当回避的事由，必然影响调解员的中立性，影响调解结果的公正性，甚至危及调解协议的效力。所以，这些事项的存在构成了对调解员惩戒的事由。回避事由是主管部门、相关机关审查调解效力、监督调解合法性的重要内容之一。

调解业务的管理者和调解员之间，可能会产生潜在的利益冲突，调解员可能面临关于具体纠纷调解的压力。但是，调解员只对当事人和调解程序负责，调解员应当正确面对来自外部的影响，并尊重当事人意愿。

5. 满足当事人对保密的合理要求

调解员不能披露任何当事人所要求保密的事项，包括调解的具体情况以及他们之间可能达成的协议。但是，得到当事人同意的事项，以及出于法律或者公共政策的要求，调解员可以披露相关的信息。

调解员可以和当事人共同讨论关于保密的要求和规则，为了保证调解的公正性，调解员应当避免谈论当事人在调解过程中的表现、纠纷的是非曲直以及提出的解决方案。但是，正面肯定当事人对纠纷解决的贡献，是允许的。

保密性不应当被用来限制或者阻止有关人员对调解进行有效的监督、研究或者评估。在适当情况下，应该允许研究人员获得数据资料，或者在当事人同意的前提下，参观调解现场，访问参与调解的人员等。

6. 公平、勤勉并保证程序的质量

一个高质量的程序要求调解员做到勤勉和公平。在调解中，双方当事人都应该有足够的机会参与讨论。协议的达成或者程序的终止，由当事人决定。调解员的主要目标，是帮助当事人达成调解协议。组织当事人进行有效沟通，是实现目标的重要途径。

出席调解的人员取决于当事人与调解员之间的协议。当事人和调解员可以达成协议,不允许其他人参加调解的某些程序,或者调解的全过程都不允许其他人参加。但是,如果当事人是未成年人,调解员必须通知当事人的法定代理人参加调解,这样才能保证调解程序的合法性。

一般而言,调解员在下列情况下应当退出调解:无法保持公正;当事人对调解不配合;调解员缺乏主持调解的能力。

7. 提升自己的能力,满足当事人合理期望的资格

调解员应当让当事人了解自己受过的相关训练、教育和经验,让当事人建立对调解员的信任。在调解员资格问题上,无论任何人,只要当事人对其资格满意,都可以被选为调解员。但是,教育和训练对有效完成调解任务,仍然十分必要。人民调解员的能力建设,是推动调解事业顺利发展的必由之路。

赢得公众的信任,是人民调解事业健康发展的外部环境。调解员通过自身的言行,通过良好的职业服务,为调解事业的长期发展奠定基础。

维护良好的职业形象是每个调解员的义务。只有建立了牢固的职业价值观,形成职业共同体,调解员队伍的发展才有一个良好的条件。“遵守专业的行为准则是建立自己专业判断力的必备条件。专业态度包含职业道德与规范。自我的约束以及绝大多数的律师都能遵守律师的专业行为准则,这是律师所以能够享有自治权的先决条件。”①这样的判断同样适用于调解员。

(三) 调解员专业化对健全和完善人民调解的意义

针对民间纠纷的性质,国家鼓励基层群众和基层自治组织通过调解的方式解决纠纷,化解矛盾。邻里纠纷、债务纠纷、家庭纠纷等民间纠纷,使调解成为灵活有效的纠纷解决途径和方式。通过人民调解解决民间纠纷,对于引导基层群众自我管理、最大限度实现自治,具有积极的作用。

首先,“福田模式”克服了人民调解组织上的缺陷和不足。人民调解的发展不能仅靠民间自发推动,还必须依靠官方组织的推动,推动者应当是各级政府。在我国特定的政权组织结构中,政府对包括人民调解组织在内的民间组织的有效管理,是人民调解正常运行的关键。

“福田模式”虽然是政府设计、主导和实施的纠纷解决模式,本质上却属于民间调解的范畴。行政调解由行政机关实施,在借助专业的行政管理人

① 〔美〕苏珊·奥尼尔、凯瑟琳·斯巴克曼:《美国律师实务入门——从学生到律师》,黄亦川译,北京大学出版社 1998 年版,第 77 页。

员，运用专门的知识和能力，对行政管理过程中发生的纠纷进行调解处理时，往往具备其他组织所不具备的优势。行政调解作为设置于行政机关内部的专业化的调解组织，在现代社会管理中发挥着重要的作用。行政调解是行政职能的延伸，也是提升行政效率、实现行政合理、公正目标的组成部分。行政调解直接由政府提供，并由行政机关组织和实施。

“福田模式”由社会中介组织实施，这些中介组织同样具备调解解决民间纠纷的专门知识和能力。但是，专业化的中介组织作为社会力量，在提供调解服务的过程中，又与行政组织保持了距离。政府部门作为发包方，负责对中介组织的管理和监督，对中介组织提供的调解服务进行监督和评估。“福田模式”通过借鉴行政调解，实现了调解组织和人员的专门化、知识化和专业化，充分发挥社会力量解决民间纠纷。针对民间纠纷的自身特点，“福田模式”创新了民间纠纷的解决模式，发挥了人民调解的特色和优势。

其次，“福田模式”具有现实针对性。基于我国民间组织发育缓慢、基层组织建设滞后的现实，如何调动基层群众的积极性及基层群众参与社会管理的热情，“福田模式”进行了积极的尝试。

各类基层自治组织是实现有效的社会治理的重要力量，行业化管理是实现专门化管理的必要途径。行业管理的理念之一是行业的高度自治，在行业自治基础上，实现行业内部的自我监督、自我约束和自我完善。在社会转型阶段，在行业自治薄弱的环境和条件下，充分发挥现有的社会组织包括律师事务所在社会治理中的示范作用，具有现实的意义。

最后，政府的职能包括广泛的公共服务。在“福田模式”中，政府将纠纷的预防和化解作为一项公共服务，扩大了政府职能范围，也拓展了政府服务社会的领域。“福田模式”是服务型政府建设的典型。

对于某些公共服务领域，政府不直接设立职能部门，而是进行预算和招标，由专业机构提供，市民免费利用。这样的公共服务模式，既实现了专业化的服务，又避免了政府职能部门的过分扩大带来的机构庞大和臃肿的后果。对政府职能进行分类，将能够通过社会组织实施的职能由社会组织实施，优化了政府服务质量。

法律服务是公共服务的重要内容，是文化建设的重要组成部分。政府提供法律服务就是要解决由于经济地位差异而导致的“权利贫困”，以维护社会公正。只有法律得到社会普遍的认同，而非仅仅是部分人的认同，其规范作用才能得到有效发挥。

在我国普遍设立公职律师，通过政府购买法律服务的形式向社会弱势群体提供具体的法律服务，也属于政府职能组成部分。与公职律师相比，“福田模式”更加具有转变政府职能的作用。公职律师提供的是专业化的、面对专门人群的法律服务，这样的法律服务作为政府职能的组成部分必不可少。但是，“福田模式”超越了政府公职律师关于服务特定对象的局限，服务的对象是不特定的群体，而且在时间、身份、内容等诸多方面，具有自己的特点。无论是实现职能的方式，还是服务对象的特点，“福田模式”对政府职能的转变具有借鉴作用。

第八章　“福田模式”的调解方法与技巧

调解既是一种古老的纠纷解决方式，也是具有全球趋势的纠纷解决方式。调解通过协调解决矛盾纠纷，不搞强制，以软促和，故而可以说调解是一门艺术。从一般意义上说，人民调解员除了应当掌握丰富的法律知识，还应当具备一定的阅历和实践经验，具有敏锐的洞察力，能体察民情；在调解解决具体纠纷过程中，还可能涉及哲学、经济学、逻辑学、语言学、社会学、心理学、伦理学、文学、医学等多种学科知识。此外，由于所有的调解工作基本上都是通过说服教育的方式展开的，因此需要人民调解员具备丰富的专业知识和良好的语言表达能力。所以，要成为一名优秀的调解员，就应当不断丰富司法和社会实践经验，在知识结构和调解能力之间找到一个最佳的契合点，从而提升专业知识和调解能力。人民调解员应具备的能力素质，主要包括分析问题的能力、解决问题的能力、思维能力、应变能力、表达能力和自控能力等。对一名初入行的调解员来说，除了加强自我修养和提高素质外，借鉴他人的间接经验，不失为一种提高自身能力的好方式。

一、总结和提炼调解方法与技巧的重要性

目前对于调解制度的意义及价值的关注和研讨，成果比较丰富。但是，对于调解实践工作如何具体展开，调解人员应具备的素养、技能和累积的经验等问题的关注，则严重不足。

（一）调解方法与技巧在一定程度上决定了调解的效果

毫无疑问，调解员的主体因素会直接决定调解方案、方法、思路的选择，也直接决定着调解的质量。在一定意义上，调解员自身也是影响调解能否成功的关键因素。[①] 数年以前，在一家律师事务所任职的一位未婚男性律师，在受一位女士之托调解一起离婚案件时，曾出面与该女士的丈夫进行过一次调解。但是，最终不但调解不成功，而且双方大打出手。结果对方将情况告

---

① 胡元梓：《调解何以能促成冲突的解决：文献述评与经验研究》，载《学术界》2010年第8期。

知律所,该律师被处分,事后还经常被大家调侃。这个情况是现实生活中发生的事实,最终调解未成却导致相关人员发生冲突的事例也启发我们:调解不是那么简单的事情,需要调解人员具备切实可行的知识、经验和技巧。

(二)"福田模式"对调解方法与技巧的特殊要求

调解室调解的全天候服务,工作强度大、压力大,是一项需要长时间投入、高消耗体力和脑力的工作。因此,调解员需要有强壮的身体和一颗公正的心。因此,调解员需要经常加强体育锻炼,增强体质,以便在通宵调解的过程中,做好持久调解的生理和心理准备,保持饱满的精神面貌。①

调解员的工作往往很忙,经常有案件从早忙到晚,而且夜间工作的时间很多。在这种情形下,需要调解员首先调节好自己的情绪,掌握好工作的节奏,以适应工作强度的变化。此外,做好调解工作需要懂得分析当事人的心理,适时抓住有利时机,巧妙运用语言技巧,借助社会各方力量来化解矛盾纠纷②。

二、"福田模式"常用调解方法与技巧实录

调解员应当掌握哪些方法和技巧?通过对福田区调解员个人工作总结的阅读和汇总,"福田模式"常用的调解方法和技巧包括10个方面。

(一)隔离冷却,控制场面

来到调解室的当事人,有时情绪比较激动。因此,通过隔离冷却,控制场面,十分必要。隔离冷却,首先是把冲突激烈的双方隔离开来,使双方情绪得到冷却,避免矛盾激化。对调解员来说,这样做也可以避免在双方当事人情绪激动的时候,做无效的工作。

纠纷中因打架引起的人身权利纠纷,占很大的比重。"冲动是魔鬼!"一时的冲动就会引发一起纠纷。许多当事人都会带着情绪来到人民调解室,在这种情绪下,问题难以解决。因为人在冲动时,语言过激,不利于调解。这时,调解员首先应采取一些积极有效的措施,平复当事人的情绪,"招呼、让座、倒水",向对方释放友好的信息,控制好整个调解的气氛,防止当事人的情

---

① 张白娟:《驻派出所人民调解员月度考核鉴定表》,景田派出所人民调解室2010年4月23日至2010年5月22日期间的月度总结。

② 赵建斌:《驻派出所人民调解员月度考核鉴定表》,驻景田派出所人民调解室2010年8月23日至2011年9月22日期间的月度总结。

绪失控。此外，让当事人填写调解申请书，让对方单独静坐一会，待当事人的情绪趋于稳定，问题自然就好解决。而转移话题焦点、将当事人思维拉回到案件的主要焦点上、隔离当事人等都是常用的措施。①

【案例 8-1】陈女士与李某相邻关系纠纷调解案例

陈女士与邻居退休老工人李某由于相邻关系发生纠纷，双方互不相让，发生激烈争吵。原来陈女士刚搬到此处不到 2 个月，便遇到邻居李某家盖房，在屋前及过道两旁堆放了许多建筑施工材料和一些没有及时拆除的脚手架等杂物。这些没能及时清理掉的施工材料，严重影响陈女士及家人出行，双方几次交涉，李某不理不睬。于是，陈女士和家人便在街道入口处堆放了许多木料，这下李某家的施工材料不但进不来，就连出行都相当不方便，李某便与陈女士交涉，没想到话不投机半句多，双方险些打了起来。

在了解情况后，调解员首先劝解陈女士，邻里纠纷应该采取合法手段解决，不能以暴制暴，李某盖房妨碍了邻居出行，在交涉未果的情况下，应该找调委会协商，不能采取堵路的极端方式。这样不但不能解决纠纷，反而激化矛盾，更何况还影响了其他居民的出行。换位思考的方式，化解了陈女士心中的怒气。

然后，调解员征询李某的意见，问他怎么解决这个问题。没想到李某脱口而出：“还能怎么办，她骂我也骂了，我家盖房，她堵路，现在谁怕谁啊！”调解员严厉地批评他：“现在是法治国家，你说的是不对的，道路是公共空间，不是私有财产。你家盖房可以，但是不能妨碍邻居出行啊。邻里之间相互体谅是一种美德，古人都晓得远亲不如近邻，你们怎么不明白呢！应该赶快清除道路两旁的施工材料，方便邻居出行。”李某认识到了自己的错误，表示愿意拿出诚意解决纠纷。

经过调解员的耐心劝解，李某主动向陈女士道歉，承认自己家盖房影响到邻居出行不对，希望她能谅解。李某当场表示，一定要将当天施工的障碍物及时清理干净，保证不影响大家出行。看到李家态度诚恳，陈女士也招呼家人马上清理街口木料，一场相邻关系纠纷得到了及时化解。②

在人数较多的纠纷中，参与调解者的思想特别容易被部分人煽动，极容易出现社会心理学所谓的“从众”心理。而且，多人都发表意见就容易起哄，

---

① 董华：《驻派出所人民调解员月度考核鉴定表》，驻景田派出所人民调解室 2010 年 12 月 23 日至 2011 年 1 月 22 日期间的月度总结。

② 驻天安派出所人民调解室调解员张光宇的调解案例。

在此情境下开展调解，调解员的角色就会被淡化，容易陷入被动。面对该种情形，调解员应控制场面，核心是找出纠纷双方的“中心人物”进行“商谈”，借助“中心人物”控制双方的人员，以防止场面失控。调解员还应善于利用人多的特点进行调解，因为人多想法也多。调解员应善于观察，对当事人进行分类，从容易切入的对象入手，最终影响其他人员的决定。

(二) 善于聆听

聆听是调解员工作的重点，是调解过程中一项非常重要的技术。聆听的意义在于：

(1) 调解员仔细、严肃或平和表情下的聆听，可以平复当事人的情绪；

(2) 有助于洞察当事人情绪包裹下的真正目的及可能顾虑的内容；

(3) 明确当事人是否真的有心解决纠纷，是否有能力解决纠纷；

(4) 了解双方当事人的调解底线是什么，底线距离大不大；

(5) 明确双方在沟通过程中存在的障碍。①

此外，善于聆听也有助于赢取当事人的信任。以下是调解员的一次调解经验记录：

> 纠纷当事人双方本是大学同窗同学，毕业后又在一个公司就职，本身感情是很深的，但是却因为生活上的琐事而发生口角，进而产生肢体冲突。事情原委是，纠纷中的一方当事人曾经施恩于另一方当事人，但他经常宣扬，使得另一方当事人觉得颜面无存，心中不悦，久而久之，积怨成恨，才出现动手打人而后报警的事情。在调解过程中，调解员感受到当事人双方都自觉委屈，仿佛心中都有道不完的苦，叙不完的怨。于是耐心聆听，做一个忠实的听众，最终用耐心使得当事人双方把心中怨气释放，圆满地结束了对本纠纷的调解。②

一般而言，聆听时应当做到以下方面：

(1) 对于每一个案件的当事人都要有“诚心”，以诚相待，以礼相待，让当事人愿意交流，愿意说出心里话，这样才便于了解纠纷的真相。

(2) 要有“耐心”，对于每个当事人的诉求要认真听取，不怕麻烦，不怕吃

---

① 潘婕：《驻派出所人民调解员月度考核鉴定表》，驻景田派出所人民调解室 2010 年 1 月 23 日至 2010 年 2 月 22 日期间的月度总结。

② 周永华：《驻派出所人民调解员月度考核鉴定表》，驻景田派出所人民调解室 2010 年 3 月 23 日至 2010 年 4 月 22 日期间的月度总结。

苦,适时宣讲法律法规。

(3) 要“细心”,在与当事人的相互交流中,寻找纠纷争议的矛盾焦点,分析矛盾产生的根源,从而寻求解决矛盾的突破口。

(4) 要有“公心”,在处理纠纷中,一定要不偏不倚,以事实为根据,以法律为准绳。当剑拔弩张的矛盾双方通过自己的调和而化干戈为玉帛,调解员的成就感,也会油然而生。①

但是,聆听也不是纯粹的被动接受。在调解中,“拉家常”式的交流聆听方式,在调解过程中颇有成效。此外,调解中还应当注意身体语言的应用。根据有关数据显示,人与人之间的沟通主要是通过身体语言传达的。其实,在整个调解过程中,身体语言也很关键。例如,在态度上不要让人觉得偏袒一方,在原则问题上要态度坚决等,都很重要。

(三) 适度冷却

人民调解委员会是依法设立的调解民间纠纷的群众性组织,《人民调解法》的这一规定表明,人民调解委员会仅仅是一个民间群众性组织,并且这一民间群众性组织没有法律强制力,与其他解决纠纷的司法机关存在很大不同。人民调解坚持合法、合理原则和不限制当事人诉讼权利原则。人民调解委员会无权强迫任何一方当事人接受调解或履行义务,更无权对当事人的人身或财产采取强制性措施。“群众组织”这一规定也要求在纠纷调解中应当充分体现和尊重当事人的主体性、自愿性。很多当事人在解决纠纷的时候,存在的一个认识误区就是,希望依靠政府的力量去解决,把一切都交给调解组织,让调解员替自己做主。这是对自己角色的误解,调解员应当予以说服纠正。实际上,当事人之间开诚布公的协商,有时会起到意想不到的作用。

【案例 8-2】 韩某与 B 公司房屋租赁居间合同纠纷调解案例

2014 年 8 月 23 日,韩某与 B 公司订立协议,由 B 公司带韩某看房,B 公司在此期间派人带韩某看了十多套房,其中包括 C 花园一期 2 栋 204 室。后韩某在没经过 B 公司的前提下,通过 S 作为中介,租下了 C 花园一期 2 栋 204 室,B 公司发现后认为该房子是由 B 公司带人介绍给韩某的,现在韩某租下该房子,理应支付双方约定的佣金。在商量未果的情况下,B 公司的人拦在韩某的车前面,韩某与之交涉后 B 公司的人还是不让,韩某遂报警。民

---

① 潘婕:《驻派出所人民调解员月度考核鉴定表》,驻景田派出所人民调解室 2010 年 4 月 23 日至 2010 年 5 月 22 期间的月度总结。

警接警后到达现场，民警调解无效，将双方带回到派出所。办案民警听取情况之后，派出所将该案件委托人民调解委员会驻X公安派出所人民调解室先行调解，双方接受人民调解。

首先，调解员向双方当事人表明身份并核实双方当事人的身份，告知当事人调解的权利义务，调查了事实的经过。开始调解时，B公司要求韩某支付其双方协议所约定的1600元佣金，韩某不同意，韩某认为其也是通过中介介绍才租的房子，不应该再支付佣金。双方各持己见，不肯让步。调解员给双方分析了相关的法律知识，《合同法》第427条规定：“居间人未促成合同成立的，不得要求支付报酬，但可以要求委托人支付从事居间活动支出的必要费用。”本案中，虽然韩某最后确实没有经B公司促成房屋租赁协议，但B公司在此过程中也付出了相当的服务，在情在理也应得到一定的费用，但双方未能取得共识。这时，调解员征得双方的同意，让双方单独交流，告知有需要的情况下，调解员会再行介入。经过半个多小时的等待，当事人双方经相互谅解已达成协议，由韩某一次性支付B公司人民币500元整，此事就此了结。当事人单独沟通的方式，取得了意想不到的效果，达到化解了矛盾纠纷的目的。[①]

调解员的重要使命，是使当事人内心能够获得对冲突结果的认同，实现“冲突各方在社会互动中，对自身角色以及他方的一种动态的评估或判定”。因为当事人对于调解结果的认同，是纠纷最终得以解决的重要前提。冲突各方的需要、认同及其内心预期的收益，都是影响调解成功的重要因素。[②] 因此，在调解过程中，调解员首先应让当事人清楚无误地了解调解组织的性质，以及调解员的工作宗旨，让当事人明确纠纷首先需要他们自己去解决，除了他们自己协商外，无人可帮他们包办解决。换句话说，在调解过程中，调解员必须充分尊重纠纷当事人在调解中的“自主性”。调解员应向当事人明确传达的内容是：“我们很愿意帮助你们解决纠纷，但纠纷是你们自己的，责任也是你们自己的，纠纷能不能解决主要是看你们双方的态度与认识，但不管你们怎样的决定，我们都表示尊重。”调解员在调解过程中并不需要事事主动，而应适度冷却，根据实际情况，把主动权下放给当事人，这样才能避免当事人的依赖心理，使他们充分认识到每个人都应对自己的行为承担相应的责任。这样的调解员表面上好像是“旁观者”，但实际上却在更高层面上主持和掌控

---

① 驻香蜜湖派出所人民调解室调解员黄发华的调解案例。

② 胡元梓：《调解何以能促成冲突的解决：文献述评与经验研究》，载《学术界》2010年第8期。

整个调解过程。[①] 以下调解员的经验值得借鉴：

接触调解工作已经20多天了，形形色色的当事人也见识了不少，我感觉在开展工作中的一个很基本、很重要的问题，是不要让当事人感觉到我们急于解决当事人之间的矛盾纠纷。当事人是很聪明的，他们一旦感觉到我们心急，他们就会提高谈判的价码，设置各种障碍，以期在谈判中获得更多的利益，很自然地将问题踢给调解员，造成我们工作的被动。针对这个问题，我觉得应该从一开始就向当事人双方阐明我们的立场，告诉他们纠纷是他们自己的，来到人民调解室是相信我们能够帮助他们，我们只是提供一个平台，让他们双方能够冷静理智地解决问题。我们调解员是没有权力要求一方去接受另一方的调解方案的。调解是自愿的，只要双方自愿一致达成的解决方案，我们会帮助他们以调解协议书的方式确定下来。如果双方确实分歧太大，无法达成一致，可以通过诉讼的方式以法院的判决定纷止争。[②]

让当事人理清这一层关系，无论对解决纠纷还是预防纠纷的发生，都有很大好处。纠纷是当事人自己产生的，在解决的时候也由他们自己协商解决，整个过程都由他们自己处理。这样在以后的生活中，当事人就会尽量避免纠纷，避免自找麻烦，进而会调适心理，减少纠纷。[③]

在进入到金钱（赔偿）谈判的阶段，如果一方当事人的底线不确定，则我们就不能擅自主张向另一方当事人透露对方的要求。否则，如果我们猜错了一方的底线，另一方将会扯住我们的话不放，导致我们工作的被动。我们随口说的一个数额或是一个范围，当事人心里都会牢牢记住，并会以此作为基础要价或是还价。一旦当事人的真实底线高于或低于我们向另一方当事人所透露的数额，很可能出现僵局，此时我们再做工作弥补将十分困难，并可能使自己陷入当事人的纠缠当中。所以，如果当事人追问对方的要求底线，最好还是让他们双方当面自己谈清楚。[④]

---

① 赵建斌：《驻派出所人民调解员月度考核鉴定表》，驻景田派出所人民调解室2010年1月23日至2010年2月22日期间的月度总结。

② 吴海宏：《驻派出所人民调解员月度考核鉴定表》，驻景田派出所人民调解室2010年3月23日至2011年4月22日期间的月度总结。

③ 赵颖欣：《驻派出所人民调解员月度考核鉴定表》，驻景田派出所人民调解室2010年6月23日至2011年7月22日期间的月度总结。

④ 吴海宏：《驻派出所人民调解员月度考核鉴定表》，驻景田派出所人民调解室2010年5月23日至2011年6月22日期间的月度总结。

上述调解员的心得和思路，其实正好契合了调解中的一个基本原理，即调解者无权对结果施加影响。①

（四）调解员要有一颗“公正”的心

调解成功的最关键因素，是坚持公平公正的立场，保持耐心，让当事人感受到调解员是在设身处地为他们着想，感受到调解员解决问题的真心。② 公正首先是一种社会感受。作为一名调解员，要赢得当事人的信任，就必须让当事人感受到你能够客观公正的处理他们的纠纷；反之，即使你再努力，你的处理意见他们也难以听进去。调解员应当努力做到：一是在与当事人的初次接触中，要通过仪表、谈话给当事人留下值得信赖的印象。如果调解人油嘴滑舌，或是穿着打扮怪异，或表态颠三倒四，那么调解肯定很难成功。二是在调解活动中要多加分析、判断，在对责任方“拍板子”的同时，也应适当指出另一方的责任，以减少责任方的抵触情绪。三是切忌与当事人一方在非工作场合接触，更不可接受一方的宴请或馈赠；否则，就失去了调解员工作的基础。③

只有中立的姿态和公正的做法，才可能赢得当事人的真正信任。

【案例 8-3】 刘某摔倒手镯摔碎与某酒店、张某财产损害赔偿纠纷调解案例

2014 年 8 月 7 日中午 12 时许，刘某（女，山东济南人）报警称被人推倒摔伤，派出所接警后认为属于民事纠纷，交由驻所调解室调解处理。事情的经过是：刘某出差住在某酒店（深圳）有限公司华强南店。2014 年 8 月 7 日早上，因酒店拖地后地面湿滑，刘某下楼梯时被走在后面的张某（女，安徽安庆人）撞倒，刘某的手镯被撞碎，刘某、张某也受伤，要求酒店承担责任赔偿。酒店方称，酒店并没有责任，双方发生争执，于是刘某报警到派出所。当时酒店方派刘某辉（男，广东陆河人）代表酒店与刘某、张某到派出所处理此事。酒店楼梯两边都是墙壁，没有安装扶手。

三方到派出所后，刘某对于摔伤不要求酒店方、张某赔偿，但因为手镯是属于避邪物，被摔坏不吉利，要求酒店方、张某予以赔偿。刘某的理由是：酒店方拖地以后没有采取防滑措施，也没有告知客人地面湿滑，且楼梯上没有

---

① 胡元梓：《调解何以能促成冲突的解决：文献述评与经验研究》，载《学术界》2010 年第 8 期。

② 张白娟：《驻派出所人民调解员月度考核鉴定表》，驻景田派出所人民调解室 2010 年 5 月 23 日至 2010 年 6 月 22 日期间的月度总结。

③ 周永华：《驻派出所人民调解员月度考核鉴定表》，驻景田派出所人民调解室 2010 年 10 月 01 日至 2011 年 9 月 30 日期间的月度总结。

安装扶手让顾客可以抓扶，应承担责任。张某撞倒刘某属于意外，而且其本人也被摔伤。张某认为：自己摔伤不要求酒店方承担责任，对于刘某摔坏的手镯，愿意承担一定的赔偿责任；但酒店方一直称针对张某摔伤、刘某摔伤和刘某的手镯摔碎自己没有任何过错，不愿意承担责任。

调解员指出：《消费者权益保护法》规定，经营者应当保证其提供的商品或者服务符合保障人身、财产安全的要求。对可能危及人身、财产安全的商品和服务，应当向消费者做出真实的说明和明确的警示。经营者发现其提供的商品或者服务存在严重缺陷，即使正确使用商品或者接受服务仍然可能对人身、财产安全造成损害的，应当立即向有关行政部门报告和告知消费者。《消费者权益保护法》还规定，经营者提供的商品或者服务造成消费者或者其他受害人人身伤害的，应当予以相应赔偿。《中华人民共和国侵权责任法》第37条规定：“宾馆、商场、银行、车站等公共场所的管理人或者群众性活动的组织者，未尽到安全保障义务，造成他人损害的，应当承担侵权责任。”调解员将上述法律规定的内容打印出来，让酒店方的代表自己阅读。

调解员进一步释法：该酒店因拖地导致楼梯湿滑，留下了安全隐患。同时，酒店作为经营者，应当知道消费者穿的鞋不一定都防滑，存在摔伤的可能。而且，楼梯两边是墙壁，顾客上下楼梯，尤其是在滑倒的瞬间，没有地方可以抓扶。酒店也未尽到告知义务，最终导致了事故的发生，酒店对刘某、张某受伤和刘某的手镯摔坏，应当承担赔偿责任。

酒店方代表电话请示酒店领导后，表示愿意承担一定的责任，但是在赔偿数额上三方还存在较大分歧。经过酒店方代表与刘某、酒店方代表与张某、刘某与张某分别协商之后，三方达成协议：刘某、张某伤势不重，摔伤自己承担各自的责任；刘某的手镯由某酒店（深圳）有限公司华强南店一次性赔偿人民币1700元整，由刘某辉代付；张某已经向刘某赔偿人民币800元整。最终纠纷得到了圆满解决。①

要做到调解公正，首先要正确理解调解中的公正存在与审判中的公正存在不同。在审判过程中，所谓公正是指审判人员根据当事人双方提供的证据，进行质证、调查等一系列严谨的诉讼程序，查明事实真相，依据法律做出合法的判决。而在一般情况下，当事人申请调解都是想尽快解决纠纷，许多时候都是双方的一面之词，很少提供有力的证据，最重要的是调解员没有被赋予司法调查权，所以在实务中，调解员不可能按照严格的诉讼程序去处理纠纷。因此，人民调解员所追求的公正，就是双方当事人在平等自愿的基础

① 驻南园派出所人民调解室调解员李德金的调解案例。

上，接受对方的建议或要求，最终达成协议。① 因此，在当事人协商赔偿金额时，应坚持让当事人自我协商。因为当事人双方认可的数额，才是当事人心理上的公平公正的解决方式。②

（五）对纠纷分类予以区别对待

在调解过程中，调解员应当善于感知当事人言行，把握纠纷的焦点与症结。例如，有的当事人仅仅是为了赌气想让对方难堪，有的当事人就是想让对方认错赔礼道歉，有的当事人觉得对方给予的赔偿金太少，等等。总之，当事人的需求多种多样，而找到焦点则是调解的关键。只有找到焦点，才可能适当地满足当事人的心理需求，迅速解决纠纷。③

人身权利纠纷是驻派出所人民调解室承接最多也是最普遍的纠纷类型，可以分为两大类：一是当事人双方因小事而产生的纠纷；二是当事人双方早已认识，早有积怨，只是发生了一点小事成为矛盾产生的导火索。前者往往属于双方当事人遇事不冷静处理或者处理不恰当形成的，而后者则往往是双方当事人因积怨累积而形成的。这两类纠纷，需要采用不同的调解方法解决，不能笼统处理。对于前一类纠纷，当事人双方多是逞一时之气，互不让步，致使整个纠纷解决过程僵持不前。在此情形下，调解员则应充当心理师的角色，安抚双方，等双方气都消了，再给双方一个台阶下。在此基础上，调解员帮助当事人理清头绪，把纠纷可能引起的后续状况一一告知当事人，让双方当事人各自去权衡利弊，沟通出双方都同意的解决方案。而后一类纠纷解决起来则比较有难度，因为双方早已是“熟人”。在思想上，双方当事人心存芥蒂，矛盾往往根深蒂固，也很容易认为对方是在故意刁难，自己则有意较劲。总之，有积怨的纠纷不是三言两语就可以处理完结的，双方当事人积累在内心的种种不满，在一个新的纠纷里爆发。调解员首先要帮助他们回忆纠纷发生前的交往，进而将他们的思维拉回到纠纷的焦点上。对于此类纠纷，调解员也要做好打“持久战”的准备。对于他们内心暗藏已久的各种不满，只能安抚好双方的情绪，让双方慢慢地解开心结。化解这类纠纷，需要一步一步缓慢进行。不过，在解决这类熟人之间的人身侵权纠纷时，可以利用双方都认识的第三人，来做思想工作，逐步将双方当事人的“情仇”解开，从思想深

---

① 石笑笑：《驻派出所人民调解员月度考核鉴定表》，驻景田派出所人民调解室 2010 年 10 月 01 日至 2011 年 9 月 30 日期间的月度总结。

② 赵颖欣：《驻派出所人民调解员月度考核鉴定表》，驻景田派出所人民调解室 2010 年 10 月 23 日至 2010 年 11 月 22 日期间的月度总结。

③ 董华：《驻派出所人民调解员月度考核鉴定表》，驻景田派出所人民调解室 2010 年 11 月 23 日至 2010 年 12 月 22 日期间的月度总结。

处、心灵深处等根源上寻找突破。纵观这两种类型的纠纷，需要用到的法律知识其实不多也不复杂，需要的是心理安抚的技巧。①

引导当事人关注纠纷发生前的良好交往，也可称之为焦点转移，让双方在更高的层面看待纠纷。

【案例 8-4】 唐某(住户)与马某(管理处主任)“欠交”停车费纠纷调解案例

有的当事人怀有“谁让步谁就理亏、失利”的心理负担。例如，2010 年 2 月 4 日，在深圳某物业管理有限公司的停车场内，当事人唐某(住户)与马某(管理处主任)因“欠交”停车费之事发生纠纷。调解中，双方内心存在的真正思想障碍在于，担心“我妥协就等于我说谎”。针对此顾虑，调解员认识到，如何让双方在更高层面来理解双方的纠纷，是这次调解成功的关键。经过开导，让唐某意识到今天吃点亏变成宝贵的经验教训才更重要，以后凡事要谨慎，不能因惯例而模糊了做事的原则。同时，让唐某感觉到调解员秉持的是相信她的态度，以平复其情绪；让马某明白，作为一名负责人，更应该从今后如何杜绝此类事情的角度看待此事，防患于未然。这样大家的焦点就不会再放在“我妥协就等于我说谎”这一心结上，大家都找到台阶下，纠纷也就好调解。②

遇到一些胡搅蛮缠的当事人，调解员应该怎样办？从公平合理和尽快解决纠纷的角度，可以责令当事人不得违背事实狡辩；必要的时候，可以明确自己的态度，甚至可以发点“脾气”。但调解员在调解过程中一定要记住，调解员的所谓发脾气更多只是一种调解策略，而不是一种自我情绪的发泄。而且，整个调解过程是调解员与当事人三方之间的互动过程，调解员的情绪会直接影响到当事人的表现。当调解员冷静下来，其实也是在引导当事人要用冷静的态度面对他们的纠纷，而当事人的情绪回归平静，成功调解纠纷就有了基础。③

(六) 引导当事人说出真实想法

有些双方当事人之间并不存在很严重的矛盾，而只是发生了小摩擦，由

---

① 周永华:《驻派出所人民调解员月度考核鉴定表》，驻景田派出所人民调解室 2010 年 4 月 23 日至 2011 年 5 月 22 日期间的月度总结。

② 赵建斌:《驻派出所人民调解员月度考核鉴定表》，驻景田派出所人民调解室 2010 年 3 月 23 日至 2010 年 4 月 22 日期间的月度总结。

③ 赵建斌:《驻派出所人民调解员月度考核鉴定表》，驻景田派出所人民调解室 2010 年 6 月 23 日至 2011 年 7 月 22 日期间的月度总结。

生活、工作、家庭、社会的琐事引起。作为调解员，需要懂得如何去捕捉双方当事人的真实心理，从双方的言语、行为、动作中，揣摩到双方的想法及心理状态，知道各自最看重的是什么及想要什么，这样才可以很好地从根源解决纠纷。当然，最为有效的是引导当事人直接说出自己的内心真实想法。①

调解是人与人之间的沟通互动过程，只有得到当事人的信任，当事人才肯吐露真心。特别是在与当事人单独谈话的时候，调解员要尽量从各方面的信息中了解当事人的更多情况，拉近距离，分析可能面临的各种情形，让当事人觉得调解是最符合自己切身利益的解决途径，从而促使当事人表露自己真实的想法，冷静地考虑解决问题的方案。②

【案例 8-5】 徐某与酒店经理肢体冲突纠纷调解案例

2010 年 4 月 14 日，当事人陈某时任景田某酒楼的经理，徐某是该酒店试用期内的员工，双方因解除劳动合同的相关事宜发生纠纷，并发生肢体冲突，双方当事人来到人民调解室申请调解。在调解过程中，受伤不是很明显的徐某，先是要求到医院进行检查，对方当事人当即表示同意。后徐某又怀疑对方会串通医生来欺骗他，要求反反复复，仿佛不能确定自己究竟想要什么。

调解员于是单独与徐某谈话，打消其疑虑，劝其赶紧去医院检查。双方当事人到医院后，陈某打来电话称，其正要交费时徐某变卦了，徐某要求直接赔钱。于是双方当事人又回到了人民调解室签订有关赔偿的新协议，由陈某赔偿徐某医疗费用共计 1000 元整。

在调解过程中，调解员要善于将责任还原，发现并指引当事人说出其真实想法，这样可以大大节省调解时间，也不必经过上述周折便可直接达成协议，从而更有效地解决纠纷。③

（七）调解员要会说“定心话”

调解员的言辞表达，是一门复杂的艺术。在调解民间纠纷时，“一句话可以叫人笑，一句话也可以叫人跳”。可见，调解员的言辞表达至关重要。调解

---

① 赵颖欣：《驻派出所人民调解员月度考核鉴定表》，驻景田派出所人民调解室 2010 年 4 月 23 日至 2011 年 5 月 22 日期间的月度总结。

② 吴海宏：《驻派出所人民调解员月度考核鉴定表》，驻景田派出所人民调解室 2010 年 4 月 23 日至 2011 年 5 月 22 日期间的月度总结。

③ 潘婕：《驻派出所人民调解员月度考核鉴定表》，驻景田派出所人民调解室 2010 年 3 月 23 日至 2010 年 4 月 22 日期间的月度总结。

员的言语得体，三言两语就可以促成纠纷的和解；若言辞不当，千言万语也免不了调解的失败。因而，要使调解达到理想的效果，调解员要善于讲定心话、圆场话、风趣话、希望话。①

例如，定心话主要是安定情绪的话，它是调解纠纷的前奏曲，是促成纠纷得以解决的前提。当事人之间产生了纠纷，情绪一般都不太稳定，有的粗暴蛮横，有的急躁不安，有的忧闷痛苦，有的甚至萌发轻生的念头。所有这些异常的心理状态，都不利于进行调解。因此，定心话必不可少。对粗暴蛮横的当事人，要直言正告，使其恢复常态；对急躁不安的当事人，要耐心劝解，使其冷静下来；对忧闷痛苦的当事人，要婉言抚慰，使其得以宽心；对萌发轻生念头的当事人，要真诚开导，使其回心转意。总之，无论对哪种当事人，不妨首先说一说：“问题既已发生，总要得到解决，只要大家都拿出诚意来，事情一定会得到尽快而公正的解决。”这样，当事人的心理会得到安慰，情绪会得以稳定。讲好定心话要注意两点：一是细心观察并掌握当事人的情绪特点；二是区别对待，选择不同的表达口吻。②

【案例 8-6】 黄某与某美容店分红款纠纷调解案例

黄某是某美容店的合作伙伴，因黄某没有及时拿到其应得的 3 万余元分成款，就私自将自己保管但在店内存放的部分美容护肤品拿走抵偿。为此，黄某与店长苏某两人相互指责，店长苏某报警。

双方被带到派出所人民调解室。调解员先是耐心听完各自的陈述，再将两人分开单独询问。调解员告诉黄某：“虽然美容店欠你的分成款，但这只是生意上的纠纷，可你私自拿走了店内的物品，就是偷盗行为，这的确是件可大可小的事，如果不能协商解决，对方真把你起诉，那问题就大了！”于是，黄某转变了态度，同意协商解决纠纷。

调解员告诉店长苏某：“你欠他的分成款是有错在先，只要他退回美容护肤品，承担影响客户生意的部分损失，就应当对分红款的支付积极协商解决。”苏某也表示希望通过协商解决纠纷。经过双方谈判，达成协议如下：黄某退回美容护肤品 6 套，店长苏某只需支付黄某人民币 1 万元分成款。最终圆满解决了纠纷。③

---

① 有关调解员要会说四种话的论述，参见李刚主编：《人民调解概论》，中国检察出版社 2004 年 6 月版，第 297—298 页。

② 周永华：《驻派出所人民调解员月度考核鉴定表》，驻景田派出所人民调解室 2010 年 9 月 23 日至 2010 年 10 月 22 日期间的月度总结。

③ 驻香蜜湖派出所人民调解室调解员肖远琼的调解案例。

调解工作除了帮助当事人处理好纠纷外，更重要的是要安抚好当事人的情绪。比较有效的方法是感情互动，即用调解员的真情，唤起双方当事人的同感，使他们互谅互让，最终使问题得到圆满解决。例如，在处理邻里纠纷时，调解员可以设身处地地给双方当事人讲明：大家每天低头不见抬头见，如若处理不好，双方今后的关系将很尴尬，甚至可能发生"民事转刑事"案件，到那时就后悔莫及。①

当然，必要的时候也可使用赞美法、宽慰法，重述"忍一时风平浪静，退一步海阔天空""大人不计小人过"等做人美德。此外，调解员开导当事人的一个重要方法是提示当事人应当考虑选择诉讼时请求的可行性、时间的花费、申请执行的期限等。在一方当事人说话不是很合适、会破坏了调解气氛的时候，要善于"打圆场"；引导纠纷当事人向前看，多从自己的发展、时间的宝贵等角度进行开导。例如，在夏天，也许是因为炎热的天气让人烦躁，纠纷大多是一些不值一提的小事，但是双方当事人却斤斤计较，而且越小的纠纷计较起来就越难调解。所以，在调解的过程中，调解员不能只满足于当前纠纷的处理，更重要的是要通过思想工作，让当事人明白斤斤计较只会弊大于利，应当小事化了，宽容待人。②

（八）妥善保护当事人的信息

许多纠纷当事人第一时间都会向人民调解委员会申请调解，人民调解委员会积累了大量的当事人信息资资料。如何安全、合理地保护当事人的信息，防止信息泄露，虽然是调解工作中的一个细节，但却不能忽视。调解员必须明白当事人是基于对人民调解委员的信任，才自愿向调委会提供其身份信息等各种资料。因此，作为调解组织和调解工作人员，严格保护当事人的身份信息就是一项重要的调解纪律。保护当事人信息的另一层要求是应当避免把当事人的纠纷内容泄露给他人。纠纷中出现的家长里短、婚姻情感冲突、债务纠葛等，很多涉及当事人的隐私。即便有些纠纷不直接涉及当事人的个人隐私，也不应把纠纷的内容向社会泄露，因为纠纷发生以后，人们往往不愿意被其他无关的人所知晓。保护当事人的信息，不仅是对调解组织和调解员的要求，调解员在与其他部门交往中，也应以组织对组织、部门对部门的

---

① 潘婕：《驻派出所人民调解员月度考核鉴定表》，驻景田派出所人民调解室 2010 年 8 月 23 日至 2010 年 9 月 22 日期间的月度总结。

② 张白娟：《驻派出所人民调解员月度考核鉴定表》，驻景田派出所人民调解室 2010 年 7 月 23 日至 2010 年 8 月 22 日期间的月度总结。

工作移交方式，通过合法、正式、妥当的途径和方式移交当事人的信息资料。①

此外，在一些社会热点问题的法制宣传、媒体报道等环节，引用案例时要使用化名，对当事人进行合理、有效的保护。

（九）正确理解法律在调解中的作用

人民调解委员会是依法设立的调解民间纠纷的群众性组织。人民调解委员会所需处理的事项中重要的一项是通过调解矛盾纠纷，开展普法教育与法制宣传。在调解过程中，调解员通过其熟知的法律知识，去分析纠纷的属性，运用其敏锐的法律触觉，去预测纠纷的动向，向双方当事人说清讲明纠纷中的法律关系以及一切可能的法律后果，这是调解中的必然情形。②

在深圳，大多数居民的法律意识比较强，较为守法，能够较好地认识法律后果的性质。告知当事人纠纷引发的法律后果，一般都会很快促成当事人和解。因而，面对法律意识比较高的当事人，调解员应该以更加专业的法律术语、法律原理、法律规定和公平合理的法律精神，去开展调解工作，这样才有助于取得社会公众对人民调解的信任。对调解员来说，加强对《人民调解法》的学习，做到学以致用，充分宣扬立法精神，坚持依法调解，从长远来看，有助于形成良好的调解文化与环境。③

不过，调解员也必须清醒地认识到，调解主要处理细微的民间纠纷，有些纠纷和法律的联系并不强，甚至不涉及民事赔偿问题。④ 有些问题如家务问题、感情纠纷等，并非全部适合调解。而且在调解过程中，双方在不违反国家法律、法规的情况下，协商得出双方都同意的解决方案，也是最公平、最合理的处理方法。因此，调解虽然应当符合法律，但法律却不可能告诉调解员答案。在不违反国家法律强制性规定的情形下，让纠纷双方当事人自愿达成调解协议，甚至握手言和，未尝不是好事。

因此，在调解过程中，调解员不仅需要运用多种社会知识，而且需要具备较为丰富的社会经验和人生阅历，在一定意义上，法律人那种是非清楚、对错

---

① 周永华：《驻派出所人民调解员月度考核鉴定表》，驻景田派出所人民调解室 2010 年 3 月 23 日至 2011 年 4 月 22 日期间的月度总结。

② 赵颖欣：《驻派出所人民调解员月度考核鉴定表》，驻景田派出所人民调解室 2010 年 8 月 23 日至 2011 年 9 月 22 日期间的月度总结。

③ 赵建斌：《驻派出所人民调解员月度考核鉴定表》，驻景田派出所人民调解室 2010 年 2 月 23 日至 2011 年 3 月 22 日期间的月度总结。

④ 例如，本书第三章对 100 件案件调解结果的研究结论表明：约 30％的案件并不涉及赔偿问题。

分明的思维方式，在调解中需要适度调适。[1] 在有些案件中，如果一开始就讲法律、谈道理、谈对错，则可能激化当事人之间的矛盾，甚至会造成调解员和当事人之间的沟通障碍。法律规则存在的重要意义在于，有助于促使当事人对自己行为有一个合理预测，从而作为自己行为选择、成本收益分析的依据和基础。因此，法律因素绝不是参与调解的纠纷当事人要考虑的唯一因素，人际关系、诉讼的成本收益、诉讼中耗费的时间成本、良好人际关系带来的身心愉悦等，都可能成为纠纷当事人考量的重要因素。

（十）善于通过团队协作开展调解

驻派出所人民调解室应该多与民警沟通、合作，实现严厉警告与耐心说教相结合，从而达到息事宁人、化解纠纷的目的。这里的纠纷，有些不完全是民事案件，而涉及刑事违法、行政违法等。因此，纯粹的民间调解与代表国家权威的国家力量的结合，就十分必要。

有一些调解难度大的案件，可能一组调解人员难以完成，为此，需要调解团队的协作才可能完成。一组调解人员值班期内难以完成的工作，就需要下一组值班的调解人员接续完成，甚至需要与民警配合，经历权利义务的明晰、调解方案的完善、多次的耐心劝说等，方可能最终调解成功。

此外，必要时调解员也可以引入第三人。调解中的第三人是当事人双方同时熟悉的人员，第三人有可能是帮助与其同来的一方当事人，也有可能是双方都信任的中立第三人。若第三人是中立人员，调解员即要充分利用好第三人的双重身份，与其合作共同安抚、劝说当事人，尽快得出纠纷的解决方案，处理好纠纷。若第三人是属一方当事人的陪同人员，就需要观察其言语与行为是否有利于纠纷的解决。有的第三人如果对自己熟悉的一方偏袒，就应当尽快将其“请”出调解室，为解决纠纷扫清“障碍”。

（十一）调解医患纠纷需要专业的医疗知识

调解工作“易学难精”，入门容易，水平提升难。法律的规定对于调解工作的开展无疑是十分重要的。但是，单靠法律知识并不能很好地调解医疗纠纷，达到“定分止争”的目的。驻医院人民调解室具有以下特点：(1) 医患纠纷主要以医疗纠纷为主，类型相对单一。(2) 调解难度相对较高。纠纷当事人大多都是患者本人或者死者家属，对这类纠纷不及时化解，事态可能升级。(3) 医患纠纷社会关注度高，各级领导也相当重视，这对于调解员而言既有

---

① 陈巍：《调解中的社会规则》，载《甘肃政法学院学报》2010年第9期。

压力也是考验，同时对调解员的要求也更高。[①] 因此，医疗纠纷的调解需要调解员兼具法学和医学知识；提升调解员辨法析理的能力，将调解变为一个“说理服人”的过程，使得纠纷的调解尽可能建立在分清是非的基础上。[②]

不过，对于医疗调解，还应当区分纠纷大小、医院过错等。如果属于纠纷争议较小且过错不是十分清楚的医疗纠纷，则可以采取模糊调解的方法进行调解；如果属于医院过错十分清楚的纠纷，则调解的重点就应当转化为赔偿数额的调解；如果属于纠纷争议较大而同时对医院是否存在过错难以确定的情形，可能需要进一步通过医疗事故鉴定才能确定责任的案件，则应当明确告知当事人可借助医疗事故鉴定程序来确定责任。对于较为复杂的案件，如果当事人一时难以达成调解协议时，则不能够急于求成，可“冷却调解”[③]，通过缓解、疏导、权利义务告知、利弊权衡分析等方式，开展调解工作。

此外，心理学知识对调解工作帮助很大。调解员要脑力体力相结合，而心理学知识能帮助调解人员洞察当事人的心理，把握他们的真实想法，再与相关法律知识相结合，对症下药，有助于减少调解时间，及时化解矛盾，达到事半功倍的效果。

（十二）拒绝无理诉请

某些纠纷属于民事性质，应当到人民法院通过诉讼解决。但是，有的当事人觉得通过诉讼方式解决纠纷周期长、效率低，选择采取轻微暴力或不讲理的争吵等方式，能够在驻派出所人民调解室调解纠纷时寻找理由，甚至一些正在参与调解的当事人，仍通过不断拨打“110”报警，以求快速解决纠纷。

【案例 8-7】 香港居民董某与某绿化产品店金鱼缸损坏纠纷调解案例

董某（香港居民，男，55 岁）某天晚上开车从福田区水围村某街道经过时，与旁边一家绿化产品店发生了纠纷。产品店老板黄某称：董某的商务车前轮碰到店门口前的一个石墩，石墩被车撞倒后滚动，并撞在其店门口的一个 1.6 米高的金鱼缸上，致鱼缸破裂，后董某报警。

交警到场处理，认为属于民事纠纷，告知双方可去人民法院处理；董某称其车根本就没有碰到石墩，不愿对此负责，也明确不同意就此事进行调解，并称如果对方愿意去法院告他，他奉陪到底。因双方情绪过于激动，民警遂先

① 潘婕：《驻派出所人民调解员月度考核鉴定表》，驻景田派出所人民调解室 2010 年 11 月 23 日至 2010 年 12 月 22 日期间的月度总结。

② 张豪：《调解八法》，载《山东审判》2010 年第 3 期。

③ 陈文联、王与从：《调解医疗纠纷的 18 种方式》，载《人民调解》2011 年第 1 期。

行将双方带回派出所，并将双方身份信息登记核实，移交调解室。董某不想与对方浪费时间，遂问黄某该鱼缸修好要多少钱，并觉得这样一个鱼缸只是被碰裂了，维修价格应该不会太贵。而且，最关键的是董某认为这个损害事实与自己无关，自己只是不想被黄某纠缠，才愿意协商解决。当黄某称维修该鱼缸要四五千元时，董某觉得对方有敲诈自己的嫌疑，拒绝继续协商。

此事发生在晚上 22 时 30 分许，双方一直僵持到次日早上 8 时。因为调解未果，民警开车将双方当事人送往福田区人民法院。本案由于双方当事人对于争议事实无法达成共识，缺乏起码的调解条件。①

上述案件的情况不在少数，也给调解工作带来了一定压力。因为是民事纠纷，派出所、调解员没有权利限制任何一方人身自由，但一方当事人提出限制对方的人身自由或对其财产采取一定强制措施的不合理要求时，在另一方当事人看来，就是强迫调解。此类纠纷不宜由人民调解处理。

在类似案件的调解过程中确实有一部分人认为香港人收入高，经得起敲诈，看重时间拖不起，特别是经过自己老乡、朋友、同事的“经验”交流，觉得只要花时间纠缠，容易达到其索要不合理赔偿要求的目的。这种情况于法、于理、于情都不允许。在此情形下，派出所民警通常都会很负责任地帮助调解员共同解决这些棘手的问题，拒绝当事人的无理要求。②

（十三）合理化解经济纠纷

在调解涉及金钱支付的民事纠纷中，首要一点是不能直接说出调解员个人认为可能达成的金钱数目或建议数目，因为这样很容易给自己招来风险，陷自己于不利境地。调解员可以把自己认为合适的数目或建议的数目说成是以前处理过的某个纠纷当事人达成协议的数额，供对方参考。③ 例如，一方同意 500 元，一方认为应该是 800 元，调解员则可以说：“过去有这样的案例，当事人双方就是把相差的金额除 2，对于你们来说也就是 650 元，你们可以参考一下人家的做法，你们觉得呢？”

涉及金钱赔偿的纠纷，开始时一般都会出现“开天价”的情况。这时调解员需要了解双方的经济情况，以及索赔方的动机。有时索赔方“开天价”的动机，只是想让对方难受一下，把对方教训一下，但有时则是希望获得高额赔

① 驻福强派出所人民调解室调解员罗启鹏的调解案例。

② 罗启鹏：《驻派出所人民调解员月度考核鉴定表》，驻福强派出所人民调解室 2010 年 9 月的月度总结。

③ 张白娟：《驻派出所人民调解员月度考核鉴定表》，驻景田派出所人民调解室 2010 年 9 月 23 日至 2010 年 10 月 22 日期间的月度总结。

偿。针对不同的动机，调解方法也不一样。对于前者，调解员要尽量体现出自己是站在他那边的，是支持他的，但在言辞方面要谨慎；对于后者，则应尽量围绕对方的经济能力说话，告诉索赔方获得赔偿数额的可行性。①

对于经济案件的调解，经常会面临赔偿金额的“胶着状态”，调解员千万不能着急，最起码不表现出着急的情绪。在此过程中，除了可以使用前面谈到的双方愿承担差额的“二分之一建议”方法，还可以使用“自行谈判法”。所谓的自行谈判法就是引导当事人自己谈，让双方进入一种自我投入的谈判角色状态。这样做不但可以把纠纷解决的主导权还给当事人，减少当事人对调解员的依赖，而且，如果在同一时间有多起纠纷需要同一组调解员调解时，更应采取这种方法，这样也可以把当事人的矛盾集中到赔偿数额上。② 当然，让当事人面对面谈判需要具备一定的条件。许多案件开始调解时当事人水火不容，矛盾激烈、尖锐。对此，调解员在调解的最初阶段，应允许他们“闹”，尽情发泄一下他们的不满情绪。待当事人情绪稳定后，调解员再单独约谈，了解当事人协议金额的要求；当感觉双方距离较小时，就让当事人自己去谈。③

在涉及赔偿的纠纷中，调解员帮助当事人尽快结束赔偿金额谈判的主要方法是要让当事人了解谈判失败的后果。驻派出所人民调解室受理的纠纷主要包括轻微的治安纠纷和纯民事纠纷两种。轻微的治安纠纷，主要是能确认肇事当事人为故意侵犯人身权利或损害赔偿的纠纷，涉及治安处罚的人身权利纠纷又分为互有损害对方人身权和单方损害对方人身权两种。在调解单方侵权类纠纷时，如果受害方提出的金额对方难于接受(要判断侵权方是否确实难于接受或者仅仅是一种讨价还价，就是让其明白侵权时的全责，如果调解不成，其就可能受到治安拘留。此时调解员应多给侵权方一点时间考虑。如果侵权方宁可拘留也不愿意赔偿，则基本可以确定侵权方是真的无法接受)，就要多做受害方的工作。工作的重点就是让受害方意识到，侵权方拘留以后的赔偿问题，要其自己(在说“自己”这个词要说重一些)到法院进行民事索赔，并应明确告知和强调人民法院的诉讼流程。④ 总之，让当事人在明白后果的情形下，做出合理的选择，这是调解的关键。而在互有侵权的人身权利纠纷中，调解员首先从心理层面入手，让当事人回归到理性，然后利用

---

① 赵建斌:《驻派出所人民调解员月度考核鉴定表》，驻景田派出所人民调解室 2010 年 4 月 23 日至 2010 年 5 月 22 日期间的月度总结。

② 赵建斌:《驻派出所人民调解员月度考核鉴定表》，驻景田派出所人民调解室 2010 年 7 月 23 日至 2010 年 8 月 22 日期间的月度总结。

③ 赵建斌:《驻派出所人民调解员月度考核鉴定表》，驻景田派出所人民调解室 2010 年 8 月 23 日至 2010 年 9 月 22 日期间的月度总结。

④ 赵建斌:《驻派出所人民调解员月度考核鉴定表》，驻景田派出所人民调解室 2010 年 10 月 23 日至 2010 年 11 月 22 日期间的月度总结。

“压力点”使双方作出选择。这种情况的“压力点”，就是让双方明白《治安管理处罚法》中关于打架斗殴等互有侵权的治安拘留处罚。[①]

在调解过程当中，对涉及公司法人的纠纷，应特别谨慎，因为法人涉及的金额一般较大，有些公司、企业的社会关系也相对复杂，所以在处理法人、法人员工与公民个人间的纠纷时，要格外慎重。如果系公司与他人发生的纠纷，调解员应当场核实其公司身份并确定其是否能代表公司处理该纠纷；代理人应当出具公司法人的委托书，没有委托的也至少要求法定代表人出具法定代表人授权，保证被代理人真正承担相应的责任，避免无权或越权代理造成的错误。[②]

调解工作的主要目标是协助双方当事人解决纠纷，同时应预防纠纷。在参与调解的过程中，大多当事人容易滥用调解或者利用调解去保护非法利益。例如，租赁合同纠纷大多都是因为一方或者双方当事人不履行合同条款而引起的纠纷。调解这类纠纷时，容易出现的情形是原本有理的守约方由于时间不允许或法院诉讼程序复杂而容易接受违约方的不当条件而解决纠纷。如此，调解就很容易给双方当事人留下不好的印象，让他们觉得签合同与不签合同都一样，只要是双方谈好就可以不履行合同，那书面合同的约束效力形同虚设。这不但不是预防纠纷，而且有可能为下一次纠纷的发生埋下伏笔。对于这类租赁合同纠纷，应建议当事人向法院起诉，维护已有书面合同的效力，并按照合同约定履行。[③]

（十四）涉港纠纷的调解[④]

深港两地山水相连，经济相互依存，有着紧密的历史渊源和天然联系。深圳既是内地连接香港的纽带和桥梁，也为香港保持长期繁荣稳定担负着义不容辞的责任。随着《珠江三角洲地区改革发展规划纲要（2008～2020）》的出台以及 CEPA[⑤] 的不断推进，深港两地有了更多新的合作发展空间。

福强派出所辖区东起深圳河，西至益田路，南临福强路，北靠滨河路，总面积为 3.86 平方公里，由皇岗、水围、海滨、福民、渔农、口岸 6 个区组成。由于深港两地 CEPA 不断推进合作，港人在辖区买房、旅游、购物、居住的情况

① 赵建斌：《驻派出所人民调解员月度考核鉴定表》，驻景田派出所人民调解室 2010 年 11 月 23 日至 2010 年 12 月 22 日期间的月度总结。

② 许跃民：《驻派出所人民调解员月度考核鉴定表》，驻景田派出所人民调解室，2010 年 11 月 23 日至 2010 年 12 月 22 日期间的月度总结。

③ 赵颖欣：《驻派出所人民调解员月度考核鉴定表》，驻景田派出所人民调解室 2010 年 2 月 23 日至 2011 年 3 月 22 日期间的月度总结。

④ 此部分资料来自于驻福强派出所人民调解室调解员张建安的总结。

⑤ 《内地与香港关于建立更紧密经贸关系的安排》的简称。

比以往更多，所以容易产生各种纠纷。

1. 调解室涉港民间纠纷的类型

从驻福强派出所人民调解室处理的民间纠纷的数量来看，涉港纠纷占了较大一部分。在这部分涉港民间纠纷中，主要是以下类型：

（1）香港人与出租车司机、蓝牌车司机之间产生的客运服务纠纷。因辖区有福田、皇岗两个通关口岸，每日往返深港两地经商、消费、旅游的香港人众多，特别是现在辖区内很多香港人是工作在香港，住在深圳，或者工作在深圳，住在香港。来来回回中总免不了与出租车司机打交道，更有图省钱、方便的香港人，在过关后直接选择蓝牌车作为首选工具。在这类纠纷中，主要有出租车司机故意绕路而产生费用纠纷，以及香港人喝醉酒乘车时与出租车司机产生的打架、损坏财物等纠纷。

（2）香港人与辖区内娱乐场所工作人员产生的消费纠纷。本书在分析调解室涉港民间纠纷居高不下的原因时，发现发生在休闲娱乐场所的较多。在休闲娱乐场所消费总免不了喝酒，而酒后容易与人产生纠纷。

（3）香港人与地产中介、房东之间产生的房屋买卖和房屋租赁纠纷。深港两地经贸往来不断升温，香港人选择在内地，特别是在深圳工作、创业的越来越多。现在很多香港人选择在深圳居住，加上香港人大多不熟悉内地有关房地产买卖或租赁方面的法律、法规和行规，所以与地产中介和房东之间容易产生纠纷。

（4）香港人与香港人之间的纠纷。在这类纠纷当中，大多是香港人之间因某种偶然因素在一起消费、娱乐的过程中产生的纠纷。

2. 涉港纠纷调解中的跨文化特点

香港作为中西方文化的汇集地，在风俗、习惯、语言等方面有其独特性，跨文化因素成为调解这些涉港纠纷时必须关注的内容。

（1）历史原因使香港在其发展过程中一直带有中西文化的双重特征。在西方文化的影响之下，香港人一般习惯于面对面地进行交流，这也影响到他们在调解中更习惯于面对面地交流观点。他们希望在面对面调解模式下，调解员和双方当事人共同坐在调解室里，在调解员宣布了调解的基本规则之后，当事人依次陈述自己对于纠纷争议的看法，并直接听取对方的观点。但是，内地当事人大多认为面对面调解可能会使他们多少感到不适，或者丢面子。因此，内地人更愿意在“背靠背”调解程序中表达自己的观点。在“背靠背”调解的模式下，调解员就像一名中立的“外交家”一样，往返于双方当事人之间，把信息从一方带到另一方。如果纠纷是发生在香港人和内地人之间，调解员需要就调解程序与双方进行充分沟通，然后再着手调解工作。

(2) 众所周知，香港人所讲方言为粤语，香港人大多数普通话水平较低，能流利地说普通话者甚少，大部分香港人都只能讲简单的普通话，而绝大部分是用粤语来表达。若是纠纷双方当事人能听懂粤语，调解员也应该通过粤语与双方交流；否则，如果一方当事人不懂粤语，这时调解便产生了障碍，需要调解员提供语言上的帮助。所以在调解涉港纠纷时，对调解员的语言能力方面提出了较高的要求。

(3) 香港的历史文化决定了其独特的习惯特征，形成了与内地较大的差异。例如，一名香港雇主雇用了来自内地的保姆照顾其儿子，因其儿子调皮不听话、不写作业，保姆无意识地用手拍其脑袋，以教育其好好读书。而这一行为恰好被香港雇主看见，香港雇主以保姆殴打其儿子为由报警。在调解这类纠纷时，就需要双方予以沟通、谅解，形成文化上的共识。

3. 涉港纠纷调解中的特殊技巧

涉港纠纷调解过程并非像调解协议、调解笔录上所记载的那样，双方对赔偿数额、赔偿方式、赔偿时间的简单同意与否。调解协议笔录只不过是一种事后的高度提炼的文字，而调解过程却是当事人双方或多方一种实实在在的博弈过程。调解员在调解涉港民间纠纷时，需要使用一些特殊的技巧。

(1) 调解员应当规范自己的语言。香港人大多法律意识强，在平时的工作生活中，香港人都比较注重自身法律权益的保护，尤其是在自身受到他人侵害的时候。而且，由于缺乏对人民调解的充分了解，香港人在驻派出所调解室调解时，往往会产生一种对派出所的恐惧感。在上述各方面因素影响之下，香港人对于自身权益的保护显得更加迫切。基于这种状况，香港人在调解过程中，极可能会对整个调解过程用录音方式记录下来。虽然香港人在调解过程中录音可能没有什么恶意，但是，对于调解员来说，面对这样情况的出现，就应该让双方予以讨论，达成谅解，允许双方录音，规避一方录音导致的对方反感乃至对抗。

(2) 注意回避。调解得以顺利进行的基础，是当事人对调解员的信任。当出现了香港人对调解员产生不信任的情形之时，因在调解时有 2 名调解员，这时对于香港人不信任的调解员来说，最好还是采取主动回避，由另外一名调解员进行调解。调解员要通过自己的言行举止，慢慢感化香港人，让当事人感受到调解的公平、公正与合法。

(3) 合理调查纠纷事实。当与对方产生纠纷来申请调解时，香港人对于纠纷的产生经过、对方的种种过错甚至每一个细节，都记得很清楚，往往会有长篇大论。这种对于纠纷事实经过的详尽表述无可厚非，对于调解员确定双方当事人责任的大小也有帮助。但是，纠纷的发生更多的时候具有偶然性，来不及保存相关证据，只凭当事人自己的陈述，有时很难分清是非对错。在这种情况之下，若是任由香港人就纠纷事实的发生经过无休止纠缠，纠纷就很可能解决不了。所以，对于这些情况，调解员采取模糊定位的策略，将双方陈述不一致的部分予以搁置，直截了当地寻求解决纠纷的各种方案。

(4) 重视调解协议的当场履行。实践中，此类纠纷达成的协议，绝大部分能够当场履行。提倡当场履行的原因在于：按约履行一般是纠纷当事人之间在平时生活中具有某种关系，一方对于另一方的日后给付行为具有一定基础的信任；而在涉港纠纷中，因香港人大多与另一方当事人没有信任的基础，所以在这种情形之下，当场履行对于双方当事人来说可以算是皆大欢喜的结果，免除了日后给付的后顾之忧。这种履行方式消除了日后按约履行可能带来的潜在不确定因素；否则，调解员要采用一定的技巧，向双方当事人说明按约履行可能潜在的隐患和后果，当事人在此基础上，再自行选择协议的履行方式。

总之，在深港两地互动合作交流日益加深的大背景下，根据驻福强派出所人民调解室的统计，涉港纠纷有上升趋势。对于这些涉港纠纷，调解员在调解的过程中，不能够以调解一般纠纷时的方法进行调解，一定要紧紧抓住涉港纠纷的特点，对症下药，方能取得成效。

三、多角度诠释和界定调解的成效

过去是以双方当事人达成“口头”或“书面”协议作为调解成功的标准，达成调解协议无疑是成功调解的重要标志，但是不应当成为判定调解是否成功的唯一标准。例如，对于大额的经济纠纷、生产经营纠纷，只要经过调解员的说服和教育，当事人能心平气和寻求仲裁或诉讼方式解决纠纷，也不失为一种成功的调解。① 依据法律、法规的规定，引导当事人通过理性的方式去维权，也有助于培育公民的法治意识。

(一) 关心和重视“心理调解”

随着国家经济、政治、民生等事业的进一步发展，“大调解”工作不应只局

---

① 周永华：《驻派出所人民调解员月度考核鉴定表》，驻景田派出所人民调解室 2010 年 1 月 23 日至 2011 年 2 月 22 日期间的月度总结。

限于“行政调解”“司法调解”及“人民调解”，还应增加“心理调解”。“心理调解”的工作对象是个体内心认知的矛盾，其目的是帮助个体更好地适应社会，更好地承担社会责任。那种只强调外显的、各种主体之间的矛盾解决是不够的，“心理调解”是和谐社会的最微观层面，是立体“大调解”中的重要内容。“心理调解”是以人为本，从强调社会成员内心平衡的角度去理解调解。那么，“心理调解”就是“心理咨询”“心理治疗”吗？这种在中国社会还不成气候的职业，能承担多大的社会功能？的确，心理调解虽然没有直接的书面调解成果呈现出来，但也是调解成功的重要判断标准。因为在很多纠纷中，并不涉及金钱赔偿问题。通过调解，维护当事人的自尊，实现对当事人消极情绪的化解，促使当事人对自我过错的认识等，实际上都是调解取得成功的重要标志。调解员应当充分认识到，人民调解既是解决纠纷，也是对当事人的心理与情绪的疏导，是一项社会工作。

（二）化解纠纷的同时建立预防纠纷的机制

成功的调解经验应当被及时分享。为此，调解员应当经常性地自我总结，积累调解经验。“调解者大多愿意选择那些在过去调解成功的技术和策略。”①一个成功的调解，不只是在口头上、书面上以及心理上引导当事人双方达成协议，更重要的是，对促使当事人双方达成协议的过程要进行认真的总结。正是完整的记录、清晰的台账、规范的调解档案构成了总结和提升调解经验的重要素材。

例如，在调解住户和物业纠纷时，要特别注意双方在小区管理上的沟通，“调防结合，以防为主”；预防工作做好了，就可以防止同类事件在该小区再度发生。所以，既要调解又要预防；既要立足于调解，又要着眼于预防，这样才算是做好了调解工作。②

此外，要重视典型调解案例的宣传和示范作用。通过相似问题相似解决或相同问题相同处理，形成纠纷解决与规则构建的有机结合。可以说，调解在法治意识塑造、法律文化传播、法治思想传播等方面也发挥了重要作用。

---

① 胡元梓：《调解何以能促成冲突的解决：文献述评与经验研究》，载《学术界》2010年第8期。

② 赵颖欣：《驻派出所人民调解员月度考核鉴定表》，驻景田派出所人民调解室2010年12月23日至2011年1月22日期间的月度总结。

主要参考文献

一、中文著作

陈宝良:《中国的社与会》,浙江人民出版社 1996 年版。

范愉、李浩:《纠纷解决——理论、制度与技能》,清华大学出版社 2010 年版。

范愉:《非诉讼纠纷解决机制研究》,中国人民大学出版社 2000 年版。

费孝通:《乡土中国 生育制度》,北京大学出版社 1998 年版。

何增科:《公民社会与治理》,社会科学文献出版社 2011 年版。

黄晨熹:《社会政策》,华东理工大学出版社 2008 年版。

〔美〕黄宗智:《经验与理论——中国社会、经济与法律的实践历史研究》,中国人民大学出版社 2007 年版。

陆春萍:《转型期人民调解机制社会化运作》,中国社会科学出版社 2010 年版。

雷红力、商忠强、孙波:《医患纠纷人民调解原理与实务》,上海交通大学出版社 2015 年版。

黎熙元:《现代社区概论》(第 2 版),中山大学出版社 2011 年版。

彭芙蓉、冯学智:《反思与重构——人民调解制度研究》,中国政法大学出版社 2013 年版。

强世功编:《调解、法制与现代性:中国调解制度研究》,中国法制出版社 2001 年版。

秦晖:《传统十论——本土社会的制度、文化及其变革》,复旦大学出版社 2003 年版。

沈德咏:《能动主义司法模式理论与实践》,法律出版社 2010 年版。

深圳市福田区司法局编:《道路交通事故损害赔偿纠纷人民调解工作规范指南》,深圳报业集团出版社 2011 年版。

宋明:《人民调解纠纷解决机制的法社会学研究》,中国政法大学出版社 2013 年版。

深圳市福田区司法局编:《深圳市福田区人民调解典型案例评析》,深圳报业集团出版社 2010 年版。

王浦劬、〔美〕萨拉蒙等:《政府向社会组织购买公共服务研究》,北京大学出版社 2010 年版。

王恒勤:《人民调解理论与实务》,中国政法大学出版社 2011 年版。

王亚新等:《法律程序运作的实证分析》,法律出版社 2005 年版。

吴英姿:《法官角色与司法行为》,中国大百科全书出版社 2008 年版。

徐昕:《迈向社会和谐的纠纷解决》,中国检察出版社 2008 年版。

熊先觉:《司法学》,法律出版社 2008 年版。

郑德涛、欧真志:《社会管理与公共行政实践的创新》,中山大学出版社 2012 年版。

朱国宏、桂勇:《经济社会学导论》,复旦大学出版社 2005 年版。

赵鼎新:《社会与政治运动讲义》,社会科学文献出版社 2006 年版。

朱景文主编:《中国法律发展报告——数据库和指标体系》,中国人民大学出版社 2007 年版。

赵旭东主编:《诉调对接的理论探索——以丹凤模式的考察为基础》,法律出版社 2015 年版。

二、译著

〔美〕塞缪尔・亨廷顿:《变革社会中的政治秩序》,李盛平等译,华夏出版社 1988 年版。

〔美〕苏珊・奥尼尔、凯瑟琳・斯巴克曼:《美国律师实务入门——从学生到律师》,黄亦川译,北京大学出版社 1998 年版。

〔美〕斯蒂芬・H. 克里格、小理查德・K. 诺伊曼:《律师执业基本技能——会谈、咨询、谈判和令人信服的事实分析》,中伦金通律师事务所译,法律出版社 2003 年版。

〔日〕棚濑孝雄:《纠纷的解决与审判制度》,王亚新译,中国政法大学出版社 1994 年版。

〔美〕乔纳森・H. 特纳:《社会学理论的结构》,吴曲辉等译,浙江人民出版社 1987 年版。

〔美〕洛伊斯・A. 考尔斯:《医疗社会工作:保健的视角》(第 2 版),刘梦、王献蜜译,中国人民大学出版社 2011 版。

〔美〕刘易斯・科塞等:《社会学导论》,安美华等译,南开大学出版社 1990 年版。

〔澳〕娜嘉・亚历山大主编:《全球调解趋势》,王福华译,中国法制出版社 2011 年版。

〔英〕努尼:《法律调解之道》,杨丽华、丁丽英译,法律出版社 2006 年版。

〔美〕林南:《社会资本——关于社会结构与行动的理论》,张磊译,上海人民出版社 2004 年版。

〔日〕高见泽磨:《现代中国的纠纷与法》,何勤华、李秀清、曲阳译,法律出版社 2003 年版。

〔英〕查尔斯・H. 扎斯特罗:《社会工作与社会福利导论》(第 7 版),孙唐水等译,中国人民大学出版社 2005 年版。

〔美〕查尔斯・蒂利等:《抗争政治》,李义中译,译林出版社 2010 年版。

〔美〕埃文斯、克雷比尔:《调解冲突的技巧》(上、下册),魏可钦、何刚译,南京大学出版社 2011 年版。

〔美〕盖伊・彼得斯:《比较政治的理论与方法》,陈永芳译,台湾韦伯文化国际出版有限公司 2003 年版。

〔美〕加布里埃尔・A. 阿尔蒙德、西德尼・维伯:《公民文化——五个国家的政治态度和民主制》,徐湘林等译,华夏出版社 1989 年版。

〔美〕罗伯・特普特南:《独自打保龄球——美国社区的衰落与复兴》,刘波等译,北京大学出版社 2011 年版。

〔美〕罗伯・特普特南:《使民主运转起来》,王列、赖海榕译,江西人民出版社 2001 年版。

〔美〕理查德・C.博克斯:《公民治理:引领 21 世纪的美国社区》,孙柏英译,中国人民出版社 2005 年版。

三、中文论文

艾尔肯:《论我国医疗纠纷第三方调解制度》,载《西部法学评论》2015 年第 1 期。

包蕾、张嫣:《"诉调对接"的新路径——解读上海浦东新区法院诉前调解机制》,载《中国审判》2009 年第 10 期。

曹昌伟、赵建国:《人民调解介入医患纠纷机制研究》,载《长春理工大学学报》(社会科学版)2010 年第 4 期。

常怡:《人民调解协议的效力变迁》,载《昆明理工大学学报》(社会科学版)2012 年第 5 期。

陈钟:《十八大视野下行业性专业性人民调解组织建设的思考》,载《中国司法》2013 年第 7 期。

范愉:《中华人民共和国人民调解法评析》,载《法学家》2011 年第 2 期。

范愉:《人民调解法:让人民调解回归民间》,载《中国法律发展评论》2010 年第 6 期。

范愉:《社会转型中的人民调解制度——以上海市长宁区人民调解组织改革的经验为视点》,载《中国司法》2004 年第 10 期。

古津贤、李博:《医疗纠纷第三方解决机制研究》,载《法学杂志》2011 年第 3 期。

高尚、罗潇、孙建:《人民调解介入医疗纠纷处理的背景、现状与发展》,载《中国司法》2012 年第 5 期。

郭松:《人民调解解纷数量为何下降?——超越已有理路的新论说》,载《清华法学》2010 年第 3 期。

郭小冬:《民事诉调结合新模式的探索》,载《清华法学》2011 年第 3 期。

何永军:《论人民调解的公共产品属性》,载《昆明理工大学学报》(社会科学版)2012 年第 4 期。

洪冬英:《论大调解格局下的人民调解制度定位》,载《河南财经政法大学学报》2013 年第 4 期。

郝振江:《论人民调解协议司法确认裁判的效力》,载《法律科学》2013 年第 2 期。

江闽松:《诉调对接机制的实证分析——以广州市诉前联调工作实践为范例》,载《法治论坛》2013 年第 1 期。

江伟、廖永安:《简论人民调解协议的性质与效力》,载《法学杂志》2003 年第 2 期。

姬文清、任玉峰:《"诉调对接"实务问题分析与规制》,载《法律适用》2009 年第 8 期。

李德恩:《社会管理创新视野下的"三调联动"》,载《社会科学家》2014 年第 1 期。

刘加良:《医疗纠纷人民调解的实践模式及其启示》,载《政治与法律》2012 年第 5 期。

刘加良:《论人民调解制度的实效化》,载《法商研究》2013 年第 4 期。

李年终:《论人民调解制度的完善——以“诉调对接”为视角》,载《时代法学》2007 年第 6 期。

梁平、陈焘:《论我国知识产权纠纷解决机制的多元构建》,载《知识产权》2013 年第 2 期。

卢少锋:《人民调解的知识谱系及反思》,载《福建论坛》(人文社会科学版)2010 年第 11 期。

李喜莲:《人民调解制度发展的瓶颈及对策——兼评中华人民共和国人民调解法》,载《湘潭大学学报》(哲学社会科学版)2014 年第 11 期。

刘晓梅:《论我国医疗纠纷解决机制的完善》,载《天津行政学院学报》2015 年第 5 期。

李婷婷:《交互视域:人民调解委员会组织生产与流变的逻辑》,载《社会主义研究》2011 年第 3 期。

李雄:《我国劳动争议调解制度的理性检讨与改革前瞻》,载《中国法学》2013 年第 4 期。

廖仲洪:《民事司法确认程序若干问题研究》,载《西南政法大学学报》2011 年第 1 期。

潘剑锋:《论司法确认》,载《中国法学》2011 年第 3 期。

潘剑锋:《民诉法修订背景下对诉调对接机制的思考》,载《当代法学》2013 年第 3 期。

沈明磊、王淳:《诉调对接之路的理论与实践——江苏法院构建多元化纠纷解决机制的总结与思考》,载《人民司法》2006 年第 11 期。

宋黔晖:《社会资本视野下的社区调解》,载《贵州师范大学学报》(社会科学版)2011 年第 2 期。

唐力:《非讼民事调解协议司法确认程序若干问题研究——兼论中华人民共和国民事诉讼法修正案(草案)第 38、39 条》,载《西南政法大学学报》2012 年第 3 期。

唐茂林:《论人民调解解决旅游纠纷的优势与制度创新》,载《广西民族大学学报》(哲学社会科学版)2013 年第 6 期。

王俊娥:《论人民调解的自治性》,载《甘肃政法学院学报》2012 年第 5 期

王亚新:《民事诉讼法修改与调解协议的司法审查》,载《清华法学》2011 年第 3 期。

韦志兆,尹少成:《完善我国人民调解制度的若干思考——兼评人民调解法》,载《社会科学家》2010 年第 9 期。

于语和、刘志松:《我国人民调解制度及其重构——兼论民间调解对犯罪的预防》,载《浙江大学学报》(人文社会科学版)2007 年第 2 期。

杨帆:《从“丰田案”看中国消费纠纷解决机制的建立与完善》,载《亚太经济》2010 年第 5 期。

尹明生:《劳动争议之人民调解制度研究》,载《西南石油大学学报》(社会科学版)2012 年第 3 期。

周翠:《司法认程序之探讨——对民诉法 194、195 条的解释》,载《当代法学》2014 年

第 2 期。

曾长进、苏敏:《乡土社会的“无讼”文化:一个法社会学解释》,载《社会》2001 年第 8 期。

赵钢:《人民调解协议的效力辨析及程序保障》,载《法学》2011 年第 12 期。

曾旻:《当前人民调解制度功能的科学定位》,载《法治论坛》2009 年第 2 期。

张素莲:《人民调解社会功能相对弱化的原因及对策》,载《东岳论丛》2010 年第 2 期。

张文宏:《社会资本:理论争辩与经验研究》,载《社会学研究》2003 年第 4 期。

张卫平:《我国替代性纠纷解决机制的重构》,载《法律适用》2005 年第 2 期。

杨喜平:《社会资本视野下的司法公信力》,复旦大学 2008 年博士学位论文。

附录一　驻派出所人民调解室人民调解业务工作规范

第一节　人民调解工作方针、原则、任务

一、工作方针

调防结合，以防为主。

二、工作原则

（一）合法合理原则：调解纠纷必须依据法律、法规、规章和政策进行，法律、法规和政策没有明文规定的，依据社会主义道德进行；

（二）平等自愿原则：调解纠纷必须在当事人平等自愿的基础上进行，不得强迫；

（三）尊重当事人诉讼权利原则：人民调解不是诉讼的前置程序，不得因未经调解或者调解不成而阻止当事人向人民法院起诉。

三、工作任务

（一）调解民间纠纷，防止纠纷激化；

（二）通过调解工作宣传法律、法规、规章和政策，教育公民和经营者遵纪守法，尊重社会公德；

（三）向有关单位反映民间纠纷的发生情况和调解工作情况。

第二节　驻派出所调解室工作流程

一、民间纠纷的调解流程

（一）管辖

这是指《人民调解法》规定的“民间纠纷”。根据《人民调解工作若干规定》第20条的规定，公民与公民之间、公民与法人和其他社会组织之间涉及民事权利义务争议的各种纠纷。主要包括：人身权利纠纷、生产经营纠纷、婚姻家庭纠纷、损害赔偿纠纷、财产权益纠纷、劳动争议纠纷等。

（二）受理

1. 受理的方式

(1) 双方当事人直接到驻派出所调解室申请。

(2) 公安机关接报警后，对属于民间纠纷的，移交驻派出所调解室调处。

(3) 公安机关办理行政案件时,对造成损失和伤害的治安案件,需要赔偿或负担医疗费用,调解不成或调解达不成协议的,告知当事人到人民法院按民事案件起诉或到驻派出所调解室申请人民调解。

民警移交的纠纷,由派出所值班民警对纠纷的性质及严重程度进行审查,对属于人民调解受理范围的,提出移交的建议,报派出所主管领导审批,在双方当事人自愿的前提下,移交驻派出所调解室调解,并告知双方当事人分别填写《人民调解申请书》。

2. 受理的条件

《人民调解法》第 17 条规定,当事人可以向人民调解委员会申请调解,人民调解委员会也可以主动调解。《人民调解若干规定》第 24 条规定,人民调解委员会对于当事人申请调解的纠纷,要进行审查,根据不同情况区别对待。对于符合下列条件的,应当受理:

(1) 有明确的被申请人;

(2) 有具体的调解要求;

(3) 有提出调解申请的事实依据。

对于当事人直接申请调解,经过审核又不符合受理条件的纠纷,人民调解员应当向当事人做出解释;对于民警移交的,应详细说明理由,报负责联系调解室工作的民警处理。

3. 受理纠纷的登记。受理后,应将受理情况在《民间纠纷受理情况登记薄》上登记。

(三) 调查

《人民调解工作若干规定》第 26 条规定:"人民调解委员会调解纠纷,应当分别向双方当事人询问纠纷的事实和情节,了解双方的要求及理由,根据需要向有关方面调查核实,做好调解前的准备工作。"在调查中,人民调解员应制作调查笔录,也可由双方当事人自行书写事情经过。

(四) 实施调解

《人民调解法》第 22 条规定:"人民调解员根据纠纷的不同情况,可以采取多种方式调解民间纠纷,充分听取当事人的陈述,讲解有关法律、法规和国家政策,耐心疏导,在当事人平等协商、互谅互让的基础上提出纠纷解决方案,帮助当事人达成调解协议。"调解的主要步骤包括:

(1) 告知双方当事人在调解活动中享有的权利和承担的义务。

(2) 双方当事人陈述。

(3) 进行调解。调解员应当根据纠纷的特点和纠纷的性质、难易程度、发展变化的情况,采取灵活多样的方式方法,情、法、理相结合,不违法调解。

（4）达成调解协议。

（五）结束调解

1. 制作调解协议书。对达成协议的，有民事权利义务内容的，或者当事人要求制作书面调解协议的，应当制作书面调解协议。人民调解协议书，经双方当事人、人民调解员签字，加盖人民调解委员会印章。

2. 对达不成调解协议的，告知当事人到人民法院提起诉讼或者到其他部门申请处理，引导当事人依法通过仲裁、行政、司法等途径维护自己的权利。

3. 终止调解。在调解过程中，双方当事人自行和解、申请人撤回申请、当事人一方向人民法院起诉或到其他部门申请处理的，终止调解。

在调解中，人民调解员发现新的事实，需要移交公安机关处理的，应立即终止调解，报负责联系调解室工作的民警处理。

（六）回访

《人民调解工作若干规定》第 36 条第 2 款规定：“人民调解委员会应当对调解协议的履行情况适时进行回访，并就履行情况做出记录。”

二、治安案件的调解流程

治安民警认为可以邀请人民调解员参加调解的行政案件，由民警主持，适用治安调解程序。

《公安机关办理行政案件程序规定》第 149 条规定，对因邻里纠纷引起的行政案件进行调解时，可以邀请居委会、村委会的人员或者双方当事人熟悉的人员参加。

因此，公安机关在对因邻里纠纷引起的行政案件进行调解时，可以邀请人民调解员参加。民警在接受治安纠纷的报案后，认为可以治安调解处理的，应当首先对双方当事人制作询问记录，了解掌握情况，双方愿意调解的，由民警主持调解，可邀请人民调解员参加调解。达成调解协议的，民警应制作《治安调解书》，由双方当事人签名，人民调解员在见证人一栏签名，从而将人民调解和治安调解有机结合，减轻民警的工作负担，使整个治安调解过程符合法律规定。

第三节　驻派出所调解室工作流程图

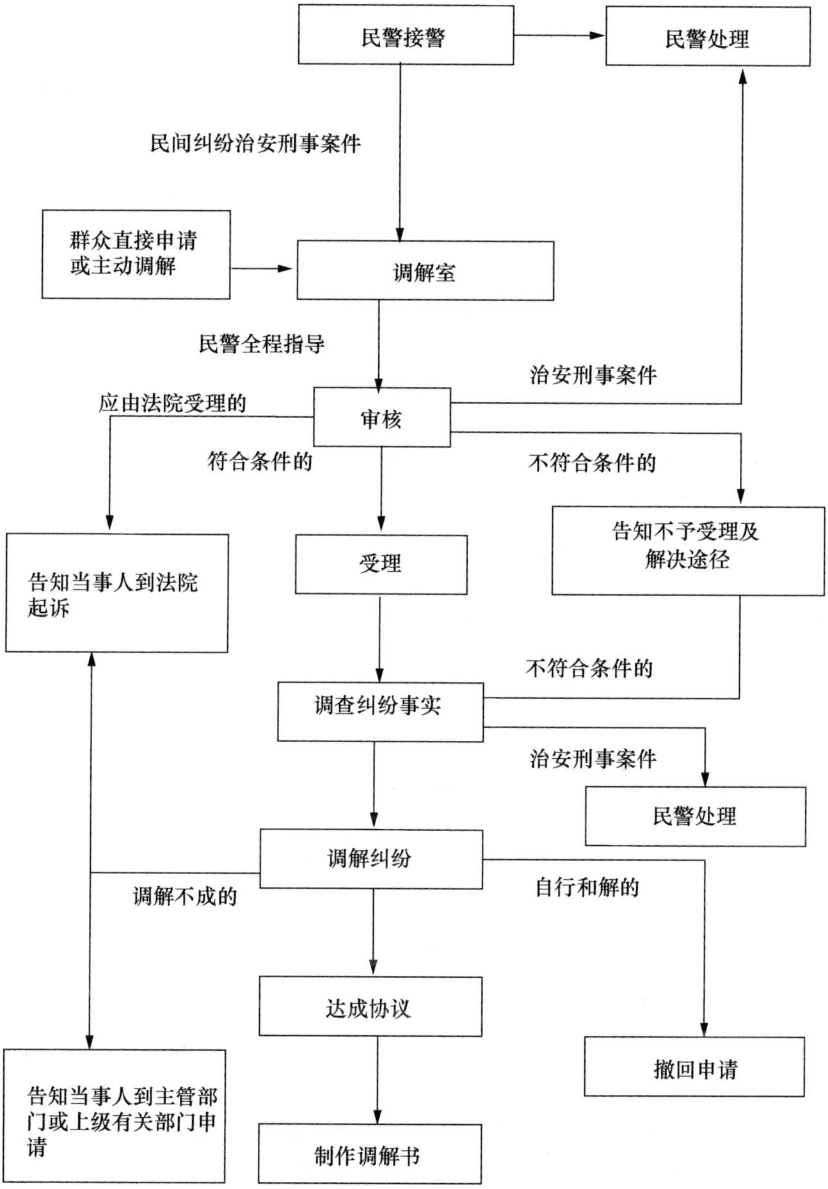

第四节　人民调解员工作承诺

一、坚持公平、公正的调解原则。依法调解矛盾纠纷，不办关系案、人情案、不徇私枉法，不弄虚作假。

二、实行统一的收案、结案制度。纠纷一般应在一个月内调处结案；如遇矛盾可能激化的纠纷，应及时处理；如纠纷性质已转化，应立即移交有关部门处理。

三、对调处结案且不能当场履行完毕的纠纷，一律实行回访制度，复杂案件实行专人包案，重点回访。

四、实行过错追究制。如调解员违反纪律，由人民调解委员会视其情节给予批评教育或建议有关部门给予行政处分；情节严重的，由司法机关追究法律责任。

第五节　人民调解员工作守则

一、人民调解员应认真学习国家的法律法规，熟练掌握调解要领，把握调解过程的进展以及导向，使调解工作顺利开展。

二、人民调解员应熟练掌握运用依情、依理、依法调解的方法，组织调解前，要熟悉纠纷情况，以利在调解中及时说服、劝导、教育有过错或过失的一方当事人以及指出其应负的责任。

三、调解前，要宣布纪律，给当事人提出具体的要求，以防止出现盲目现象和意想不到的情况。视情节宣布暂停和下次调解的时间，对调解成功的要制作规定的调解协议书。

四、调解员要公正、公平，以理服人，以法教人，不徇私枉法，严格依法履行职责。

第六节　人民调解员工作纪律

一、自觉接受所属调解委员会、派出所、区公安分局和区司法行政机关、区人民法院的指导和管理。日常工作接受民警的指导和管理。

二、必须依照国家法律、法规和社会功德解决矛盾问题和调处纠纷。

三、不得徇私舞弊，偏袒一方当事人。

四、不得对当事人进行压制和打击报复。

五、不得侮辱、处罚当事人。

六、不得泄漏国家机密、商业秘密和当事人的个人隐私。

七、不得索取、收受财务或者牟取其他不正当利益，不得收受当事人的礼物和馈赠，不得接受当事人的吃请。

八、对当事人要热情接待，做到以法教人，以理服人，以情感人。禁止简单粗暴、压服当事人。

九、坚持请示汇报制度。其中，平时要做到每月的调解工作报表向隶属的人民调解委员会、派出所和司法所报送，遇特殊情况须及时报告。

第七节　当事人的主要权利和义务

一、当事人主要权利

1. 委托代理人的权利。

2. 陈述、申辩的权利。

3. 要求调解人员回避的权利。

4. 申请中止、延期和终止调解的权利。

5. 申请不公开调解的权利。

6. 自主决定接受、不接受调解的权利。

7. 自愿达成调解协议的权利。

8. 法律规定的其他权利。

二、当事人的主要义务

1. 按时参加调解的义务。

2. 如实提供纠纷事实和证据的义务。

3. 遵守调解规则的义务。

4. 不得加剧纠纷、激化矛盾的义务。

5. 自觉履行人民调解协议的义务。

6. 法律规定的其他义务。

第八节　驻派出所调解室纪律

一、下列人员不得参加人民调解

1. 酗酒的人。

2. 携带凶器和其他危险物品的人。

3. 其他有可能妨碍调解室秩序的人。

二、调解纠纷时，当事人及旁听人员应当遵守下列纪律

1. 不得随意走动。

2. 不得有喧哗、哄闹或实施其他妨碍调解活动的行为。

3. 旁听人员不得发言、提问。

4. 不得吸烟和随地吐痰。

5. 对调解室的调解活动有意见，可在调解结束后以书面或口头形式向司法所提出。

6. 对于违反调解室纪律的人，可以责令其退出调解室。

第九节　驻派出所调解室例会制度

第一条　为加强对人民调解工作的领导，及时研究解决日常工作中遇到

的困难和问题，不断提高工作质量和工作效率，特制定驻派出所调解室例会制度。

第二条　例会每周召开一次。由提供服务的律师事务所组织召开，必要时司法所、派出所可以决定随时召开。

第三条　例会由提供服务的律师事务所人员、负责联系调解室工作的民警和调解室全体人员参加。必要时，可以邀请司法所工作人员和其他有关人员参加。

第四条　会议的主要内容：

(1) 传达上级有关人民调解工作的要求，提出具体贯彻意见；

(2) 审议工作计划，研究工作部署；

(3) 参加调解室相关工作的民警和人民调解员，汇报一周的工作情况；

(4) 讲评调解室上一周的工作情况，对本周的工作进行布置；

(5) 学习有关法律、法规、政策；

(6) 讨论研究近期工作中遇到的疑难问题和应对方案；

(7) 其他需要会议研究的事项。

第五条　例会情况应在《学习例会记录薄》登记。

第六条　例会决定的事项，由负责联系调解室工作的民警督办。落实情况及时向司法所、派出所分管领导汇报。

第十节　驻派出所调解室业务档案管理办法

第一条　为加强驻派出所调解室业务档案的管理，根据有关规定，结合实际，制定本办法。

第二条　驻派出所调解室业务档案，是调解室在调解民间纠纷过程中，形成、归档的具有查考利用价值的文字、图标、声像等不同形式或者载体的文件材料，是驻派出所调解室调解员调解纠纷的真实记录。

第三条　驻派出所调解室必须重视和加强档案管理工作，建立健全有关业务文件材料的收集、整理、立卷、归档、保管、利用等各项规章制度，并自觉接受街道、社会矛盾纠纷调解中心、公安机关、司法、行政机关和档案管理部门的监督和指导。

第四条　驻派出所调解室应当指定兼职档案管理人员，负责指导、督促和检查调解员对业务文件材料的收集、整理和立卷归档，做好本调解室档案的接收、保管、利用和销毁工作，定期检查和汇报各项档案管理制度的执行和落实情况。

第五条　驻派出所调解室的业务档案，应当做到一案一卷，卷号从第一卷开始为流水号，中间不断号。

第六条　驻派出所调解室业务案卷的材料，应当完整、准确、齐全，主要包括：受理承办的各种手续，具体承办业务过程中形成的各种具有查考利用价值的文书、笔录及其他文字、图标、声像资料，人民调解协议书和其他有关材料。对不能附卷的实物证据，应当将其照片和记载证物详细情况、保管处所的材料，附于卷内，另行保管。

案卷材料的排列顺序，应当先将人民调解协议书放在最前面，其他按照受理承办的客观进程和材料形成的先后顺序，分别编排。

案卷中的各种文字材料，必须用钢笔或者毛笔书写，打印件要和底稿同时立卷。

第七条　驻派出所调解室业务案卷的装订，一律要加封皮、封 底，按规定项目填写封面、卷内目录、备考表和编写页码；卷面统一规格为 A4 纸，材料大于卷面的要加以折叠，小于卷面的要加贴补纸。装订一律用线绳，并在装订线活结处贴上封签。

第八条　驻派出所调解室业务案卷材料的收集、整理和立卷、归档，由具体承办该业务的调解员负责。

承办调解员在办理法律事务的过程中，应当注意随时收集有关的各种材料，并予以妥善保管；在办结后，应当检查和整理全部材料，及时补齐或补办遗漏的材料和手续，修补或复制破损的材料，去掉无关和重复的材料，并按规定进行立卷。承办人应当在调解纠纷办结后一个月内，完成立卷并移交归档，不得私自保管。

第九条　档案管理人员应当对承办人移交归档的案卷，进行严格检查，对符合立卷要求的予以接收，对不符合立卷要求的，退回承办人重新整理装订。

对接收归档的案卷，填写档案检索目录登记簿，卷号从本调解工作室第一卷开始实行流水号；凡涉及商业秘密、个人隐私的档案，应当列为密卷，并在封面右上角加盖密卷章。

第十条　驻派出所调解室应当对业务档案实行集中统一管理，设置适宜存放的设备，采取防损、防潮、防火、防虫等必要措施，并定期进行检查和清点，发现丢失应及时查找，确保档案完整、安全。

第十一条　驻派出所调解室应当重视档案的查考利用工作，并建立相应的档案借阅制度和保密制度。借阅档案必须履行一定的批准和登记手续，密卷档案应严格限制借阅范围；借阅人不得从卷内抽取材料，用毕应及时归还；档案管理人员不得超越权限向任何人提供档案或者扩大利用范围，不得向他人泄漏档案内容。

第十二条　驻派出所调解室业务档案的保管期限为长期，保管时间为15至20年；对具有长远查考利用价值和凭证作用的档案，可以永久保管。

对业务档案应当定期进行清理，凡超过保管期限或失去查考利用价值的档案，经街道社会矛盾纠纷调解中心提出鉴定意见和同意，并登记造册，并向所在地司法所备案后予以销毁。档案管理人员不得私自销毁档案。

第十一节　调解员工作行为规范

一、遵纪守法、严格要求。

二、按时上班、服从安排。

三、着装整齐、注意形象。

四、热情接待、文明礼貌。

五、注意言辞、掌握方法。

六、认真工作、积极调解。

七、公平公正、依法办事。

八、实事求是、认真负责。

九、熟悉业务、不断进取。

十、相互协调、接受监督。

第十二节　人民调解工作服务规范用语

一、受理民间纠纷时，规范用语为：“你好，请问你是否愿意申请通过人民调解解决纠纷，人民调解是由人民调解委员会对纠纷进行调处，化解纠纷的一种活动，如果你愿意，请填写《调解申请书》。”

二、对不属于人民调解受理范围的，规范用语为：“对不起，此纠纷不属于人民调解工作室受理的业务范围，请找××部门处理。”

三、在调查纠纷事实时，规范用语为：“请如实提供纠纷的有关情况，多谢合作。”

四、调解结束需要签订调解协议时，规范用语为：“请你们等一下，为确保你们的合法权利，根据规定，我们将为你们制作调解协议书，该调解协议书具有法律效力。”

五、当事人对依法达成的调解协议书反悔时，规范用语为：“根据法律规定，依法达成的人民调解协议书具有民事合同性质。你应当按照约定履行自己的义务，不得随意反悔，否则要承担不利于自己的法律后果。”

六、调解结束后，规范用语为：“再见，请慢走”；或“不客气，这是我们应该做的”或“谢谢你的支持”。

七、调解的纠纷，依法需要转交其他部门处理时，规范用语为：“对不起，该纠纷不属于‘人民调解’的受理范围，请到××部门处理。”

八、调解过程中，发现纠纷属于治安、刑事案件，依法需要移送民警处理时，规范用语为：“对不起，请耐心等一下，我们请示领导后，将很快给你答复。”

附录二　人民调解文书格式

第一节　调解申请书

调解申请书

当事人(自然人姓名、性别、年龄、身份证号码、民族、职业、单位或地址、法人及社会组织的名称、地址、法定代表姓名、身份证号码和职务)：____

____

纠纷事实及申请事项：______________________________

____

特申请______街道调解委员会驻______派出所人民调解室予以调解。

申请人(签名)______　　　　登记日期____年__月__日

第二节 民间纠纷受理调解登记表

民间纠纷受理调解登记表

纠纷类别：________　　　　　　　　　　　　　　　　　　编号：________

当事人(自然人姓名、性别、年龄、身份证号码、民族、职业、单位或地址、法人及社会组织的名称、地址、法定代表姓名、身份证号码和职务)：___

____

____

____

____

____

纠纷简要情况：____

____

____

____

____

____

____

____

____

____

____

____

____

____

经过调解，于____年__月__日达成如下协议：________________________

____

____

____

____

因________，调解不成，于___年__月__日告知当事人________决定不受理该纠纷，告知当事人________。

登记人(签名)________　　　　　　　　　　登记日期____年__月__日

第三节　调查笔录

调查笔录

时间：____年__月__日　　　　　　　　　　　　　　　　地点：________

事由：____

参加人：______________________________________

被调查人：____________________________________

笔录：____

被调查人（签名）________

调查人（签名）________

记录人（签名）________

第四节 调解笔录

调解笔录

时间：____年__月__日　　　　地点：________

事由：________________________________

参加人：______________________________

当事人：______________________________

笔录：________________________________

____

____

____

____

____

____

____

____

____

____

____

____

____

____

____

____

____

____

____

____

____

____

当事人(签名)________ ________　　　　参加人(签名)________

调查人(签名)________　　　　记录人(签名)________

第五节　人民调解协议书

人民调解协议书

编号：(20　　)________民调字第________号

当事人(自然人姓名、性别、年龄、身份证号码、民族、职业、单位或地址、法人及社会组织的名称、地址、法定代表姓名、身份证号码和职务)：___

____

____

____

纠纷简要情况：______________________________

____

____

____

____

____

____

____

____

____

经过调解，自愿达成如下协议：______________________________

____

____

____

____

____

____

____

____

____

本协议一式________份，当事人、驻派出所人民调解室各持一份当事人(签名)________ ________

调解员(签名)________　　　　____年__月__日(印章)

第六节 人民调解当事人主要权利义务告知书

人民调解当事人主要权利义务告知书

我们是福田区________街道人民调解委员会驻________派出所人民调解室的人民调解员，现对你告知如下权利义务：

当事人的主要权利

1. 有委托代理人的权利；
2. 陈述、申辩和权利；
3. 要求调解人员回避的权利；
4. 申请中止、延期和调解的权利；
5. 申请不公开调解的权利；
6. 申请进行伤情鉴定或财产估价的权利；
7. 自主决定接受、不接受或终止调解的权利；
8. 自愿达成调解协议的权利；
9. 法律规定的其他权利。

当事人的主要义务

1. 按时参加调解的义务；
2. 如实提供纠纷事实和证据的义务；
3. 遵守调解规则的义务；
4. 不得加剧纠纷、激化矛盾的义务；
5. 自觉履行人民调解协议的义务；
6. 法律规定的其他义务。

以上权利和义务已于　　年　月　日　时向我告知。

被告知人签名：

附录三　诉调对接资料选编

第一节　深圳市福田区人民法院《诉前联调指引函》

《诉前联调指引函》

我院已成立诉前联调工作室，对符合下列条件的纠纷，可在申请人同意的前提下，导入诉前联调工作室进行调解。现将有关事项指引如下：

（1）诉前联调：对凡适宜诉前联调化解的本辖区民商事纠纷，经当事人同意进行诉前联调的，可以由诉前联调工作室调解解决。

（2）调解期限：对于案情简单、法律关系明确、当事人争议不大的案件，诉前联调期限为收到诉讼材料之日起 7 个工作日。案情较复杂或者标的额较大、涉案人数较多的案件，诉前联调期限为收到诉讼材料之日起 15 个工作日。对有调解成功可能，确实需要延长诉前联调期限的，经双方当事人书面同意，可延长 10 个工作日。

（3）回避申请：双方当事人有权申请调解法官、书记员及其他参与调解的人员回避。（需提交书面回避申请并写明申请回避的理由，是否准许由诉前联调工作室负责人决定。）

（4）到场要求：案件当事人未能亲自到本院进行调解的，需出具当地公证处公证的特别委托书。

（5）调解终结：如 2 个工作日内按照申请人提供的联系电话，无法成功联系被申请人，或被申请人以口头或者书面形式明确表示不同意调解的，诉前联调即行终止。

年　月　日

第二节　深圳市福田区人民法院《诉前联调建议书》

《诉前联调建议书》

我院联合检察院、公安、司法行政、劳动、卫生、国土等部门和工商联合会、妇女联合会、工会等社会组织在本院立案庭设立诉前联调工作室，对凡适宜诉前联调化解的本辖区民商事纠纷，经当事人同意进行诉前联调的，可以由诉前联调工作室调解解决。诉前联调方便快捷、形式灵活，不收案件受理费，自觉履行率高。因此，建议你（你单位）前往福田区人民法院诉前联调工作室申请调解。

当事人意见：____福田区人民法院联调工作室进行调解。

签名：　　　　　　年　月　日

第三节　福田区调解工作指导委员会驻法院人民调解室“司法确认工作流程图”

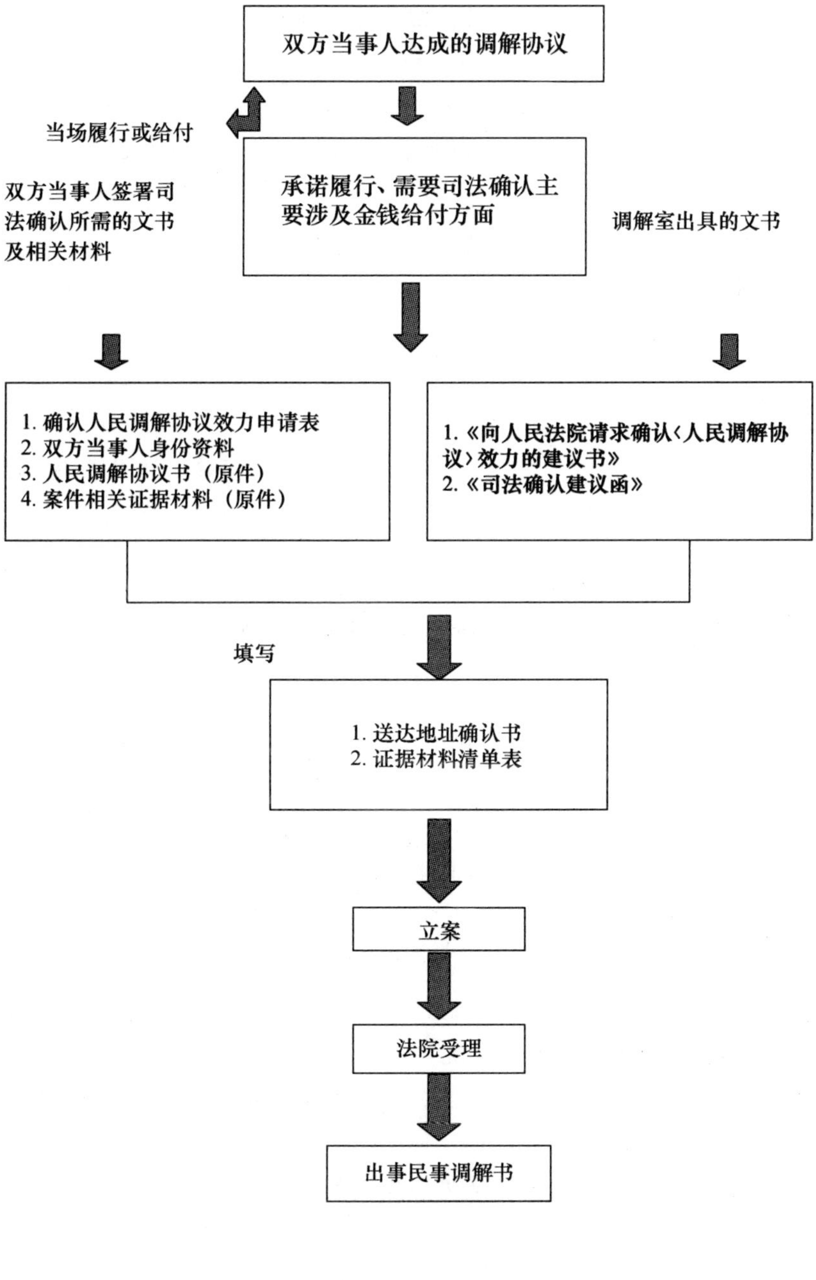

第四节 向人民法院请求确认《人民调解协议》效力的建议书

各位当事人：

人民调解是化解社会矛盾和促进社会和谐的有效形式。为了使人民调解的双方当事人自觉履行《人民调解协议》所约定的义务，及时定纷止争、案结事了，我们向你建议：可向深圳市福田区人民法院申请确认《人民调解协议》效力，即向人民法院申请将已达成的人民调解协议，转化为具有法律效力的《民事调解书》。人民法院通过司法确认程序制作的《民事调解书》，与《民事判决书》具有同等的法律效力，如任何一方不履行《民事调解书》中确定的义务，另一方均可向人民法院申请强制执行。同时，对自愿申请将《人民调解协议》转化为《民事调解书》的案件，深圳市福田区人民法院将免收诉讼费。

当事人在准备好附件中注明的资料和驻派调解室、街道、社区人民调解委员会出具的《司法确认建议函》，可于调解协议生效之日起三十日内共同向深圳市福田区人民法院申请，将《人民调解协议》转化为《民事调解书》。

福田区调解工作指导委员会

驻法院人民调解室

年 月 日

第五节 申请人民法院确认人民调解协议效力的注意事项

1. 当事人应当提交的材料

（1）驻法院调解室、派出所调解室、街道、社区人民调解委员会确认的人民调解协议。

（2）身份资料：

① 双方当事人均为自然人的，提交身份证或户口簿复印件；委托他人办理的，提交授权委托书原件及代理人身份证复印件（委托律师的，提交律师所函原件、律师执业证复印件）。

② 一方或双方当事人为法人或其他组织的，该当事人提交营业执照、组织机构代码证复印件，法定代表人身份证明书原件、授权委托书原件及代理人身份证复印件（委托律师的，提交律师所函原件、律师执业证复印件）。

（3）必要的证据材料及其他需要提交的材料。

2. 当事人应该填写《确认人民调解协议效力申请表》

广东省深圳市福田区人民法院确认人民调解协议效力申请表

申请人：
申请人：
双方申请人于____年__月__日在达成人民调解协议 （编号：　　），现申请深圳市福田区人民法院予以确认。
双方当事人承诺： 对双方已达成的人民调解协议（编号：　　），申请人已充分理解上述调解协议的内容，接受由此而产生的法律后果，并愿意由人民法院通过司法确认程序，赋予上述协议强制执行的效力，申请人向人民法院作出如下承诺： 1. 本案当事人系出于解决纠纷的目的，自愿达成调解协议，并无任何恶意串通、规避法律的行为； 2. 若因本案的调解协议内容给他人造成损害的，申请人自愿承担相应的民事责任和其他法律责任。
双方申请人（签名、捺印）： 年　月　日
承办工作人员签名：

备注：① 当事人应当在人民法院或驻派人民调解室、街道、社区人民调解委员会工作人员的现场指导下，签署本申请表；② 当事人提供的相关证件资料，必须真实、合法、有效。

第六节　司法确认建议函

司法确认建议函

深圳市福田区人民法院：

当事人________与________的××××纠纷一案，已经由我人民调解室调解成功，双方亦已经达成人民调解协议。现双方当事人自愿申请深圳市福田区人民法院确认人民调解协议效力，现将人民调解协议及相关材料移交你院。

福田区调解工作指导委员会

驻法院人民调解室（盖章）

年　月　日

附：1. 调解协议

2. 其他案件材料　　份　　页

3. 调解员：　　　　　　　　　　联系电话：

第七节　人民调解协议书

人民调解协议书

编号：

当事人（自然人姓名、性别、年龄、民族、职业、单位，法人及社会组织名称、地址、法定代表人姓名和职务）：________________

____

____

____

____

纠纷简要情况________________

____

____

____

____

____

提供原件________________

____

____

____

____

____

经调解，自愿达成如下民事协议：________________

____

____

____

履行协议的方式、地点、期限：________________

____

本协议一式________份，当事人、人民调解委员会各持一份。

当事人（签名或盖章）________________

调解员（签名）________　____年____月____日

第八节　双方当事人身份资料

1. 双方当事人均为自然人的，提交身份证或户口簿复印件；委托他人办理的，提交授权委托书原件及代理人身份证复印件（委托律师的，提交律师所函原件、律师执业证复印件）。

2. 一方或双方当事人为法人或其他组织的，该当事人提交营业执照、组织机构代码证复印件，法定代表人身份证明书原件、授权委托书原件及代理人身份证复印件（委托律师的，提交律师所函原件、律师执业证复印件）。

第九节　案件主要证据材料及其他需要提交的材料（略）

后　记

《人民调解的"福田模式"研究》，是对中国基层社会中涌现出来的法治建设经验予以关注和实证研究形成的成果。

课题组成员曾经先后8次分赴深圳市福田区，进入驻派出所、医院、法院等十多个人民调解室进行实地考察。通过与调解员面对面交谈、现场观摩案件调解、调阅人民调解室档案资料、与派出所干警个人交流、与当事人当面交流以及与福田区司法局领导干部的座谈等多种方式的调研，课题组成员切身感受了人民调解"福田模式"的合理性、有效性，也从广泛而深入的对话交流中，较为深入地了体验了调解工作的艰苦性与专业性，从而深化了我们对于调解工作的认识。

通过调研，课题组进一步深刻感受到，中国的法治建设，虽然需要继续大力借鉴域外的法治理论和学术成果，但更重要的是，必须大力关注中国基层社会的法治实践，关注中国法治发展中的现实做法与经验，吸纳基层法治实践者的思考成果和理论认识。只有这样，才可能为中国法治的进步累积更多、更为有效的民众智慧，通过人民群众的力量，推动中国法治的进程。

近年来，关于人民调解问题的研究理论成果颇多，但关注实践做法的个案剖析或者实证分析成果则少之又少。此外，调解工作应当如何展开，在既有的研究成果中很难获得答案。其中原因很复杂，但一个重要原因在于，以前调解具体工作的展开主要依靠的是个体工作者的常识和智慧，但调解与法律几乎很少发生交接，学者很难从中发现法律在其中扮演的角色。或者说，在既有的很多民间调解中，法律是"不在场"的。但是，人民调解的"福田模式"使课题组看到了法律的力量、专业的力量和法律人改革创新的力量。

调解的实践总是走在理论的前面。因此，如果总是单纯依靠理论去衡量、剪裁调解的具体实践，就显得不那么合时宜。因此，课题组对于人民调解"福田模式"的研究，没有囿于任何固定的理论范式或者研究框架，没有带有任何"前见"去进行调查。在一定意义上，课题组成员中也没有真正长期系统开展人民调解问题研究的学者，但是，这也恰恰成为了本课题研究的一大特点。在调研中，课题组成员不受条条框框约束，而是像一张白纸一样，认真地记录自己看到的、听到的、感受到的"点点滴滴"，认真翻阅了所有能够接触到的归档资料。在此基础上，对人民调解“福田模式”的具体做法、特点及其局限和贡献，进行了较为系统的归纳和梳理。

课题组对于人民调解“福田模式”的研究，更多是试图总结“福田模式”的具体做法、运作程序，借助基层调解员的实践理性，试图从中发掘其做法的合理性、有效性和普适性，对其蕴含的富有实践价值的丰富经验进行总结。课题组成员分别来自法律史学、理论法学、诉讼法学、政治学、经济学、社会学等不同学科，各自从自己的学科视角，对同一问题做出了独立的观察和思考，从而使本课题的研究没有完全局限于法学的视角，而是呈现出某些知识上的交叉和融合，为人民调解的研究做出了一次多学科共同攻关的学术探索和尝试。

本书的章节全部经过了课题组集体的讨论，具体章节的写作分工如下：

绪 论，由谢鹏远副教授完成；

第一章“‘福田模式’的形成与发展”，由杨建军教授、汪世荣教授完成；

第二章“‘福田模式’的基本做法”，由杨建军教授、郑黎晟律师完成；

第三章“‘福田模式’对基层社会治理方式的改革”，由侯学华教授完成；

第四章“‘福田模式’对公共服务供给机制的创新”，由龚会莲副教授完成；

第五章“‘福田模式’对社会资本优化配置的促动”，由徐雅妮讲师完成；

第六章“‘福田模式’对人民调解制度的完善”，由冯卫国教授完成；

第七章“‘福田模式’对人民调解员专业化的拓展”，由汪世荣教授完成；

第八章“‘福田模式’的调解方法与技巧”，由杨建军教授、郑黎晟律师、张建安调解员完成。

全书由汪世荣教授进行统稿。在本书的修改过程中，课题组充分吸取了全国哲学社会科学规划办公室反馈的“评审意见”，评审专家对成果修改提出的真知灼见，为项目成功的后期研究发挥了指导作用。本书完成后，课题组于 2015 年 12 月 2 日在深圳市福田区司法局召开了审稿会议，深圳市司法局基层处副处长骆希玲同志，福田区司法局局长胡星宏同志、副局长罗展同志、基层科科长易志坚同志，广东百利孚律师事务所冯江律师、广东首胜律师事务所梅文律师以及西北政法大学总会计师刘鹏伟同志等，对本书的修改和完善提出了宝贵的意见和建议，在此一并感谢。

人民调解“福田模式”的运行时间并不很长，其成效尚需检验。此外，囿于时间、精力、知识等所限，在较短的时间内，对一项富有价值的法治实践进行理论剖析，自然有力不存心之虞，研究中也难免有所疏漏，在此敬请专家、读者批评指正。课题组成员在认真听取专家和读者的批评意见的基础上，期望在以后的深入研究中，能够进一步对相关问题进行更深入的阐述。